社會叢書

楚文化研究

文崇一 著

東大圖書公司印行

重 印 序 言

　　《楚文化研究》是在1967年初版，距今已經22年了。有沒有再版的必要，自己都有點懷疑。東大圖書公司董事長劉振強先生跟我談起，認爲該書已絕版多年，又沒有新的同類作品問世，值得再印一次。幾經考慮之下，終於同意，並趁校讀之便，改正了一些錯誤，也做了一些修訂的工作，但基本上還是保留原有的結構和內容。不能大幅度修改的原因有兩個：一是目前我的研究工作，主要在中國社會的階層和變遷方面，沒有時間重新去研究楚文化；二是最近幾十年來，大陸對楚的發掘研究報告和論文非常多，臺灣的收藏又很少，利用這些有限的資料，仍然無法作全面的檢討。在這兩種條件限制下，就沒有重寫楚文化的勇氣。本來也想把另外幾篇有關楚文化的論文收在本書中，後來覺得可能會使宗教方面的份量顯得太重，就放棄了這種想法，仍照原書的方式重排。近年來大陸大量楚墓的發掘，對物質文化的了解雖增加甚多，對非物質文化或史料卻並無太多的發現。這一點，使我們對楚文化的深一層認識，仍有某種程度的限制。

　　根據《楚文化考古大事》（楚文化研究會1984）的記載，自1923年在安徽壽縣第一次發現楚墓及楚器以後，至1982年底，全大陸已經作過155次楚遺址的發掘和調查。其中7次是在1949年以前發現，148次是在1951年以後。在148次中，有14次是從事遺址的調查，134次均是發掘或發現。所獲得的器物從生產工具到日常用品，應有

盡有，真是難以數計❶，目前大陸的楚文化研究者正在做分類和分期
的工作。這些遺址和文物出土的地方，大致分布在今湖南、湖北、安
徽、河南、江蘇、江西、廣東、浙江、廣西、四川、山東、陝西諸省
的大部分或小部分，而以前四省，即湖南、湖北、安徽、河南所占比
例最大。這個區域約相當於楚國最強時的領域（黃德馨 1983: I）。傳
播的可能性不是沒有，如作為貨幣的鎏金或裝飾品，但像楚國所特有
的生產工具和漆器之類的殉葬品，就具有一些地區和文化上的意義。

由於這一廣大地區的發掘墓葬所得文物太多，研究楚文化的人也
就多起來了，連帶研究成績和出版品的相對增加，對於早期許多歷史
上和文化上的疑問，便有較多的考古實物用來加以解釋或澄清。這是
中國文化史上的一大突破，以貴族階級為主的墓葬品，去了解兩千多年
前中國文化某些已經遺失的現象，雖然對一般平民的生活，仍缺少一
些推論的依據❷，但在這個時期，尤其是1980年代，楚文化研究的確獲
得了很大的成就，例如《楚文化新探》(1981)，《楚國史話》(1983)，
《楚文化研究論文集》(1983)，《楚史論叢》(1984)，《楚國民族述
略》(1984)，《楚文化考古大事記》(1984)，《楚文化覓踪》(1986)，
《楚文化史》(1987)，《楚文化志》(1988)等，都是近幾年有關文
化方面的重要作品，至於散見於《文物》，《考古學報》及其他學術
性刊物的調查報告和著作，可能更多。這些研究楚文化的人，在1980
年曾經開過一次「楚文化討論會」對楚文化的研究方面提出一些檢
討。1981年6月湖南長沙成立「楚文化研究會」，並決定編撰《楚文
化考古大事記》一書，此書後於1984年出版。由上列各書出版時間來

---

❶ 關於這方面的資料，可參閱張正明(1988: 417-434)及楚文化研究會(1984)
所編二書的說明，所附參考資料，也有參考價值。

❷ 平民的墓葬可能比較容易腐爛，到現在為止，發掘到的墓葬品，以貴族階
級的較多。

看，可見討論會和研究會對楚文化研究，確實有些刺激或鼓勵作用。這可以說是楚文化研究的一大進展。

　　現在研究楚文化，比起二十多年前我寫楚文化的時候，不僅資料多得多，可以參考的論文著作也增加了好幾倍。當時還有一個困難，大陸的出版品被列為禁書，所以有不少資料，還是利用在美國進修時順便閱讀的；現在就不像以前那樣偷偷摸摸，用資料或論點還得設法隱藏了。我們研究楚文化，有些問題一直爭論不休，有些問題則期待新的發現去做解釋，另有些問題彷彿不容易獲得新的證據，以求進一步的突破。我們不妨舉幾個比較重要的例子來談談。第一個例子是楚名稱和楚民族的問題。荊、楚究竟指的什麼，一直是爭論的焦點，並且往往混淆不清，有人猜測，荊、楚是兩個國家，後來才併為楚國（王光鎬1984: 34），但這並沒有解決其他各說的矛盾❸，或建立新的概念。顯然新出土文物仍無法對「楚」這一名稱提出新的解釋，仍然回到我們原來的觀點，很早就荊楚併用。楚民族較為複雜，有比較多的說法（顧孟武1987: 59-65；夏淥1987: 53-58；姜亮夫1984: 130），但最重要的還是認為它屬於南方民族的土著——祝融集團（顧鐵符1984: 20；劉玉堂1988: 4）。我們原來就認為楚民族是南方民族的一支，遷移只是部分的現象。第二個例子是楚文化的問題。1980年的楚文化討論會上有兩說：一部分人認為是在中原文化上再創造、發展（楚文化研究會1984: 128；馬世之1983: 73-95）；大部分人則認為在土著文化上繼續發展（楚文化研究會1984: 128；俞偉超1984: 8；李紹連1983: 96-106）。這就跟我們原來的論證所說，楚文化固然受到中原文化的影響，但基本結構是土生土長的土著文化，也即是祝融氏系統下發展

---

❸　王光鎬(1984: 20-34)曾列舉許多不同的說法以及本書討論楚民族時所舉各例，均有不同的說明。

出來的文化。這一點並未因出土文物較多而有所改變。張正明(1984:
260)提出鳳凰為楚人圖騰，而祝融的化身就是鳳凰；劉玉堂也認為祝
融集團崇火尊鳳(1988: 4)；李紹連認為楚文化發源於江漢流域(1983:
106)。仍然是以楚文化由楚人在本土所創造。第三個例子是一些傑出
的楚文化產物問題。這些產物甚多，如最早使用鐵器和鑄鐵技術，散
佈廣濶的金幣，精美的漆器和絲織品，以及著名的毛筆等❹。這些物
品，早期已經發現，後期有更多的同類物品出土，只是增加了普遍性
的認識和數量。二十多年前，我們對楚文化的認識，的確沒有今天那
麼深刻；今天由於出土遺物眾多，遺址分布遼濶，時間的連續性也比
較清楚。這一些事實都說明，對於楚文化的基本了解，早期的發掘和
發現，已經提供了足夠的認識基礎。將來進一步的調查和研究，可能
會把楚文化提升到另一種境界。

　　從許多文化現象可以發現，楚文化無疑是世界上第一流的文化（
張正明1988: 3），在很早的時候它就創造了許多第一流的文化產物。
在楚國統治的幾百年間，不僅有獨特的政治制度、社會組織，更有獨
特的文化體系，宗教、文學與藝術。這對中國古文化來說，無疑提供
了另一種有利的變數。中國古代文化在結構內部的互相作用，以及外
來文化的刺激之下，只要不為外來文化所擊倒，對整個文化的整合和
發展，總是比較具有整體性。楚文化在當時實在是中原文化以外的另
一個系統，經過長時間的衝突和競爭，後來卻成為一種成功的整合性
新文化，這從漢初百年間的文化變遷可以窺其大略。

　　楚文化有它的獨特性，但也有它的一般性，比如說，漆器、刺
繡、毛筆、絲織品、文學之類，到今天還可以看出它在該一廣大地區

---

❹　可參閱張正明(1987; 1988)及本書各章，對於這些文化特質，都有詳細的
　　敍述和討論。

的影響力， 影響到人民的日常生活和文學創作； 可是， 在另一些方面， 如制度、文學、語言、建築、音樂之類，就完全被中原文化同化了， 現在要去重新理解都不是件易事。 以「楚方字」 (夏淥)1984: 269-285; 1981: 149-155; 李零1985; 饒宗頤、曾憲通1985) 爲例，雖然竹簡出土的數量越來越多，將來可能更有增加，我們所能了解的還是非常有限。這種文字也已經完全消滅了，它的聲音更是聽不到了。類似被埋沒或消失的文化特質還不少， 顯然是受到時間或環境的淘汰，跟別的古文化一樣。不過，楚文化的優異表現和歷史意義，並未因時間和環境的改變而顯得失色，反而增加了它受重視的程度，畢竟它曾經有過傑出的成就。

　　這次重印本書，也具有類似的想法，從歷史觀點去了解古文化，可能更顯示出它的現實意義，畢竟文化是人類行爲的遺留，不是天上掉下來的。傳統不是一個「壞」的概念，只有盲從傳統，才導致無法彌補的損失。我們從傳統文化去理解現實，可能才是人類行爲避免痛苦與災難的唯一途徑，也才有可能創造更偉大而具有活力的文化。本書得以重印，最後得感謝劉振強先生的鼓勵。

文　崇　一

1989年12月於南港中研院

參 考 書 目

王光鎬

1984 〈荊楚名實綜議〉，見張正明主編《楚史論叢》。湖北人民，湖北。

李紹連

　　1983　〈楚文化起源的幾個問題〉，見河南省考古學會編《楚文化研究論文
　　　　　集》。中洲，鄭州。

李　零

　　1985　《長沙子彈庫戰國楚帛書研究》。中華，北京。

河南省考古學會編

　　1983　《楚文化研究論文集》。中洲，鄭州。

馬世之

　　1983　〈楚文化新探〉，見河南省考古學會編《楚文化研究論文集》。中
　　　　　洲，鄭州。

姜亮夫

　　1982　《楚辭學論文集》。上海古籍，上海。

俞偉超

　　1984　〈楚文化考古大事紀序〉，見楚文化研究會編《楚文化考古大事
　　　　　紀》。文物，北京。

夏　淥

　　1984　〈三楚古文字新釋〉，見張正明主編《楚史論叢》。湖北人民，湖
　　　　　北。

　　1987　〈變服從俗爲長說：試論楚國族源問題的雙重性〉見《先秦、秦漢
　　　　　史》月刊，1987年12月號。。中國人民大學書報資料中心，北京。

陳邦懷

　　1981　〈楚國文字小紀〉，見湖北社會科學院歷史研究所編《楚國文化新
　　　　　探》。湖北人民，湖北。

張正明

　　1984　〈楚俗雜考〉，見張正明編《楚史論叢》。湖北人民，湖北。

　　1987　《楚文化史》。上海人民，上海。

　　1988　〈楚文化志序〉，見張正明編《楚文化志》。湖北人民，湖北。

張正明主編

　　1984　《楚史論叢》。湖北人民，湖北。

　　1988　《楚文化志》。湖北人民，湖北。

黃德馨

　　1983　《楚國史話》。華中工學院，湖北。

湖北省社會科學院歷史研究所編

　　1981　《楚文化新探》。湖北人民，湖北。

楚文化研究會編

　　1984　《楚文化考古大事紀》。文物，北京。

劉玉堂

　　1988　〈楚文化的歷史考察〉，見張正明編《楚文化志》，湖北人民，湖北。

穆　易編

　　1986　《楚文化覓踪》。中洲古籍，鄭州。

饒宗頤　曾憲通編

　　1985　《楚帛書》。中華，香港。

顧孟武

　　1987　〈楚世家族源新探〉，見《先秦、秦漢史》月刊，1987年12月號。中
　　　　　國人民大學書報資料中心，北京

顧鐵符

1984　《楚國民族述略》。湖北人民，湖北。

序　言

　　楚國是古代南方的一個大國，也是文化主流之一。究竟什麼時候，這個文化開始在南方成長，我們已經不大清楚。春秋期間，它的成長率非常快；戰國，就發展到頂端了。以有年代可稽的歷史來說，這不過是三十三王，六百二十五年間的事❶。

　　早期，楚國局促於丹陽❷一隅。極盛時代，疆域就大多了，《史記・蘇秦列傳》說：「楚，天下之強國也……西有黔中巫郡，東有夏州海陽，南有洞庭蒼梧，北有陘塞郇陽，地方五千餘里。帶甲百萬，車千乘，騎萬匹，粟支十年」❸。在當時來說，確乎是一個富強的大國。這個地理範圍大約包括現今四川東部，陝西河南南部，山東西南部，江蘇北、中部，安徽湖北江西全部，浙江浙水以北，廣西東部，湖南的道縣以北❹。國都也曾遷過好幾次：熊繹始封丹陽（秭歸），文王六年（689 B.C.）遷郢（江陵），昭王十二年（504 B.C.）遷鄀❺

---

❶　始於 847 B.C. 熊勇開始紀年，終於 223 B.C. 負芻爲秦所滅。其上還有一段很長而無年代可考的傳說時期。

❷　丹陽之說不一，此處以湖北丹陽計，今秭歸縣。

❸　《戰國策・楚策》一說相同；《淮南・兵略》所言亦大致如此；其他考訂者甚多，不具述。

❹　這還是一個大概的地區，可參看楊寬《戰國史》，童書業《中國疆域沿革略》等書。

❺　顧祖禹謂昭王遷都，旋還郢。但〈六國表〉與〈世家〉均無說，即王應麟（《通鑑地理通釋》卷四）與顧棟高等亦無此說，故仍舊。

（宜城），頃襄王二十一年（278 B.C.）遷陳（淮陽），考烈王十年（253 B.C.）遷鉅陽（細陽），二十二年（241 B.C.）復遷壽春（壽縣）。除文王外，遷都多半爲了軍事的壓力，經濟、政治的原因甚少。

這是一個狂飈式的文化，有最溫柔的詩篇，也有最大的武力。幾百年間，他併吞了南方幾十個小國，並且一直與齊、晉、秦諸強國爲敵。他擁有最多的人民、土地與財富，更有非常傑出的藝術品與若干發明。

從古器物、傳說以及若干文獻資料來看，楚文化是一種受殷周文化強烈影響的土著文化。也可以這麼說，楚文化的本質是土著的，但到後來，尤其是戰國中、晚期，外來文化的影響力越來越大，土著文化的特質就退居劣勢了，乃至於不大能分辨得出來。民族的混合情形，則似乎是循着一個相反的方向，早期，部份的統治者可能來自中原，可是，日子一久，這些統治者及其家族也慢慢地跟着楚國人民而土著化了。

在這本小書中，我從民族、經濟、政治、社會、藝術、宗教六個項目來探討楚文化，雖不是全部，卻也可以看出一個大概。其中宗教的份量似乎多些，原因正是由於我從事於這個問題的時間比較長。

目前研究春秋戰國期間的文獻資料，自仍以《左傳》、《國語》、《戰國策》、《史記》以及先秦諸著作爲首要；但由於地下發掘所得的實物越來越多，也越有它的眞實性與重要性，所以，我不得不引用了甚至是過多的考古材料。

說實在的，我是在斷斷續續的寫作過程中把楚文化整理成這個樣子，我以爲整理得並不十分成功：第一是寫作的時間過長，對主題往往有些把握不定，文字也極不容易駕馭；其次是，在中途，我離開了本國一陣子，而這一陣子，我對社會文化的觀念又有若干改變。因此

使我的寫作生活有時困惑得難以爲繼。我很想替楚的社會文化變遷的
過程畫出一個輪廓，但由於本書的架子早就打好了，也實在無法拆了
重作。現在的樣子，雖然略具文化結構的形式，也只是一個靜態的形
式而已。我誠懇地盼望讀者諸先生指正錯誤。

　　最後，我還必需提到的是：本書是在凌純聲先生的鼓勵與幫助下
始得完成的，許多問題，也曾得益過他的解釋；我還要感謝的是中央
研究院歷史語言研究所圖書室，民族學研究所圖書室和哈佛燕京學社
圖書室所給予用書上的方便。感謝楊聯陞先生的若干指示。也感謝李
亦園先生和任紹廷先生的幫忙。

文　崇　一

中華民國五十六年

楚文化研究　目次

重印序言

序言

楚民族的形成

楚的經濟制度

楚的政治組織

楚的社會結構

表　目　次

圖 版 目 次

插 圖 目 次

楚民族的形成

　　如果我們能在楚國的故地丹陽（湖北秭歸），郢（江陵），鄀（宜城），陳（河南宛丘）以及壽春（安徽壽縣）等處多有一些墓葬和人骨頭發現，便會對楚民族有更深的了解，至少對楚王室的族屬問題可以獲得若干較為具體的結論。可是，目前我們在這方面的資料並不多，自然不是沒有，比如在長沙就曾掘出幾十座戰國楚墓，但人骨多半都腐爛了；保存得比較完整的，就現在所知，只有兩個，一個是長沙左家公山 15 號墓，一個是長沙楊家灣 6 號墓。那兩具骨骸可以說是相當完好。長・左 15 號墓，其「骨架經檢查……身材高度為1. 579 米，與現代人高度相做。死者屬男性，年齡約三十五歲左右。頭骨內還保存著大量的腦髓，大腦約 2/3，而小腦約近全部，更使人驚奇的是視覺神經也有保存」❶；另一個長・楊 6 號墓，「死者年齡約三十歲上下，骨盤平圓且大，當屬女性，高度 1.64 米，頭骨內尚有一小塊腦髓未腐爛」❷。從墓葬的形制與隨葬物的情形來看，這兩個墓屬於楚王室的可能性較大。那麼我們從這兩段話能夠得到些什麼呢？我以為，下面幾點設想是可以提出來的。

---

❶　吳銘生等　1957: 93-94。這兩具骨架是研究楚民族的上好材料，可惜我們至今仍未讀到更詳細的研究報告。

❷　吳銘生等　1957: 96。

1. 楚人的高度大概與現今的南方人相似，其男女間的比差亦可能不遠。這一點並非單憑上述兩個數目字加以肯定，而是：⑴上述長‧左 15 號墓內棺長 1.95 米，長‧楊 6 號墓內棺長 2.05 米❸；⑵在長沙發掘出來的其他的楚墓，其內棺長度均在 1.56-2.06 米之間❹。我們把人骨的高度與內棺的長度作一比較，顯然，楚人的一般高度大約在 1.65 米上下。

2. 大腦的發達足以證明當時的楚人並非絕對的未開化民族。這一點也可以說明他們有能力創造屬於自己的一系列文化，不必完全乞靈於殷、周，因爲從大腦容量來看，這是完全可能的。

3. 從兩個墓葬的隨葬品，男的有武器劍、戟、生產工具鏟和一般男人的日用品，女的有帶鉤、梳、鏡以及一般女人的日用品，來加以推測，當時他們的壽命到達三十歲時可能已相當成熟，也就是說，他們的平均年齡可能不會太高。司馬遷說：「江南卑濕，丈夫早夭」❺，想是事實。

不過，這些假想仍然不能解決民族上的疑難，我們既不能因此而肯定它是印度尼西亞人種（Indonesian），也不能說它與殷周、吳越，或巴蜀究竟有或沒有關係。所以，在現階段來討論楚民族，我們還得先從文獻上著手。

困難是，前人對於民族方面的記載往往不太眞實。這種失眞，自非他們有意，然而卻給我們憑添許多麻煩。也因此，歷史上對於楚民族的見解就多不一致。把它們分類，可得以下幾種：

一是東來說，如胡厚宣，如郭沫若，主之甚力。他們從文化的傳

---

❸ 吳銘生等　1957：93, 96。

❹ 文道義等　1959：44。

❺ 見《史記‧貨殖列傳》。

播上著眼，認爲楚文化導源於殷，認爲他們有共同的祖先，共同的族姓等等❻。

　　二是北來說，是一種傳統的說法。相信此說者認爲楚民族源出中原，或與周民族爲一系。至張蔭麟祇認楚王族「不是土著，而是從北方遷來的」❼，已是一種進步的意見了。傅斯年有時說它是「中原之舊族」❽，劉節有時說它是「由周邦分殖過來的」❾，也與張氏之說相近。惟後二者有別說，見第四點。

　　三是西來說，岑仲勉首倡之。他認爲楚的統治階級是屬於西方系的民族，與殷，與東方民族無關。他舉出幾個證據，如《火教經》稱君主爲 ahura，轉變爲 hung，卽熊，熊也就是王；莫敖是火教教士的發音；羋卽是 me'ia (Media) 的對音❿等。

　　四是土著說，此說可分爲三種，其一以傅斯年爲代表，他說：「然則楚之先世『景員維河』，實中原之舊族，經三代而南遷，非歷熊渠若敖蚡冒而始北上」，此族以祝融爲宗神，在中原的是熟祝融，「荆楚之興，固當是生祝融」⓫。類似這種說法的還有劉節，劉節說：「此外又有本來是東南方的族姓，在商代以前，或商代到西北方，而在周初又回到東南方的，是齊楚兩族」⓬。他們均認爲楚人原居南方，後來北徙，又復南下。其二是林惠祥，他認爲：「大抵荆楚原爲南方民族，至少自殷中葉卽奠居江漢之荆山一帶」，所以他在

---

❻　胡厚宣　民 23；郭沫若　民 32：14, 55。
❼　張蔭麟　民 46：25。
❽　傅斯年　民 19：365。
❾　劉節　民 37：232。
❿　岑仲勉　民 47：55-61。
⓫　傅斯年　民 19：365-366, 369。
⓬　劉節　民 37：253。

《中國民族史》中把它分入荆吳系⓭。其實這種看法是根據梁啟超來的⓮。這是說楚人爲道地的土著，但後來爲華夏族的一系。其三是凌純聲師，他認爲：「楚雖爲蠻夷之邦，而其統治者是另一民族，楚爲祝融之後，源出於神農，在中國民族中爲漢藏系的泰語族而受漢化者……故楚統治的民族實爲蠻與濮，或稱蠻荆，楚人雖來自北方，然近千年以來亦已南化」⓯。他把統治者與被統治者分別爲兩種民族，而被統治者幾全爲土著。 Latourete 之說類似凌氏而更澈底的土著化⓰。

我們今天再來檢討這個問題，材料似乎多些，看法也有些改變。首先，我們對於東來說與北來說之僅以某些文化特徵爲依據而肯定其民族上之關聯性頗不能同意，文化的傳播太容易了，春秋戰國之際，南北交通已甚發達，不但楚國受殷周文化之感染，即吳越、巴蜀以及雲貴地區亦復如此，這由若干地下出土器物可資證明。就以銅器銘文而論，當時周代的銘刻體文字幾乎遍及全國，然而這與民族無關，只是一種風尙而已。西來說專就幾個經過再變的對音字以爲論證，就更難使人信服，其證據實在太薄弱了。三種土著說之說法雖不一樣，結論大致相似，尤以所謂祝融氏之後，傅凌二氏之說幾乎一致。我以爲，關於祝融的傳說，固應該加以重視，但其實際情形是否如傅氏所說，楚民族有生、熟之分呢？或如劉節氏所說，楚人從東南到西北，然後又回到東南的老家呢？又是否全如凌師所說，楚的統治階級出於

⓭　林惠祥　民 25: 11, 98。

⓮　梁啟超　民 25: 13。後來寫《中國民族史》的人也多半持此種態度，把它歸併於「諸夏族」或「漢族」。

⓯　凌純聲　民 43: 407。

⓰　Latourete 1965: 37. 他認爲楚人的種族、語言以及一部份文化均是「非中國的」，只有統治者的一部份才是從北方來的。

神農氏，而被統治者爲蠻與濮呢？這都是值得重新考慮的問題。

　　我們要了解初期楚民族的活動情形，必需先溫習一遍它的歷史掌故，那就是司馬遷〈楚世家〉的前半段。也許這段話未必完全可靠，但目前我們卻沒有更好的資料。這段話的大意是：楚之先祖出自黃帝一系的高陽（帝顓頊），然後至祝融，至陸終之第六子季連，卽羋姓之始祖，其後，熊繹爲周成王封於楚蠻，居丹陽；至熊渠時仍居於江漢間，並擴地至庸、楊粵及鄂；至熊霜死，其弟避兵難於濮；至熊通（楚武王）始北進伐隨，並開濮地；其子文王都郢（或曰在武王時），倂江、漢間諸姬，而北伐申、鄧；至成王東伐蔡、黃、英、宋、齊等國，西滅夔，於是楚地千里；以後至莊王復伐陳、鄭且北臨洛，觀兵周郊。

　　我重複這些話的目的，在表明一個事實，卽是楚人（自熊繹始有楚名）在武王以前其勢力一直均局限於今湖北西部一隅，直至武王伐隨並得到濮人的擁護，勢力才漸漸大起來；到他的兒子文王遷都江陵，表示湖北中部地區已被控制得很好；成王之東進與西滅夔，更大大地擴張了楚國的版圖，而與齊晉爭天下了；莊王（八年）北觀兵周，間鼎之輕重，已經有倂吞天下之心了。這是自公元前 740-606 年間之事❼。很顯然，他們經過了二百年以上的時間才慢慢地從湖北西部擴展到長江下游，這就是說，至少在春秋初期，楚的統治權是自西向東發展的。武王以前的事，就史料來說，我們實在所知甚少，如果有的話，那就是〈鄭語〉上一段有關祝融的傳說（說見後）以及析父所謂「昔我先王熊繹，辟在荆山，蓽露藍褸，以處草莽；跋涉山林，

────────────

❼　楚武王以 740 B.C. 卽位，莊王於 606 B.C. 伐陸渾戎，兵至洛邑。

以事天子」❶。實際上這兩件事怕也都只是傳說而已。所以照楚國初期發展的情況來推斷，他們不過在丹陽❶找到一個立足點，然後起用地方武力去從事征伐，擴張地盤。看樣子，統治者與被統治者間可能是屬於不同的民族和不同的文化，但是，我們卻看不出反復遷移的痕跡。同時，這種所謂不同，究竟不同到什麼程度呢？楚王族常常對北方人說，「我蠻夷也」，豈不又否定了他與土著民族的差異性？

　　這些，實在都是問題，我們不得不從頭說起。

　　首先我們要討論的是楚之先祖出自黃帝那一則故事，照〈楚世家〉的說法，楚之遠祖陸終是直接繼承黃帝之孫高陽（帝顓頊）那一系。但這個傳說太混亂，《世本》，《大戴禮》及《史記·五帝本紀、夏本紀》均與〈楚世家〉未盡同。大抵司馬遷依《大戴禮》而為〈五帝本紀〉中舜之系統，依《世本》❷而為〈楚世家〉之系統。茲歸納各說，表列如後❷。

---

❶　《左傳》記為子革語；另一說晉人欒武子謂「若敖蚡冒，篳露藍褸，以啟山林」（《左》宣12年），是當時之傳說頗有出入。也即是說明楚國初期的社會情況。

❶　《漢書·地理志》謂係丹陽郡丹陽縣，即今江蘇鎮江。顧棟高（《春秋大事表》卷七之四）已辨其非。按楚國歷史發展之趨勢以觀，初期之丹陽似不可能在東方。如《左》桓6年楚武王伐隨，鬥伯比曰：「吾不得志於漢東也，我則使然……漢東之國，隨為大」。接着隨欲追楚兵，季梁曰：「天方授楚」。都可佐證楚武王正在漢水流域謀發展。

❷　原《世本》佚，今各家輯本亦多不同，所稱引世系頗亂。

❷　可參閱楊寬　民30：208。《山海經》所紀則更為混亂難詳。

表 1　楚先世世系

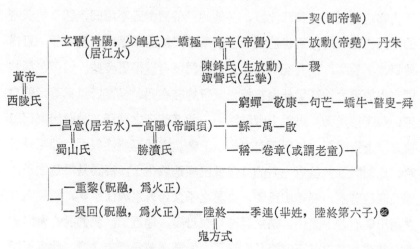

這自然是依據傳說而勾畫出來的系譜，其眞實到何種程度，或者說假到何種程度，以民族學立場言，我們都很難判定。這個傳說雖不見於春秋以前之著作中，但在戰國時卻流布甚廣，到西漢初年還是如此，司馬遷作〈五帝本紀〉就是根據那些記載和傳說而整理出來的。他在該紀贊語中一段話很可以表明當時的情形，他說：

> 而百家言黃帝，其文不雅馴，薦紳先生難言之……余嘗西至空桐，北過涿鹿，東漸於海，南浮江淮矣，至長老皆各往往稱黃帝、堯、舜之處，風教固殊焉。

空桐、涿鹿是兩個引起爭端的地名，《正義》謂空桐在原州（今甘肅平涼縣西）[23]，證以〈孝武本紀〉謂，上「至隴西，西登空桐」一語，大致是對的。據《漢書·地理志》及《括地志》所說，涿鹿在上谷，

---

[22]　關於陸終六子之世系及其與祝融傳說之關係見下表。

[23]　顧祖禹《讀史方輿紀要》卷58謂「崆峒山在平涼府西三十里」。與《正義》略同。《莊子·在宥》、《淮南子·氾論》俱作「空同」。

即今察哈爾懷來縣境。則司馬遷的意思是，當時西自甘肅以東至海，北自察哈爾以南至長江流域，各地的風俗習慣雖不相同，卻全有黃帝的傳說。傳說的內容也許還牽涉到某些民族的圖騰或創生神話，可惜他以文不雅訓，沒有記下來，否則我們將會懂得更多些。這個包括楚國在內的廣大地區為什麼都相信黃帝的存在呢？楊寬氏以為黃帝即皇帝，黃帝傳說乃「出於上帝神話……此又黃帝之神話，於殷周東西民族之諸上帝神話，無所不包之故也」[24]。這種可能性很大，卻不是必然，比如說屬於昌意一系的高陽就已經地域化了，高陽是昌意之子，而昌意居若水，娶蜀山氏[25]，高陽之子又居若水與江水[26]，顯然與今之四川[27]有若干關係。楚之發源地在丹陽，地近蜀，我們說它與民族性有某些淵源也就不完全是臆測了。所謂顓頊為西方之帝，此處正好接上。

我們現在所見到的最早而可靠的資料[28]，黃帝之名第一次出現，是在〈陳侯因育鐳〉：「其維因育揚皇考㷇（紹）練（緟）高且（祖）黃啚[29]，迩嗣桓文」。因育即因齊，無異說，乃齊威王也。威王在位十年（378-369 B.C.），與楚肅王（380-370 B.C.）同時。田齊在銘

---

[24] 楊寬 民 30: 196-197。並參閱該文頁 189-206，對黃帝傳說之演變有甚詳密之考辨，雖其說未必為作者所完全同意。

[25] 除前所舉《世本》及〈五帝本紀〉外，《呂氏春秋·古樂》、《大戴禮·帝繫篇》也有相同的記載，或言娶蜀（一作濁）山氏，或言居若水。

[26] 《論衡·解除》：「昔顓頊氏有子三人 …… 一居江水，…… 一居若水 ……」。《漢舊儀》所說亦大致相同。

[27] 楊寬認為「蜀山實即涿鹿」（民 30: 222），作者未敢苟同。

[28] 《左傳》（昭公十七年），《逸周書·嘗麥》，《竹書紀年》，《穆天子傳》，《山海經·西山經》等所言黃帝，時代雖可能較早，然未可視為第一手材料；至如《呂氏春秋》，《莊子》，《管子》，《韓非子》，〈大荒北經〉等，則並出現之時代亦更晚。

[29] 郭沫若 1943；徐中舒 民 45；楊寬 民 30；丁山 民 22。

文上把黃帝當作他們的祖宗，這件事不僅證實了戰國時代黃帝傳說的真實性，也證明《左傳》和〈魯語〉所說陳爲舜後❸那些話可能是有些根據。不過這對《史記・楚世家》稱楚爲黃帝之後一事並無任何幫助，春秋戰國間楚人自己的言論從來沒有談到過黃帝，比較可靠的資料如〈鄭語〉❸，如《左傳》❸，亦只把祝融追述到顓頊氏而已，因而我疑心，把祝融聯繫到黃帝那個系統上去，可能是由於「黃帝得祝融而辨於南方」（《管子・五行》）一類的傳說影響所致，於是《世本》、《大戴禮》、〈楚世家〉等的世系便編造出來了❸。

祝融氏及其後裔接高陽，〈楚世家〉、《世本》與〈鄭語〉所言亦各有差異，如後表：

表 2　《世本》*中高陽與楚關係

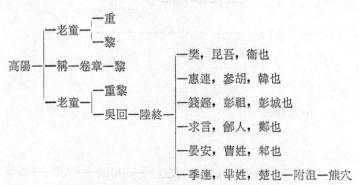

* 各種輯本所記頗有出入

❸　《左》昭 18 年，「陳，顓頊之族也……舜重之以明德……及胡公……使祀虞帝」。《國語・魯語》，「配虞胡公而封諸陳」。

❸　《國語・鄭語》，「夫黎爲高辛氏火正……故命之曰祝融……其後八姓」。

❸　《左》昭 29 年，「顓頊氏有子曰黎爲祝融」。

❸　實際是，祝融與炎帝的關係更密切些，至少許多傳說的表現是如此。這事後面就要說到。

表 3 《國語・鄭語》祝融八姓

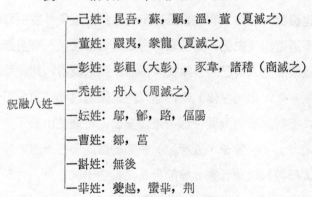

```
          ┌─己姓：昆吾，蘇，顧，溫，董（夏滅之）
          ├─董姓：鬷夷，豢龍（夏滅之）
          ├─彭姓：彭祖（大彭），豕韋，諸稽（商滅之）
          ├─禿姓：舟人（周滅之）
祝融八姓──┤─妘姓：鄔，鄶，路，偪陽
          ├─曹姓：鄒，莒
          ├─斟姓：無後
          └─羋姓：夔越，蠻羋，荊
```

表 4 〈楚世家〉中高陽與楚關係

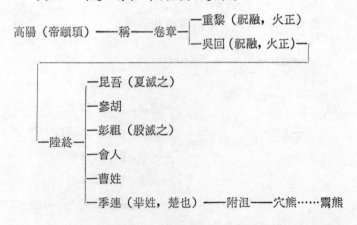

```
                              ┌─重黎（祝融，火正）
高陽（帝顓頊）──稱──卷章──┤
                              └─吳回（祝融，火正）──┐
        ┌─昆吾（夏滅之）
        ├─參胡
        ├─彭祖（殷滅之）
─陸終──┤─會人
        ├─曹姓
        └─季連（羋姓，楚也）──附沮──穴熊……鬻熊
```

從上面三個表我們可以看出幾件事情：第一，〈楚世家〉無疑是根**據**《世本》的資料而予以簡化，或者加以修正；〈鄭語〉則是依**據**另一種資料。兩者間雖有昆吾、彭祖、鄶、曹姓及羋姓相同，但其構想全屬兩個系統。第二，〈鄭語〉所談祝融八姓，無論從資料或是辭藻方面言，均較《世本》等為樸實，因而其可信程度亦較高，但即使如此，問題還是很多，主要是〈楚世家〉何以沒有採用它？

現在我們先討論祝融，然後再討論祝融八姓，尤其是芈姓，及其有關各點，最後，我們來看楚民族的組成分子是那些。

祝融故事乃由神話而演變為傳說中的歷史，這一點已為大家所公認。而且這個神話是屬於南方的，因而與炎帝也發生若干關係，如《白虎通》：「炎帝者，太陽也，其神祝融」；《禮記·月令》：「孟夏之月，其帝炎帝，其神祝融」；《淮南子·天文》：「南方火也，其帝炎帝，其佐朱明（高誘注，舊說云祝融）」。這些說法，前人多以為是後來各種（或者各地）傳說拼湊而成。但自從長沙〈繒書〉發現以後，我們可以確知，楚人當時就有這種神話，而且可能是一個很通俗的民間故事。〈繒書〉說：「炎帝乃命祝融，以四神格奠三天」。所以我們可以說，與其把祝融勉強從高陽接到黃帝那裏去，不如接炎帝還妥貼些。有一點要注意的是，早期的傳說，炎帝與神農無任何關係❸，及後牽連在一起，才更見混亂了。

祝融神話在〈繒書〉中出現，使我們無法不承認它的古老性，可惜不知其詳細內容。《國語·周語》上說：「昔夏之興也，融降於崇山」❸。可見這個故事來源甚久遠，崇山在什麼地方呢？其說不一，《書·舜典》「放驩兜於崇山」，《疏》謂：「在衡嶺之南」；《通典·州郡典》謂在澧豐縣（今湖南澧縣）。看樣子，地當在楚域，與〈繒書〉所言頗暗合。所以《大戴禮·五帝德》說：「放驩兜於崇山，以變南蠻」，《越絕書》、《管子》、《呂氏春秋》等也都把祝融放在南方❸。〈海外南經〉更說：「南方祝融，獸身人面，乘兩龍」。從神

---

❸　此事崔述在《補上古考信錄》中已言之。亦有人認為，以炎帝與神農為一人，乃劉歆妄說。是其合為一人在西漢末年也。

❸　《竹書紀年》謂：「夏道將興，青龍止於郊；祝融之神，降於崇山」。

❸　《越絕書》說：「祝融治南方，僕程佐之」；《管子·五行篇》說：「黃帝得祝融而辨於南方」；《呂氏春秋》說：「其帝炎帝，其神祝融」；《淮南子·天文訓》說同。

話的演化方式來看，〈海外南經〉之說也許比其他各說均較早，因爲
它還停留在人獸之間的階段。從半人半獸而變爲〈周語〉、〈繒書〉
中之神，而又變爲《左傳》、〈鄭語〉中之人❸，變化之跡是很明顯
的。畫成一個表，便是這樣：

獸祝融──→神祝融──→人祝融──→祝融八姓

我的意思是說，當祝融神話發展到像〈鄭語〉裏那樣的形態，便算是
定形了，再發展下去，便必然產生某種程度的質變或形變，以致分化
爲若干相類似的故事。這就是楊寬氏認爲文獻上的丹朱、驩兜（或驩
頭）、鬩伯、朱明、昭明、燭龍、祝融爲屬於同一神話的緣因❸。

　　我不打算再討論演化的問題，我所關心的是，祝融與陸終，甚至
鬻熊，是否爲一人？陸終爲祝融，王國維❸、胡厚宣❹、楊寬、李學
勤諸氏已辨之甚明，無需再行費辭，尤以李氏引邾公鈺鐘與繒書相較
爲定論。李氏說，〈繒書〉有炎帝乃命祝融之語，「𩰊字和邾公鈺鐘
『陸𩰊』一名第二字相同，爲祝融、陸終本爲一神分化之說提供了進
一步的證據」❹。這話是對的，如果再用郭沫若所謂「陸、祝古同幽
部，終、融古同多部」的解釋加以佐證，則二者本爲一事之說就無可
置疑了。其實，就用下面兩件小事也可以說明陸終與祝融本爲一人：
其一，《世本》、〈楚世家〉之陸終六子與〈鄭語〉祝融八姓，雖小

---

❸　《左》昭 29 年：「火正曰祝融」；〈鄭語〉說：「夫黎爲高辛氏火正……
　　故命之曰祝融」；《史記・鄭世家》亦說：「昔祝融爲高辛氏火正」。

❸　楊寬　民 30：303-318。

❸　王國維　民 45。〈邾公鈺鐘〉有云：「陸𩰊之孫邾公鈺」，孫，自然當
　　作「後裔」解。

❹　胡厚宣　民 23：23。

❹　李學勤　1960：68。

有差異，而大體相同，可知二者爲一人之分化；其二，邾公鈺旣自稱爲「陸𩿾之孫」（〈邾公鈺鐘〉），據《世本》及《大戴禮》，邾爲曹姓，〈鄭語〉稱鄒（鄒，魯所改，本爲邾），亦曹姓，是又可知二者實一。至於鬻熊之爲祝融，尙無積極證據，但有三事可資說明：(1)祝融之寫法本不一致，除前陸終外，尙有祖融[42]，朱明[43]，祝誦[44]，祝由[45]等，再變作鬻熊，極可能；(2)祝與鬻同在屋部，融與熊同在東部，二者均可通；(3)楚王室自熊渠以前多屬傳說人物，所謂鬻熊事文王，熊繹封於楚，事多假託，人物個性自不肯定[46]。

　　自陸終六子或是祝融八姓來看，則其族之分布地區實在甚爲廣大，傅斯年氏推論「在夏殷未作之前，據東土西土者必以祝融諸姓爲最強大」[47]，其說當可信。這個地區包括衞、韓、彭城、鄭、邾（卽鄒）、楚等國。所以，「楚民族」一詞，若用廣義的介說，則東南大半個中國的人民都與它有血緣關係。不過，我們這裏所討論的主題只在祝融第八姓（或者說陸終第六子）。〈鄭語〉說：

　　　融之興者，其在芊姓乎？芊姓夔越，不足命也；蠻芊，蠻矣；
　　　唯荊，實有昭德，若周衰，其必興矣。姜、嬴、荊芊，實與諸
　　　姬代相干也（《國語》卷16）。

---

[42]　〈周語〉：「夏之興也，祖融降于崇山」。韋注：祖融，祝融也。

[43]　《淮南子・天文訓》：「其帝炎帝，其佐朱明」。高注：「舊說云祝融」。

[44]　《路史三皇》：「祝誦氏……是爲祝融氏」。

[45]　《內經・素問・移精變氣論》：「惟其移精變氣，可祝由而已」。注：祝由，南方神。

[46]　陳槃先生謂「季連、附沮、穴熊、粥熊之儔，口語相傳有此人物耳」（民51），該是事實。

[47]　傅斯年　民29：365。

這段話是史伯對鄭桓公（806-771 B.C.）說的，桓公當楚熊徇（821-800 B.C.）至熊儀（卽若敖，790-764 B.C.）時代。是春秋初期，羋姓文化已呈現一種分裂的現象，在夔、越與蠻的羋姓比較落後，荆楚卻發展得特別快速，因而《世本》及〈楚世家〉根本就不提那些落後地區。《世本》說：「其六曰季連，是爲羋姓……諸楚所出，楚之先」（張澍補注本）；〈楚世家〉說：「六曰季連，羋姓，楚其後也」。這裏《世本》說「諸楚」，還留有一點〈鄭語〉所說的影子，〈楚世家〉則只知有楚了。

這種分裂是怎麼開始的呢？開始於什麼時候？

羋姓文化分裂的原因，目下頗爲難說。如果以地理形勢區分，假定夔羋在今川康一帶，越羋在今閩粵一帶，蠻羋在今湖南江西南部，則當時的分化，可能是由於經濟成長率的快慢所致。這種情形，我們從漢代初年的經濟開發也可以看得出來，甚至到東晉時還存著這種傾向。當時的華中、華南地區，雖同是一片未開墾的荒地，而長江中、下游的土地畢竟比長江上游以至閩、粵（珠）江流域要肥沃，而且容易利用得多。慢慢地，在自然環境的有效控制下，文化遂跟著生產方法的不同而產生若干差異，有的前進，如荆楚；有的停滯下來或發展得較慢，如夔越，如蠻羋。

至於這種差異發生於何時？就更難說。卜辭中有「𡈼𡆪」[48] 字樣，董作賓氏斷爲「羋作𡆪，當爲殷時國名」[49]。卽使董氏的解說無誤，我們也不知這個羋國在什麼地方，也沒有分化的跡象可尋。而據胡厚宣說，這個𡆪已證明爲殷先公的名字[50]，則董氏之說就難以成立

---

[48] 董作賓 民 18: 204。

[49] 傅斯年（民 29: 350）引董氏語。傅氏因此一片卜辭而撰該文，頗多創見。

[50] 胡厚宣 1950: 46。

了。但似乎在春秋時，芈是出現了。芈，亦作嬭或嫡。〈楚王鐘云〉：
「佳正月初吉丁亥，楚班縢邛(江)仲嬭南龢鐘」。此江仲嬭，郭沫若謂
或卽成王之妹江芈[51]，劉節謂「必爲楚王之女或妹嫁于江國者也」[52]。
於此可知嬭或卽芈之異寫，後人亦多從此說，無異辭（但《廣雅》
謂：「嬭，母也。楚人呼母曰嬭」。不知何所本）。

　　除芈外，卜辭中也有楚，字作 🐮（粹 73），🐯（粹 1315），🐰
（1547），🐱（粹 842），還有「帚楚來」（乙 3086），「辛夗帚楚」（明
2364）等等。我們不敢肯定，這些楚便是指的楚國或是楚民族，或是
楚民族中的某個部落。因爲有些人認爲，早期的楚均是指的地名，比
如楚丘[53]，「于楚有雨」（粹 1547），「🐲于楚」（後下 36.3）等。因
此，我們怕只能這樣說，卜辭中之楚如果是代表一個民族的名稱，則
〈鄭語〉所暗示的芈姓之分裂必在殷，或更早時已開始，否則，它的
時間將要往後移。不過，在傳說中，芈姓早已有過分化，或者根本就
是二部組織，其神權（可能還包括部落政權）由兩部輪流掌握。《史
記・五帝本紀》謂「顓頊崩，而玄囂（少皞）之孫高辛立」已透露了
一點秘密，因爲顓頊與少皞是屬於兩個不同的部族，司馬遷對這個傳
說已不大清楚，故排列其帝系時顯然有點混亂。我們再讀〈楚語〉裏
一段故事，就會明白得多。《國語・楚語》下云[54]：

　　昭王問於觀射父曰：「周書所謂重黎實使天地不通者，何也？

---

[51]　郭沫若　1956：165a。

[52]　劉節　民 24：14a。

[53]　楚丘有二：一見《春秋經》隱公 7 年，「戎伐凡伯于楚邱以歸」，地在
　　今山東，屬曹；一見《經》僖公 2 年，「城楚邱」，地在今河南滑縣，
　　屬衛。

[54]　這個神話，在「神話與宗教」一節中還將談到，我認爲這可能是楚人那
　　一支的創世神話。

若無然，民將能登天乎」？對曰：「非此之謂也，古者民神不
雜……各司其序，不相亂也。……及少皞之衰也，九黎亂德；
民神雜糅，不可方物；夫人作享，家爲巫史……顓頊受之，乃
命南正重司天以屬神，命火正黎司地以屬民，使復舊常，無相
侵瀆，是謂絕天地通；其後，三苗復九黎之德；堯復育重黎之
後不忘舊者，使復典之，以至于夏商。故重黎氏世敍天地，而
別其分主者也」。

這裏表示，昭王對呂刑那一個「絕地天通」的神話已不大了解，甚至
有些誤解。觀射父的解釋是否正確，我們不得而知，但至少表明當時
還有那麼一種傳說，這個傳說實際就是羋姓分化的故事。當時有過幾
次的大動亂，用現在的話來說，就是宗教改革，也即是宗教戰爭。據
觀射父的說法，那個社會起初是民權與神權分治，各不相涉；經過一
次改革，就神權而兼有民權；後來又恢復到民、神權分立；後來又不
分了；到最後，堯之時，大概使用了折衷辦法，這就是堯治天下而仍
然起用了重黎之後的緣故。這不顯然是政治上的二部組織制？他們的
改革只是在民神不雜或民神雜糅兩個政治或宗教綱領上來回，我們可
以用表來說明：

表 5　民神雜糅

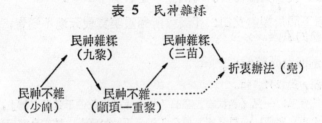

因此，我們也可以這樣說，當少皞之時，他們在宗教觀念上發生了歧
見，九黎一族主張變革，而顓頊一族則主張維持傳統。鬥爭的結果，

九黎勝了，於是把宗教和政治的權力接收過去。但過不久，顓頊族起來擊敗了九黎，又回復到以前的統治。依各書所載，政權的接管情形，歸納起來是這樣的：

表 6　傳說時代楚政權之轉移

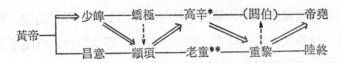

*《左》昭元年：「高辛氏有二子，伯曰閼伯，季曰實沈，居於曠林，不相能也，曰尋干戈，以相征討」。

**〈大荒西經〉：「顓頊生老童」，《世本》一說亦如此。

附注：上表單線一示世系，雙線＝示政權之轉移，虛線…→示教權之轉移。

兩表合起來看，可以作如下解釋：(1) 九黎是少皞氏之後，三苗是高辛之後，兩次的革命都是那一個族倡導的；(2) 羋姓第一次之分裂產生於少皞氏末年，以後就不曾合作過；(3) 政治權力是隔代異部族繼承，因而傳說上的昌意、蟜極、老童、閼伯都不是顯赫的人物；而少皞、顓頊、高辛、重黎、堯卻風頭十足。

現在我們再回到陸終（祝融）氏一支的楚。自少皞以後，羋姓在祝融氏時代恐怕有過一次更大的分裂，但這種分裂不是氏族的，而是基於經濟的原因。分裂後文化最占優勢的是楚，所以在沒有多久的時間，它就控制了整個南中國。

我在前面說過，卜辭中楚民族的情況還不大能確定。《詩·商頌》談到楚，並且與荊聯在一起：

撻彼殷武，奮伐荊楚。采入其阻，哀荊之旅……維女荊楚，居國南鄉（殷武）。

　　這首詩無疑是宋人追述他們祖先的功蹟，眞實到何種程度，很難說。〈魯頌〉「戎狄是膺，荆舒是懲」（閟宮）的話也大略如此。至於〈小雅·采芑〉：「蠢爾蠻荆，大邦爲讎……征伐玁狁，蠻荆來威」，照一般的說法，最多也只能算到周宣王時代。到了西周，楚人的事蹟雖然也和殷代一樣渺茫，但畢竟多些，司馬遷說：「鬻熊子⑤事文王……熊繹當周成之時，舉文武勤勞之後嗣而封熊繹於楚蠻，封以子男之田，姓芈氏，居丹陽」。事頗涉傳聞，不足深信，唯從這幾句話可以看出，芈姓實以居楚地而有楚名，後以地名而爲民族之名，荆亦當如是⑯。

　　有人認爲《周書·作雒篇》「凡所征熊盈族十有七國」卽指周公東征管蔡一事，熊、盈族便是楚人。照胡光煒說「熊、嬴、然、酓，皆同聲通用字」⑰；以及郭沫若說「嬴與芈兩姓是共祖」⑱。則所說當可信。召陵之盟，管仲責楚成王（671-626 B. C.）以「昭王南征而不復」（《左》僖4年）之罪，是昭王確爲楚人所殺害⑲。這時（成、康、昭）楚人勢力之大可以想見。徐中舒說：「銅器有『伐楚荆』，『伐荆』的記載，大約是成康時物，昭王穆王也曾經營過南方的，這是楚在周初確是周人的勁敵的證據，卽楚爲周初一個大民族之證」⑳。

---

⑤　《史記會注考證》謂《藝文類聚》所引無子字，其說該較近事實，子字或衍。

⑯　或由荆山而得名，《左》昭4年：「荆山，九州之險也」；〈禹貢〉：「荆及衡陽惟荆州」；地在今湖北南漳縣。另一處是〈禹貢〉：「導岍及岐，至於荆山」；《帝王世紀》：「禹鑄鼎於荆山」，說者謂係今陝西富平縣。

⑰　胡光煒　民23：3。

⑱　郭沫若　1943：14。

⑲　《古本竹書紀年》記這事曰：「昭王十六年伐楚荆，涉漢，遇大兕」。

⑳　語見傅斯年　民29：386。

徐氏的話並沒有過分，昭王穆王控制黃河流域相當成功，在南方卻失
敗了。失敗的原因很多，主要是由於地理環境，他們的部隊不能適應
南方的山地戰。歷史上說熊渠及其子孫甚得江漢間民，表示已經控制
了現今湖北省的中西部❻，時爲周懿王至厲王之時，西周的天下已經
岌岌可危了。不過，**此**時以前關於楚人活動的事蹟，我們多係從部分
資料推想而得，直至熊勇（847-38 B.C.）、熊嚴（837-28 B.C.）兄
弟在位時，才有年代可稽。《史記》說熊嚴死後，他的幾個兒子爭做
皇帝，鬧得很兇，第三個兒子，叔堪，還逃到濮地❷去避難。這事的
可信程度甚大，有〈鄭語〉可以爲證❸：

> 夫荆子熊嚴，生子四人：伯霜、仲雪、叔堪、季紃（《史記》
> 作季徇）。叔堪逃難於濮而蠻，季紃是立……是天啟之心也，
> 又甚聰明和協。蓋其先王……且重黎之後也。

從這時候起，經過若敖、蚡冒和武王等的率心經營，楚的霸業便逐漸
建立起來，我們知道的也就多些。《史記·周本紀》說：「平王之
時，周室衰微，諸侯強並弱，齊、楚、晉、秦始大，政由方伯。」爲
周家天下著想，是他們的可悲的命運的開始；但中國文化，尤其是楚
文化，卻從此獲得一個更新的機會。這時已經是春秋時代了。

　　春秋初年的楚，實際還只是一個草莽英雄，文化在成長中，除武

---

❻　這事可以從熊渠分封他的三個兒子的土地範圍獲知，中部至武昌一帶，
　　西抵鄂西。

❷　我的猜想，濮地也許就是「民神雜糅」的九黎三苗那一個系統，即所謂
　　「越羋」。

❸　〈楚世家〉與〈鄭語〉的話主題相同，而〈鄭語〉較詳。從內容看，司
　　馬遷的資料當另有所本，非來自〈鄭語〉。這段話出自史伯（鄭桓公
　　時），其上距熊嚴不過三十餘年，甚或與熊徇同時，鄭桓公元年（806
　　B.C.）當熊徇 16 年。

力外，並不是一個了不起的大國，但是與周圍許多國家的交往卻漸漸多起來了，也因此，她的文化成長得很快。從若敖到熊通（武王）（790-690 B.C.）一百年間，楚人只是在「篳路藍縷，以啟山林」[64]，或者開發濮地而已[65]，楚文王（689-677 B.C.）卻一躍而為當時強國。這固然得力於濮人的一支生力軍以及熊通半個世紀的努力經營，但熊貲（文王）的併江漢間諸姬，藉以大量吸收中原文化，也多半是個大原因。

我在前面提到過，「楚」這個字已經出現於卜辭，周金以及楚人自己的銅器銘文，也還是繼承這個寫法，如〈毛公鼎〉作楚，〈楚公鐘〉作楚，〈楚公逆（一說咢）鎛〉作楚，〈楚王領鐘〉作楚，〈楚王畬肯簠〉及〈畬忎盤〉等作楚。以外，也出現了荆，字作荆〈貞毀〉，作荆（〈帥虎〉毀），作荆（〈迌伯毀〉）。《說文》對這兩個字的解釋是：「楚，叢木，一名荆也，从林疋聲」；「荆，楚木也，从艸刑聲。古文荆」。對於楚的解釋，自許慎以來無異說[66]。可是我有一個不成熟的想法，楚字可能不是形聲，而為象意，从多木从足。足（足、疋本為一字）為腳印，象徵有人走向或者生活在叢林裏，是開墾的意思。荆也不是形聲字，容庚氏早已予以證明，他在《金文編》

---

[64] 《左傳》說這事的時代不一，宣公12年作「若敖蚡冒」（欒武子語），昭公12年作「先王熊繹」（子革語）。我們不必太拘泥，總之，在楚武王以前，那一片荒地正在開發中。

[65] 〈鄭語〉謂「蚡冒於是乎始啟濮」，〈楚世家〉謂武王「於是始開濮地而有之」。蚡冒是武王的兄弟，年代相隔不遠，也許武王只是繼續他哥哥的未竟之業。蚡冒在位17年（757-41 B.C.），武王在位51年（740-690 B.C.）。

[66] 各家注說皆本許意，唯〈斠詮〉謂：「燮按，叢木二字即切楚字」（《詁林》：2695b）。

荊字條說：「古文作✲，即✲，傳寫者誤分為二，故作✲……旣云楚木，不當从艸」。劉節氏說是「用✲去開闢土疆的意思」❻。我很贊成這個說法。但由於《說文》「楚者荊也，荊者楚木也」這樣的互訓，就產生後人對楚國得名的一些誤解，有的說：「荊楚一木二名，故以為國號亦得二名」❻；有的則說：「古者刑杖以荊，故字從刑……楚之地因為產此而得名」❻；多因誤文而生誤義。又如所謂「荊者楚也，何為謂之荊？狄之也」（《穀梁》莊公 10 年）；「荊者何？州名也」（《公羊》莊公 10 年）；或曰莊公（魯）以前稱荊，僖公元年以後稱楚等等；也是後人一偏之見而強為前人說。至如郭沫若說：「荊是楚以外的人對於楚國的惡名，楚人自己是絕對沒有稱過荊的」❼，也未必然。我們多讀兩遍《左傳》、《國語》，或是《春秋》、《史記》的原文就會明白，稱荊、稱楚，實在並不包含任何善惡之意，那些褒貶的說法，多為後人妄以己意度之。截至現階段為止，我們的確沒有發現楚人自稱為荊的材料，可是這也不能構成「荊」的惡名。〈晉語〉說：「楚為荊蠻……故不與盟」（〈晉語〉八）；〈吳太伯世家〉說：「於是太伯、仲雍二人乃犇荊蠻……荊蠻義之」。楚與荊在意義上有何不同？如果強為解釋，我們至多只能說，當時人可能認為楚是荊蠻的一種，範圍有大小，名稱卻無好壞與先後❼之分。如果還不滿意，我們可以再看早一點的資料：

　　《詩・商頌・殷武》：「撻彼殷武，奮伐荊楚」。

---

❻　劉節　民 37：223。他認為荊與梁（✲，梁伯戈）是一個字。
❻　見《左傳》莊公10年《正義》。
❻　見《本草》牡荊條注。
❼　郭沫若　1943：13。
❼　王應麟在《通鑑地理通釋》卷五說：「春秋莊公之世書荊，僖公元年始書楚」。

《古本竹書記年》：「昭王十六年伐楚荊，涉漢，遇大兕」。

〈弒彝〉：「弒𢼼從王南征，伐楚荊」。

〈若矢令殷〉：「隹王于伐楚伯，在炎」。

〈逳殷〉：「逳從王伐荊」。

上述例子中，有稱荊，稱楚，稱荊楚，或稱楚荊，這兩字的可能的排列全有了，它的分別在什麼地方？ 沒有。 即使撇開〈商頌〉與《紀年》的時間性不談，其餘三器均爲昭穆時代的東西❼❷，屬西周初年，比《左傳》《國語》最少也早了五個多世紀，這不能算是一個短時間。 前人對於荊、楚兩字之使用既無任何區別，我們又何必妄斷是非？楚國都郢，因而也有人管楚國叫做「郢」的，如〈秦策〉：「郢威王帥天下百姓以與申傅遇於泗水之上」。所以說，無論荊或楚，本質上是一樣的：以地名爲國名和民族名。

楚，在西周初年，大概不過憑藉一支狂颷式的武力從事掠奪性的戰爭，昭穆王既征服不了她，發展到若敖至於熊通時代，他們打下了湖北的中西部那一大塊地盤，又取得江漢間諸姬姓國的合作，又兼併濮地，勢力就越來越大。 文王熊貲（689-77 B.C.）索性把那些姬姓國的土地據爲己有，成王熊惲（671-26 B.C.）更滅夔而有之，於是楚不但蔚爲南方大國，尤其重要的是，使多少年來分裂的芈姓又復歸於大一統的局面。我的意思是：濮相當於熊嚴時代的蠻芈與越芈，夔就是夔芈。

濮人之所在地一向不大確定，〈僞孔傳牧誓〉「微盧彭濮人」謂在「江漢之南」，韋昭注〈鄭語〉「叔堪逃難於濮而蠻」及「蚠冒於是乎始啟濮」謂係「南蠻之國」，〈楚世家〉但謂楚武王「始開濮地

---

❼❷ 此處斷代，依劉節氏語（民47：98）。

而有之」。從這些話，我們均無法獲知濮人究竟住在那裏。《左傳》
言濮人而又有地望可尋者有三處：

(1) 文公 16 年 (611 B.C., 楚莊王 2 年)：「庸人帥羣蠻以叛
楚，麇人帥百濮聚於選，將伐楚。於是申息之北門不啟，
楚人謀徙於阪高。蔿賈曰：『……若我出師，必懼而歸，
百濮離居，將各走其邑，誰暇謀人』」。杜注：「選，楚
地；百濮，夷人」。

(2) 昭公元年 (541 B.C., 楚郟敖 3 年)：「吳濮有釁，楚之執
事豈其顧盟」？杜注：「吳在東，濮在南，今建寧郡 (今
湖北石首縣) 南有濮夷」。

(3) 昭公 19 年 (523 B.C., 楚平王 5 年)：「楚子爲舟師以伐
濮，費無極言於楚子曰：『……若大城城父……以通北方，
王收南方，是得天下也』」。杜注：「濮，南夷也」。

上列三件事實，發生於自莊王至平王這一個時代，這時楚國都仍在郢
(今湖北江陵縣)。杜預所謂南夷，其地望至少可解釋爲自郢以南，
此乃承襲孔安國的意見。可是，如果依照《左傳》原文去尋求解答，
則三次之地望並不在一處。先看第二條吳濮的爭執，這時候吳國雖已
漸見強大，有時也打敗楚國，但其戰爭地區仍限於長江下游，今蘇
北、安徽一帶，決未至湖北。以文意度之，這個濮，地當在越 (今浙
江)，卽當時之越羋；顯非晉時建寧郡之濮夷。第一條蔿賈已指出濮
是一種離散的部落組織，分布地區可能很廣潤，所謂「申息之北門❼

---

❼ 按地理方向言，似應爲「申息之南門不啟」，但古人看地圖的方法正好
與今人相反，故說北門卽南門也。正如有些書說「左彭蠡右洞庭」一
樣。這不是說申息以北便沒有濮，可能還是有的，比如《左》昭九年：
「然丹遷城父人於陳，以夷濮西田益之」。陳在申息以東。

不啟」，申息約當今河南之南陽與息縣，這應該是指散布在漢水流域的濮人，與《左傳》昭公９年所謂「巴濮楚鄧，吾南土也」之說正合。第三條旣係爲舟師以伐濮，自郢出發，可走的路線有三道：一長江，二漢水，三湘水。但其下云「王收南方」，似以湘水爲是；故二者所指，實在都是蠻羋。

還有虁羋，就是成王 39 年（633 B.C.）所滅的虁，這個關係很明顯，只要一看〈楚世家〉及《左傳》僖公 29 年的紀錄❼❹就夠了，楚不過把放棄了若干年的宗主權收回來而已。因爲虁不但屬於祝融那一個系統，且是熊嚴父輩，熊摯那一支，曾爲鄂王，其後以不得繼王位，逃避到四川。

楚人旣然據有濮、虁之地，所以我說他把分裂了許多年代的羋姓重復統一起來了❼❺。這個統一，不但對楚國非常重要，就是對後來中國南方文化的發展也很重要。

自盆冒（或曰武王）啟濮，成王滅虁之後，所謂「楚地千里」，確乎是一泱泱大國，這股力量，來自濮人與虁人者甚多。之後，一直到莊王（613-591 B.C.），可以說是楚的黃金時代。由於不斷的向外

---

❼❹ 〈楚世家〉說：「滅虁，虁不祀祝融、鬻熊故也」；《左》僖 29 年：「虁子不祀祝融與鬻熊，楚人讓之。對曰：『我先王熊摯有疾，鬼神弗赦，而自竄於虁，吾是以失楚，又何祀焉』。秋，楚……滅虁」。

❼❺ 濮、虁之論，說者不一。宋文炳認爲濮族卽後來的猓猓（小口五郎譯，昭和 19 年：53，293）；傅斯年疑卽今之藏人（民 17：34）；徐中舒謂在字音上濮與薄、亳有若干關係，其地皆在中土（見傅斯年，民 19：386）；《世本》謂「越爲羋姓，與楚同祖」；《方輿紀要》卷一引《呂覽》謂「楚變於蠻者也」；左思〈蜀都賦〉謂「於東則左緜巴中，百濮所充」。

虁係因地而爲民族名，與傳說中之虁似不必作連帶之觀察，故不俱論。

侵略，在春秋的二百餘年間，楚人把她周圍的幾十個國家⑦全消滅了。當時國際間的一般情形是，凡被統治的小國有向統治者服勞役、捐款、甚至當兵的義務。楚國的政策卻不止此，他們常常把那些被征服國家的人民搬來搬去，如《左》昭9年（533 B.C.）「楚公子棄疾遷許于夷，實城父，取州來淮北之田益之……然丹遷城父人於陳，以夷濮西田益之；遷方城外人於許」。又如《左》昭13年「楚之滅蔡也，靈王遷許、胡、沈、道、房、申於荆也」。前例是把被征服的人民相互移徙，後例則是把他們全部（或部份）往楚國內地遷移。當時動機何在，未見說明。以現在來推測，其原因不外下列二者：一是這種移徙可以防止叛亂，以便於控制；二是用被征服者的勞力去開發荒地，以增加政府的收入。像這種例子，楚國作的不在少數。很顯然，像許胡沈道房申等國的人民在楚國住久了，就難免不被楚人同化，甚至分辨不出是外國人了。我們可以說，這是楚民族或楚文化擴大的另一種方式。也許是由於這些政治的和經濟的原因所致，楚人這次統一的時間相當長久。我們從現今壽縣、信陽以及長沙等地區出土的器物和墓葬的形制可以看得出來，到戰國末年，它們在文化上的相同的程度還是很強烈。舉一個淺顯的例子，比如「郢爰」這種金屬貨幣，幾乎楚國的每一個地方都在使用。

　　話雖這麼說，不過到戰國的中晚期，楚民族可能又發生了分裂的危機。這種分裂究竟是氏族的，或是經濟的，或是政治的，或是文化的？我們還不十分清楚。這就是所謂「三楚」。三楚之名在文獻上首見於《史記·貨殖列傳》，它說，自淮北至南郡一帶為西楚，彭城以

⑦　楚國滅亡他國的數目，各書所記不一，梁啟超謂有53國（見《春秋載記》附表）；《方輿紀要》載23國（此數顯然太少）；據《史記·十二諸侯年表》所記，約60國。

東為東楚，自江南至衡山為南楚⑰。起初，我以為係漢初的情形，可是後來在器物上居然發現了這個名稱，我不妨引用李景耼的幾句話，他說，《寶楚齋楚器圖識》中有一鼎，「鼎腹外花紋中又有銘二字：『三楚』」⑱。此器出土於壽春（壽縣），則其時間之上限應是考烈王22年（241 B.C.），下限為負芻5年（223 B.C.）⑲。由此可見三楚之名在公元前第三世紀時必甚流行，揚雄《方言》所謂南楚、淮楚、陳楚……等之定名，亦必有若干明顯的事實以為依據。陳夢家即據《方言》把楚器別為三種：「曰荊楚之器，曰南楚之器，曰淮楚之器。荊楚之器，近於宗周器；南楚及淮楚之器時相近，故形制近，而南楚之器頗雜湘沅之巫風焉」⑳。這可以證明，到戰國末年，楚文化的地方性漸次顯得突出，而其統一性則相對地減少。為什麼呢？政治可能是一個大原因，因為楚自懷王對秦國的軍事失敗後，已無法控制當年那一個廣大的地區。被征服的國家獨立了，或是被秦人掠去；自己民族內，由於和戰的態度不一致，也鬧得四分五裂；於是走上各自為政的老路。於是只有等待秦始皇的統一命令。

楚國的政治被瓦解以後，楚民族及其文化並未能完全被消滅。西漢初年南北各地文化之具有強烈的地方性是一個很好的說明。

當我們了解了楚民族本身的結構以後，必然會想到下列幾個問題：第一，楚的統治者與被統治者是否為兩個截然不同的民族？它與中原民族的關係究竟怎樣？第二，苗黎兩民族集團與楚民族的關聯性

---

⑰ 據《史記》原文，其分類係以經濟及民風為標準，頗似文化觀點。其後說三楚者頗不乏人，如《寰宇記》以郢為西楚，彭城為東楚，廣陵為南楚；《漢書·高帝紀》注以江陵為南楚，吳為東楚，彭城為西楚。

⑱ 李景耼 民 19：274。

⑲ 考烈王於 241 B.C. 經陳遷都壽春，而負芻於 223 B.C. 滅於秦。

⑳ 陳夢家 民 28：10。

如何？第三，楚民族與吳越兩民族在血緣或文化上有無若干關係？

　　關於第一個問題，說者不一，我在前面已提過。我以為楚民族本來是南方民族的一支，後來也只是南方民族的一支；其遷移是部份的，其屬於統治階層也只是部份的。下面幾點理由足以補充這個看法。

　　(1) 楚王室經常自認是蠻夷：以往的學者們太重視黃帝、祝融那些傳說，而於東周時候許多重要史實反倒忽略了，以致混淆不清。我可以舉兩個例子為證：其一，楚人與中原諸大國交際往往自居於蠻夷，如武王對隨人曰：「我蠻夷也」(〈楚世家〉)；又如屈原說：「哀南夷之莫吾知兮」(〈九章·涉江〉)。誠所謂「楚變於蠻者也」(《呂氏春秋》)，我們為什麼一定要當作他們在謙虛或者在說謊？其二，《左》成四年魯欲絕晉而求成於楚，季文子以為不可，曰：「非我族類，其心必異；楚雖大，非吾族也，其肯字我乎」？自然，我們可以辨稱齊姜或秦嬴也與魯不同族，但仍可以作為蠻夷的一個旁證。

　　(2) 姓的來源不同：中原人民相信「因生以賜姓」(《左》隱8年)，相信「姓，人所生也」(《說文》女部)。而楚人則相信姓氏乃出於神的安排，非人力所能為。《國語·楚語》下說：「上下之神，氏姓之出」。這一個基本觀念上的差異，一方面固由於社會結構的不同，另外也因民族性的不同。到後來，誠如《風俗通》所說有九種得姓的方法❸，那應該是文化傳播的結果。

　　(3) 器物形制與紋樣的不同：無可否認的，楚人的銘刻文也有屬於「臺閣體」一類的東西，也有儒家的若干觀念出現，但表現於許多基本的器物與紋樣的形態上，其差異是很顯著的。例如墓葬與銅鏡的

---

❸　參閱〈名制〉一節，有詳細說明。

形制，銅鏡與漆器的紋樣等等[82]，可證當時南北兩種文化決不屬於一系。

從上述各點已約略可以看出楚民族與土著民族及與中原諸國的關係。當然，這些都只是從文化諸觀點加以檢討，未能從種族上作根本的論證。但限於材料，目前我們祇能做到這個地步，將來地下的人頭骨多了，也許可以再往前作澈底的討論。

關於第二個問題，從〈楚語〉那個神話來看，無論三苗九黎，**實**際與楚均屬同一民族，只因宗教與政治的意見不同，才鬧分裂。分裂的結果就形成幾個不同的部族，教後來人難以辨認了。但他們的居住地還是沒有變，如「三苗之不服者，衡山在南，岷江在北，左洞庭之陂，右彭蠡之水」[83]（《韓非子》）。這不正是當時楚國的範圍？至於他們究爲現在的那一個民族，就很難說了，因爲民族血統的混合，已不止一次了。

關於第三個問題，據這些年來的發掘，吳的統治階級已被證明是中原舊族，並且屬於姬姓集團。但它的被統治者顯然還是荊蠻系統。如《史記·吳太伯世家》：「太伯之犇荊蠻，自號句吳。荊蠻義之，從而歸之千餘家」。這千餘家自然都是「文身斷髮」的楚民族，不過這些人住得較遠，羋姓早已管不著了。越也是一種「剪髮文身」（《墨子·公孟》）的民族，但與楚的關係十分混亂，從語言上說，他們並不屬於一個系統[84]；從地域上說，楚有越羋一族[85]，又似有若干關聯。故目前實難以斷是非。

---

[82] 請參閱〈藝術〉與〈宗教〉各章。
[83] 《史記·五帝本紀》：「三苗在江淮荊州，數爲亂」；〈孫子吳起列傳〉：「三苗氏左洞庭，右彭蠡」。所記區域亦大致相同。
[84] 從《說苑·善說篇》越歌楚譯的故事可知。
[85] 見前《國語·鄭語》「羋姓夔越」。

本 章 參 考 書 目

丁　山

　　民22　〈由陳侯因咨鎛銘黃帝論五帝〉，見《歷史語言研究所集刊》第 3
　　　　　本。

小口五郎譯

　　民33　《支那民族史》（宋炳文原著）。東京。

文道義等

　　1959　〈長沙楚墓〉，見《考古學報》1959年第 1 期。

王國維

　　民45　〈邾公鐘跋〉，見《觀堂集林》。藝文（重印本），臺北。

王應麟

　　清　　《通鑑地理通釋》，「叢書集成」本。

吳銘生等

　　1957　〈長沙出土的三座大型木槨墓〉，見《考古學報》1957年第 1 期。

李學勤

　　1960　〈補論戰國題銘的一些問題〉，見《文物》1960年第 7 期。

李景聃

　　民19　〈壽縣楚墓調查報告〉，見《田野考古報告》第 1 冊。

岑仲勉

　　民47　〈楚為東方民族辨〉，見《兩周文史論叢》。

林惠祥

　　民37　《中國民族史》。商務，上海。

胡厚宣

　　民23　〈楚民族源於東方考〉，見《史學論叢》第 1 輯。

　　民39　《古代研究的史料問題》商務，上海。

胡光煒

    民23 〈壽縣新出楚王鼎考釋〉，見《國風》牛月刊 4 卷 3 期。

梁啟超

    民25 《中國歷史上民族之研究》，見國史研究六篇。中華(民45)，臺北。

凌純聲

    民43 〈銅鼓圖文與楚辭九歌〉，見《中央研究院院刊》第 1 輯。

徐中舒

    民22 〈陳侯四器考釋〉，見《歷史語言研究所集刊》第 3 本。

郭沫若

    1943 《屈原研究》。羣益，重慶。

    1954 〈金文所無考〉，見《金文叢考》。

    1960 《兩周金文辭大系考釋》。科學，北京。

張蔭麟

    民31 《中國史綱》（上古篇）。正中（重印本），臺北。

崔　述

    清　《補上考古信錄》，「叢書集成」本。

陳　槃

    民51 〈春秋晉楚兩國別紀〉，見《孔孟學報》第 3 期。

陳夢家

    民28 〈長沙古物聞見記序〉，見商承祚《長沙古物聞見記》。

傅斯年

    民29 〈新獲卜辭寫本後記跋〉，見《安陽發掘報告》第 2 冊。

楊　寬

    民30 〈中國上古史導論〉，見《古史辨》第 7 冊上編。太平(1963)，香港。

董作賓

    民18 〈新獲卜辭寫本後記〉，見《安陽發掘報告》第 1 冊。

劉　節

　　民24　《楚器圖釋》。北平圖書館，北平。

　　民37　《中國古代宗族移殖史論》。正中，上海。

　　1958　《古史考存》。人民，北京。

顧棟高

　　清　　《春秋大事表》卷7，皇清經解續編。

Latourete, K. S.

　　1965　*The Chinese: Their History and Culture, Fourth revised edition.*
　　　　　The MacMillan N. Y..

楚的經濟制度

一 基本的農業生產與賦稅

據傳說，當西周成王時代，楚人就開始在今湖北的中西部一帶活動❶。那是很久遠的事了，也許還只是一個或幾個小小的部落在那裏過著採集的經濟生活，談不上什麼生產組織。可是到春秋中期，楚武王（740-690 B.C.）、文王（689-77 B.C.）時，不但統治地擴展得很快，經濟也有了飛速的成長。一個可能是天然資源豐富，另一個可能便是農業技術受了中原諸國的影響。因此，在後來的幾百年間，楚國雖是南方蠻夷之邦，在農業生產上卻完全繼承了殷周的傳統，以稻米爲主要的食糧。

所以，如果我們明白了楚人農業生產的情形，對於他們整個的經濟發展，就容易了解得多。可是，時間畢竟太長了❷，要把它從初期到末期，作系統的分析或敍述，由於材料的限制，自然是件難事。因而，目前我們只能根據若干並不太連貫的資料加以說明，說明某個時

---

❶ 《史記‧楚世家》謂熊繹於成王時封於楚蠻，居丹陽。

❷ 據《史記‧十二諸侯年表》及〈楚世家〉，紀年始於熊勇（847 B.C.），終於負芻（223 B.C.）。

候有某些現象而已，或者說，最後發展到什麼地步。這大約是知道的。

首先，我們要討論的是農業的生產工具。

早期是若敖蚡冒（公元前 8 世紀）帶領一批楚人在丹陽一帶「篳路藍褸，以啟山林」，卽是用他們自己的勞力和原始工具在那裏墾荒，結果就慢慢地開發起來了。農業的知識是必然有的，因爲殷代的農業生產量已經相當可觀，到周代就更普遍了。楚人一度爲周所統治，這種主要的生活資料，不可能不爲楚所接受，卽使早期楚人不知農業爲何物的話。但是當時接受到什麼程度就很難說。〈貨殖列傳〉說：「飯稻羹魚……果隋蠃蛤，不待賈而足」，也許還保留著初期的採集經濟形態。我們不能完全以周代的糧食生產量或其他手工業和商業來與楚國對比，因爲楚國偏處南方，那時的經濟顯然是比較落後的。

到春秋戰國時代，中國古代社會、經濟發生了巨變。這個巨變改變了中國人民若干物質生活基礎和思想方式，其影響有些還遺留到今天。產生巨變的原因很多，主要還是由於牛耕與鐵器的使用。這使得當時的耕地面積得以擴大，農業生產量增加，人力也有剩餘了，因而也刺激了別的職業成長的可能性，例如「士」，這一羣獵取爵祿的讀書人，就是在這種環境下培養起來的。

要確實說明牛耕與鐵器開始使用的年代是有困難的，但大抵在春秋中期或晚期已經出現是沒有問題。不獨文獻上有相關的記載，近來地下出土的材料也可以證明（當然，牛是沒有出土過的）。比如孔子弟子司馬耕字子牛、冉伯牛名耕，晉國有力士叫牛子耕，就是以牛耕一事而命名的，而且在當時顯然還是一個頗爲現代化的名字❸；又如

---

❸ 齊思和氏認爲牛耕在春秋晚期開始使用（民 27: 162–165）。此外《論語》：「犂牛之子騂且角」，也是一個常被引用的例子。

《國語‧齊語》：「美金以鑄劍戟，試諸狗馬；惡金以鑄鉏、夷、斤、斸，試諸壞土」❹。此處牛與鐵被用作農耕工具至為明顯。不過，楚是否也在這時開始使用了呢？這又是一個難題。據現有的文獻資料，晉齊等國似乎較早❺；據出土的鐵農具情形來看，也有這樣一種趨勢。如殷滌非把晉齊楚三國已經出土的鐵農具類分為二個不同的時期，即晉齊二國的鐵農具屬於春秋中期，晉國約為公元前 569–557 年，齊國約為公元前 566 年；楚國的屬於戰國初期或春秋至戰國中期❻。這表示，楚國的使用鐵農具確較晉、齊等國為晚。但發展卻是很快，到戰國時，楚國的鐵兵器已經比誰都厲害，《荀子‧議兵上》說：「楚人宛鉅鐵釶，慘如蜂蠆」。郭沫若根據這一點以及《史記》等❼的說法，認為楚國最先發明鐵兵器。這且不管，我們再看楚國的這種生產工具究竟有些什麼？據目前已經發現的有钁、斧、�、鋤、鏟、削等❽。這七類農具中，钁❾、鐒、鋤、鏟是鋤地用的；斧、夯、削是斫東西用的。均為農人的生產工具無疑。但大抵以戰國時期為較多。其他地區也有戰國末期的鎌和犁鏵出土，楚地卻至今未發

---

❹　一般的說法均認為美金係青銅，惡金為鐵。仰天湖《楚簡》第 10 簡：「金角之銍」。即「惡金之銍」，銍為生產工具（史樹青，1955：29a）。

❺　晉國見《左》昭29年（513 B.C.）「一鼓鐵以鑄刑鼎」，齊見〈齊語〉，其他如韓見〈韓策一〉，趙見《呂覽‧貴卒》，秦見《韓非子‧南面》等，仰天湖出土楚簡（第 3 簡），鐵字作鐒鐒（史樹青 1955：23a）。

❻　殷滌非 1959：30。但是，楊寬（1955b：26）認為中國的鑄鐵技術要早於歐洲 1900 年（歐洲在 14 世紀左右才用鑄鐵冶煉技術），並在西周時代已用鐵（1955a）。而童書業認為殷代已有鐵器（1955：30）。

❼　《史記‧范睢蔡澤列傳》：「楚鐵劍利而倡優拙」；壽縣銘文：「楚王熊肝戰隻兵銅……作鑄喬鼎之盍」（郭沫若 1943：99, 101）。

❽　見殷滌非 1959：30, 43；文道義等 1959：54, 57。

❾　《說文》：「钁，大鋤也」。鐒應該是從石鐒發展而來。

現⑩。

從這些工具可以推知當時對於改善土地的利用和增加農產品的收穫量具有積極的意義。

再進一步，我們可以討論農業生產方法。

首先我們必需注意到的是「鐵範」⑪，它的使用，證明了生產工具本身已經在大量的生產，同時，大量鐵農具的出土也正符合這一事實；其次是農具本身製作技術的精良，使我們了解到它的發展必然已經經過了一段長時間。如長沙出土的一件完整的戰國鐵鏟，「形狀精美……顯示了戰國鑄鐵技術已達很高水平」⑫。

土地的耕作方法如何呢？我們所知仍甚少，但從農具種類之多及其進步情形，以及能夠養活許多不事生產的有閒階級，我們可以推知，種田技術必甚發達，糧食產量也必然很多。因此，下列幾件事無疑是可以討論的。

第一，耕作方法的耦耕制和田萊制。先說耦耕制。這個方法起源可能很早，但在春秋以至戰國時代還是很普遍的使用著，如〈周頌〉⑬、《左傳》⑭、〈吳語〉⑮、《荀子》⑯、《呂氏春秋》⑰都提到，而《論語・微子》說：「長沮、桀溺耦而耕」，指的正是楚國。什麼

---

⑩ 殷滌非（1959：43）將春秋戰國間之鐵農具分爲五個時期，而以戰國中、晚期出現最多。

⑪ 鐵範也是戰國晚期的東西（同上）。

⑫ 楊根等 1960：75-76。

⑬ 〈周頌・噫嘻〉：「十千維耦」；〈載芟〉：「千耦其耘」。

⑭ 《左》昭16年：「昔我先君……庸次比耦，以艾殺此地」。

⑮ 《國語・吳語》：「譬如農夫作耦，以刈殺四方之蓬蒿」。

⑯ 《荀子・大略》：「禹見耕者耦之而式」。

⑰ 《呂氏春秋・多紀》：「命司農計耦耕事，修耒耜，具田器」。

叫耦耕呢？自鄭玄以下，討論的甚多，然而各執一辭。最近有人從耦耕所用的農具加以分析，認為「耦耕也許是一人耕一人耰配合進行的耕作法」[18]。卽是一人在前掘地發土，一人在後碎土，二人組合的耕作方法。不過，我以為這個說法太機械了些，耦並不是限定二人，二人以上同樣可以進行，所謂「千耦其耘」，實際的意義應該是集體耕作制。當時的土地大半是生地，每一次的耕作幾乎都要經過同樣的步驟，卽火燒野草、掘土、去草根、碎土等。如果不是多數人同時工作，則等到下種時，土地已經乾涸得不能用；卽使是水稻，也同樣要趕時間，因為灌溉工程太不理想，甚至沒有。這從早些年長江流域的水稻耕作方法還可以看得出來[19]。

　　再說利用土地所行的田萊制。什麼叫「田萊」制？據友于說：「田萊是已耕三年或二年以後必須放棄的一種恢復地力的方法」[20]。所以「萊」就是「休不耕」[21]的意思，「萊」的時間，大約視土地的肥瘠情形而定，有的三年才「萊」，有的二年，有的則一年便「萊」[22]了。如果土地被「萊」以後不再耕作，那便是「荒」，《詩・小雅・楚茨》說：「田萊多荒」，正是說的這種狀況。楚國有無這種棄地的方法呢？看樣子是有的，但未見直接提到過。《商君書・算地》

---

[18]　萬國鼎（1959：75-81）批判了各家之說以後，提出這個結論。我以為這個看法相當合理，就採用了。

[19]　水稻也可以耦耕，卽犂與耙差不多同時進行；如果是旱田，則一人犂，數人同時進行碎土工作。

[20]　友于　1960：4。田萊制又叫做撩荒。我以為也許還可以叫作「草萊制」，如《太平御覽》821 引《史記》：「秦……草不盡墾，地利不盡出」；〈貨殖列傳〉引計然曰：「農病則草不辟矣」。

[21]　《周禮・遂人》注：「萊，謂休不耕者」。

[22]　《爾雅・釋地》：「田一歲曰菑，二歲曰新，三歲曰畬」。

說：「凡世主之患，用兵者不量力，治萊者不度地」。友于謂「世主泛指六國的統治階級」❷，如果屬實，則楚國自然包括在內。差不多同時的孟子也曾在各地倡言反對「辟草萊」❷，可見「萊」的耕作方法是爲各國農人所採用的。不過，《商君書》所說關於「不度地」一點的時間性頗有問題，商鞅於 358 B.C. 變法，而楚國早於 548 B.C. 已經開始「書土田，度山林」❷了，先於秦國約二百年，難道商鞅竟不曉得？

第二，施肥與灌漑工程。在「田萊制」的基礎上，我們相信，施肥與水利工程的技術恐怕都還不知道，那時只是「火耕而水耨，燔萊而播粟」❷，利用一點燒後餘灰當作肥料，靠天然水灌漑水稻。但後來「田萊制」遭受破壞，土地被連年的利用，施肥就變得必需了。所以在戰國的載籍上，我們看到許多關於糞田❷的話，這證明可能已是當時一種普遍的方法，雖然直接的證據在楚國尚未看到。水利工程的興建在戰國甚爲普遍，著名的如鄭國渠等。但楚國據說在孫叔敖時代（公元前 7 世紀初）就築了一條長達一百二十多里的水庫，以「灌雩婁之田」❷。後來他的兒子，司馬蒍掩，主持政治改革時（548-45 B.C.）也曾作過「規偃豬，町原防；牧隰皋，井衍沃」❷一類的事。那麼，到戰國就必然更發達了。

---

❷ 友于 1960：7。意思卽是各國的君主。

❷ 《孟子‧離婁》。

❷ 《左》襄 25 年；並參見本書政治改革一節。

❷ 《鹽鐵論‧通有》。《史記‧貨殖列傳》說：「楚越之地……或火耕而水耨」。

❷ 記載很多，姑略舉二例：《孟子‧滕文公上》「凶年糞田而不足」；《荀子‧富國》「多糞肥田」。

❷ 事詳《後漢書‧王景傳》。此處轉引胡寄窗 1962：74。

❷ 《左》襄 25 年。

　　第三，　水稻與其他農作物。　從楚國水利灌溉事業發達的情形來看，水稻已成爲主要農作物之一是毫無疑問的，但要說中國的稻一定起源於中國南方[30]，證據還嫌不足。至於說，菽（豆類）在六國農作物中佔第一位，粟（小米）佔第二位[31]，就楚而論，依然怕不是必然的。也許粟的產量爲最多，倒是事實，如蘇秦說楚威王曰：「地方千里……粟支十年，此霸王之資也」[32]；又如《史記・伍子胥列傳》：「楚國之法，得伍胥者，賜粟五萬石」；又如〈越世家〉：「長沙，楚之粟也」。這都可以看出粟的重要性及其產量之多。

　　其他比較重要的農作物是養蠶種蔴和馬牛羊等家畜事業。在家屋四周種桑，　本來是古代中國一種傳統的作業，　楚國想亦不例外，　而近來出土的許多絲織品服飾[33]和一些蔴布片[34]，更證實了它的這一傾向，而蔴布的發現尤爲可貴。同時，我們從楚平王因邊邑女子與吳國爭桑而引起的國家間的戰爭[35]，更能了解它的重要性了。馬牛羊等類的副產品也漸漸多起來了，甚至成爲商品在流通[36]。

　　其次，我們要談談楚國的賦稅。

　　魯宣公 15 年（594 B.C.）宣佈「初稅畝」，這是春秋中期農業政策上的一大轉變，這個轉變包括：廢除原來公田制的力役之征而爲實物之征和開啟土地私有買賣的可能性。接著就有楚國「量入修賦」

---

[30]　陳祖槼（1960：65）認爲水稻初在南方種植，然後傳於黃河流域。
　　　但是，卜辭中有稻，仰韶發現了稻，南方卻沒有這種資料。
[31]　友于（1960：9-10）認爲豆、穀輪種是一種保持土地的好法子。
[32]　《戰國策・楚策一》。《史記・蘇秦列傳》有相同的記載。
[33]　文道義等　1959：57-58；夏鼐等　民51：67。
[34]　夏鼐等　1957：64。
[35]　《史記・吳世家》。
[36]　郭沫若　1958：3。

的新賦稅法出現[37]，並且開始征收車馬稅[38]。這是公元前 548 年。在這同時，其他各國先後相率作了土地和賦稅上的改革[39]。

楚國的所謂「量入修賦」，實際情形我們並不清楚，比如征收的百分比多少？力役地租是不是完全取消了？中央與地方是怎樣分配？都不知道。《孟子·盡心》所謂「有布縷之征，有粟米之征，有力役之征」，是否同時存在？還是減免了那些？不過，無論如何，賦稅制度雖有所改革，農民的生活狀況還是一樣，說不定還壞些。

二 手工業與商業

春秋時候的手工業和商業也許都還不十分發達，一到戰國，就有了快速的進步。原因固然很多，主要仍是由於生產方法和生產技術之改良所致。這一點，倒也很適合 Wittfogel 的理論，他認為：傳統的中國農業社會雖曾發展了手工業和商業，卻沒有替中國帶來一個工業社會[40]。

我們可以分類說明於後。

先說手工業。在以農業為基礎的社會，手工業一向係農家的一種副業，但在一些特殊的場合，如皇室、官府，有時也發展成為獨立的職業，於是有專業的工人了，甚至還有女工和外國工人。如長沙出土

---

[37] 《左》裏 25 年。

[38] 同上。同時可參閱上述郭文，車馬等過關需納稅。

[39] 如〈齊語〉：「相地而衰征，則民不移」；《左》僖 15 年：「晉於是乎作爰田」；《左》昭 4 年：鄭「作丘賦」，以及商鞅之為秦開阡陌等。

[40] Wittfogel 1957: 343.

秦匜往往記官吏、工師之名❹，一方面固示負責，另方面也是專工的意思，誠如《淮南子》所說：「工無二伎，士不兼官，各守其職，不得相姦」❷，自然是分工了。又如有些楚器上寫著鑄客及國名，劉節便認為他們非本國人，他說：「鑄工而名曰客，非楚人可知。故鑄工中有名秦苛者，必為秦國之人；名陳者，必為陳國之人」❸。又如長沙秦觴，其一作「社里姣（姣）」，顯然是女工無疑❹，看來是的。這些都是指較大的或是皇室的器皿而言；至於小的和平民的，並無文字記載，我們就不得而知了。

由於專業工人的出現，手工業品改進和發展的機會就較多。楚墓出土的東西多精美者，其原因或在此。出土的東西甚多，我們只能挑出幾種較重要的來討論一下。

其一是銅器類，所出土器物甚多，如銅編鐘❺、銅鐸、銅鏡、銅兵器以及其他日用品等❻，製作技術都很高，比如許多銅兵器和銅鏡，不但有美麗的鏤金和錯金的技巧，而且是由銅、錫、鉛、鋅、銻、鎳、鐵等七種金屬所組成，比〈考工記〉的「金錫相半」的冶鑄技術不知高明多少倍了❼。

其二是漆木器類，漆器種類繁多，用途甚廣，如生活用具、兵器與葬具等。漆器上之繪畫，更是楚文化之一大特色❽；木器除日用品

❹ 商承祚　民28：17a；楊寬　1955a：39注15。
❷ 見《淮南子·主術訓》。
❸ 劉節　民24：9a。
❹ 商承祚　民28：24。
❺ 顧鐵符　1958：6–8。
❻ 文道義等　1959：48–53；李正光1957：96–106。
❼ 文道義等　1959：57。
❽ 文道義等同上；吳銘生1957：18–19；陳大章等1958：24；商承祚民28。

外，以木俑和木雕爲最特出，不獨形式多樣，而且技巧精緻，刻畫生動，可以說是雕刻上之傑出作品❹。

其三是紡織品類，以絲及麻布兩種而論，據現今技術化驗結果，當時楚人對絲織品已經知道用下列兩種方法：一是平版製造法，另一是斜紋製造法，而後者的方法比前者更複雜，其質地與技術可與現代的手工業技術媲美❺。再看麻布，其經緯度比現在某些棉布還要緊密3.46%❺。由此可見兩千多年前楚國紡織品的高深技術。並可想見，楚靈王輩之衣著豪華，實非偶然❺。

其四是天平與毛筆，天平的製造完全合乎槓桿原理，發現的法碼共9個，每兩個間的比重約爲2比1，最大的4市兩，最小的0.026市兩❺，其計數甚精確❺。毛筆是用最好的兔毫製的，筆桿長18.5厘米，徑0.4厘米，毛長2.5厘米，與今用筆相約。這枝筆雖是戰國時的，但從其製造技術的熟練程度來看，當早就有了這種書寫工具❺。

其五是木炭。木炭的發現，實在是楚文化的另一大特質。第一，楚人必需先懂得製造木炭的原理；其次，木炭有什麼特殊用途呢？顧鐵符認爲是冬天烤火用的❺。這豈不是一種高等的享受？

---

❹ 文道義等　1959：54。並參閱本書討論藝術一節中之繪畫與雕刻。

❺ 同上：58。又在長沙廣濟橋發現兩條絲帶，技術亦同樣精美。

❺ 夏鼐等　1957：64。

❺ 《左》昭12年。

❺ 吳銘生、戴亞東　1957：95。砝碼的重量依次是（單位市兩）：4.00，1.98，1.00，0.495，0.26，0.15，0.062，0.043，0.026。另外也發現天平2件，砝碼14套（見文道義等1959：53）。

❺ 據鄭振鐸（1954：41）謂，英國人自以爲以12兩爲一磅爲最文明的計算法，而戰國時楚長沙出土的砝碼卻是以24銖爲一兩，16兩爲一斤。

❺ 吳銘生等　1957：96；文道義等　同上：58。

❺ 顧鐵符　1958：6；裴明相等　1957：22。

其他的東西還多，如陶器、玉石、琉璃、皮革、25弦瑟等。

每一種器物都表現當時楚國手工業技術的進步與產品的複雜性。

次談戰爭工業。

在楚的戰爭手工業中，早期的戰車與晚期的戰船，必然是一個重大的國防事業，可惜到現在還沒有任何發現，文獻上也未提供任何可靠的說明。雖有一說謂船戰為楚人所發明[57]，然尚未成定論。據商承祚說，一般馬車，已有安全保障的設備，其法且傳諸漢魏時代[58]。「令尹子元以車六百乘伐鄭」，也是一次用兵車的最高紀錄之一（《左》莊二年）。

兵器的發現例子不少，如鏃、劍、矛、戈、戟、匕首、刀、鏢等，銅和鐵製的均有[59]。最值得注意的為銅弩機，是一種使用手續比較複雜，而射程較遠的武器，在現今湖南的長沙、常德和成都均有發現[60]。據高至喜的研究，長沙和常德的銅弩機是戰國早期的東西，屬於臂張一類，為楚人所創始[61]。它的威力可能很大，如《吳越春秋》所說：「（楚）琴氏以為弓矢不足以威天下……乃橫弓著臂，施機施樞，加之以力。然後諸侯可服」[62]。這雖然只是一個傳說，而弩比弓強卻是事實。

---

[57]　見軍事指揮系統一節。

[58]　商承祚　1955：1。

[59]　文道義等　1959：48-53。

[60]　高至喜（1964：33, 36, 39, 40）又認為成都之弩乃傳自楚，或受楚影響而作。

[61]　顏師古注《漢書》卷42〈申屠傳〉：「今之弩，以手張者曰臂張；以足蹋者曰蹶張」。高氏認楚弩係臂張，或者蹶張尚未發現（1964：42）。

[62]　商氏認為係楚創，屬戰國早期（1955：41）；王振鐸（1963：11）謂楚創造於春秋時代；楊寬（1955b：144 注六）則謂始於戰國時代。

再說商業。

一般說來，在春秋時代，鄭衞之商業和晉魯之手工業較爲發達。但到了戰國，這種界限就越來越小了：一方面因爲各國間戰爭、訪問頻繁，另方面交通工具也有了大的改善。卽使在春秋時代，楚國的商業也不是沒有進步，誠如隨武子所說，他們當時已經是「商農工賈不敗其業」（《左》宣 12 年，596 B.C.）了。也就是說，在楚莊王時，楚國的商業勢力已足以構成一個單一的集團。這個集團有多大，就難知。不過由於地大，出產豐富，乃至「通魚鹽之貨，其民多賈」❻❸，正是一種自然的趨勢。何況「商人之四方，市賈倍徙」❻❹；何況「今爲末作奇巧者，一日作而五日食；農夫終歲之作，不足以自食也」❻❺。農民都往城市裏跑，城市就越來越多，也越大了。所以商業發達的結果，不但社會流動性加大，財富分配有了新的差異，而且人民的道德觀念也變了。我以爲這就是產生許行學說的社會基礎。他堅決主張廢棄市場價格和實行並耕而食的理論雖沒有得到楚國社會的同情與支持，到底反映了那個時代的商業情況❻❻。

商人由於錢多，勢力不免漸漸大起來。但就楚國而言，究竟佔有怎樣的地位，還不易斷定。因爲卽使一般地說，也仍沒有統一的意見，有的認爲春秋時候的商人是獨立而半自由的❻❼，有的認爲到戰國

---

❻❸ 《史記·貨殖列傳》有詳細的描寫和討論，並且列出了產品的種類。

❻❹ 《墨子·貴義》。

❻❺ 《管子·治國》。

❻❻ 參閱思想諸形態一節。胡寄窗認爲，並耕論不但主張平均主義，同時也否定等級制度；價格統一論是由於當時的手工業和商業產品大致相差不遠而來（1962：484-89）。對於前者的解釋，我能同意；後者就不一定了。

❻❼ 童書業 民 35：54。

時代才完全解放❽，也有人說那時的商人是一個自由的新興階級❾。

　　總之，我以爲這是不可一概而論的。當整個經濟還是官府的隸屬事業時，商人未必能完全自由行爲；但當商鞅開放土地私有買賣以後，政府想控制商人也就成爲不可能了。而楚國，從使用金幣這一點來看❼，也足以證明人民的富庶和商人的活躍。戰國初年，各國似乎均有一種重農輕商的趨勢❼；楚國卻沒有，即使像許行那種平均主義，也未發生大影響。這是楚國社會的另一特點。

　　最後還得附帶說一點其他物質生產的情形。銅、鐵之類，前面已經談過。此外應該提到的便是《史記·貨殖列傳》所說的西楚「通魚鹽之貨」；東楚「有海鹽之饒，章山之銅，三江五湖之利」；和南楚的「豫章出黃金，長沙出連錫」了。黃金最有名，如《戰國策·楚策三》：「黃金、珠璣、犀、象出於楚，寡人無求於晉國」；《管子·地數》：「使吾得居楚黃金，吾能令農毋耕而食，女無織而衣」。

三　城市的興起

　　基於軍事上的需要，西周初期已有城市了，如《詩經·大雅·文王有聲》：「作邑於豐⋯⋯築城伊淢」，不過這種城市是以邑的姿態

---

❽　郭沫若　1955：107。

❾　童書業（1957：52-3）說那時專業的自由商人成爲一新興階級；翦伯贊則認爲新興的商人地主階級在較後時期並且獲得了對農民的統治權（1950：355-56）。

❼　有人認爲金幣祇在貴族階級流通。按此說違反貨幣的特性，不確。參見下節貨幣。

❼　谷霽光（民33：1-2）認爲春秋時代農商並重，春秋末至戰國初漸至重農輕商。

出現，也即是一個小都，而以武力據守爲基本形態。這一形態恐怕維持了一個相當長久的時間，一直到春秋中期，變化才漸漸大起來，變化的原因不外三個：一個是適應手工業和商業發展的需要，可說是經濟的原因；另一個是政治的原因，諸侯的統治權越來越大，可以隨時因政治重心的轉移而建立新的城市，或者本來就是政治中心；第三是各國間軍事衝突大量增加，邊境需要更多的城堡以資防守❼❷，這是軍事的原因。

　　從春秋末期以至戰國時代，不但城市的量有所增加，即質也起了變化，比如早期的城市多半側重於軍事或政治方面，面積也比較狹小❼❸，後來就有許多商業或手工業的城市了。這從《戰國策》也可以看出一點發展的線索，〈趙策〉說：「古者，四海之內分爲萬國，城雖大，無過三百丈者，人雖眾，無過三千家者；今千丈之城，萬家之邑相望也」❼❹。這個發展也可以說相當快，因而像臨淄那樣的地方，很快就變成一個典型的大商業城了❼❺：七萬戶，在當時確是一個大數

---

❼❷ 目前討論城市，尤其是新興國家城市的發展者甚多，如 Redfield 等依文化要素，把城市分爲 orthogenetic 和 heterogenetic 兩種(1954:56-57)；而 Pirenne 卻是另一種二分法：一類是知識和政治中心，如北平，一類是經濟中心，如上海 (1915: 55)；而顯然的，Breese 雖未提出分類法，但對這幾種都不能同意(1966: 50-51)。依我看，Pirenne 之說較合於古代中國城市發展的情形，惜其未及軍事一點。

❼❸ 童書業（1958: 33-34）認爲中國古代的國就是從原始都市發展來的，所以可說是城市國家。

❼❹ 《左》隱元年：「都城過百雉，國之害也。」賈注謂雉，三丈。與〈趙策〉說合。

❼❺ 據《戰國策・齊策》蘇秦說：「臨淄之中七萬戶……甚富而實，其民無不吹竽、鼓瑟、擊筑、彈琴、鬥雞、走犬、六博、蹹踘者。臨淄之途，車轂擊、人肩摩，連衽成帷，舉袂成幕，揮汗成雨。家敦而富，志高而揚」。也許有些誇大，但幾十萬人的城市，總是會很熱鬧。涂西疇

目。

　　就一般情形看，楚國的都市，即如戰國時的壽春，怕也沒有發展得如此龐大，因為壽春的交通量、商業和歷史背景都不如臨淄。所以司馬遷在說到壽春時，也祇是帶一筆，「亦一都會也」。這個都會究竟多大，現在還不知道。

　　從早期說起，楚國的城市發展，是否也符合上述的原則？大致是符合的。如《左》昭23年說：「若敖、蚡冒至於武文，土不過同……猶不城郢；今土數圻，而郢是城，不亦難乎」？據杜注：同，方百里；圻，方千里。則初時轄地甚小，似是事實，因為在文王併江漢間諸姬以前，楚的版圖是被束限於湖北一隅的。版圖小，人少，城就不可能大。誠如《墨子・非攻》說：「南則荆吳之王，北則齊晉之君，始封於天下之時，其土之方，未至有數百里也；人徒之眾，未至有數十萬人也。以攻戰之故，土地之博，至有數千里也；人徒之眾，至有數百萬人也」❼。所有的城市都是慢慢發展開來的。因此，我們說郢城當年只是一個小城也不為過。據掘出來的遺址報告：「郢城在江陵縣草市鎮東北四里，現僅存土城一圍，沒有城門洞，只殘存幾個缺口。城長寬各三里❼，面積約九平方里……城內大部份是田地，城中心有縱列的南北濠，據說南濠中有一古井是楚莊王妃葬地，北濠右岸

　　(續)認為古代的城市非由于交換關係發展而成（民 39：60），這一點是不確
　　　的。

❼　《史記・十二諸侯年表》說：「齊晉秦楚，其在成周，微甚：封或百
　　　里，或五十里……楚介江淮」。所以都是小國寡民的局面。

❼　《墨子・非攻》：「三里之城，七里之廓」（《孟子・公孫丑》有同樣
　　　說法）。到了「城方八里」（《國策・東周策》）或是王城十二里，就算
　　　是大城了。

的土地廟又名莊王臺，相傳是楚莊王宮的遺址」[78]。報告又說：「紀南城在江陵紀山之南，據說是楚郢都故址，城周圍約四十餘里，城型似土堤，較現在縣城爲大，殘磚斷瓦隨地可見」[79]。依城的大小計算，郢城應該是舊城，紀南城是後來擴建的，但此與顧祖禹之說正相反[80]。不管如何，這只是兩個土城，但似乎已有城牆濠溝之類作爲防禦用的建築。許多人認爲早期的城沒有此種設施，現在該可以相信了。

就楚國城市而論，不但需築城牆，而且還有一定的築法。最明顯的例子是《左》宣5年：「(昭)王使由于城麇，復命子西問牆高、厚焉。弗知。子西曰：『不能如辭，城不知高、厚、小、大，何知？』」可見在築城以前還必需把計劃作好，不能隨意更改；可能還受令尹的直接指揮。如春秋時蒍艾獵城沂，不獨派專人管理，而且把經費、日程、築城工具、城市大小和糧食等，都預先作準備，結果一個月就完工了[81]。這種作法，效率高是一回事，主要還在於熟練之技術。如果技術不良，則事先無由準備，也就難免曠日廢時了。這件事發生在公元前598年。因此，我們可以推想，自春秋後期至戰國期間，楚國的築城技巧必然更好，數量也必然更多。

由於史料有缺，早期設城事已不太清楚，僅知《左傳》僖公23年城頓，文公14年城郢，宣公11年城沂，襄公14年城郢數事，殆至《左傳》昭公時期，則築城甚多，兹一併列表如下：

---

[78]　程欣人等　1954：125。

[79]　同上：126。這個城就有點近於《越絕書・吳地傳》所說：「大城周四十七里二百一十步二尺」。

[80]　《讀史方輿紀要》卷78荆州府條，謂郢城是襄瓦所增修者；紀南城乃故郢，文王自丹陽遷此。今與遺址對照，知其說不確。

[81]　事見《左傳》襄公25年。

表 7　　楚築城表

時　　間	地　　　　　點	時　　間	地　　　　　點
僖23	城頓	昭11	楚子城陳、蔡、不羹
文14	城郢	昭19	令尹子瑕城郟
宣11	蔿敖城沂	昭19	大城城父
襄14	子庚城郢	昭19	楚人城州來
襄18	右尹城上棘	昭23	囊瓦城郢
昭 1 (541B.C.)	伯州犂城犨、櫟、郟	昭25	蔿射城州屈
昭 4	公子棄疾城賴	昭30	沈尹戌城夷
昭 4	宜咎城鍾離	昭30	城丘皇
昭 4	蔿啟疆城巢	定 5	由于城麇
昭 4	然丹城州來	哀 4	城蠻氏

　　築城以後，城市需要人民居住，所以經常有移民的事情發生，甚至造成一個大的移民運動，如《左》昭25年：「楚子使蔿射城州屈，復茄人焉；城丘皇，遷訾人焉」。又如《左》哀４年：楚克蠻氏，「裂田以與蠻子而城之……司馬致邑立宗焉」。又如《左》昭９年：「楚公子棄疾遷許于夷，實城父，取州來淮北之田以益之，伍舉授許男田；然丹遷城父人於陳，以夷濮西田益之；遷方城外人於許」。又如《左》昭４年，遷賴於鄢，復遷許於賴。這樣幾乎形成一個循環的遷移，即：

遷方城外人於許──→遷許人於城父──→遷城父人於陳

這可能有其特殊的意義，但一般地說，城市增加以後，農村人民必然移往城市，尤其當城市裏的手工業和商業日益發展的時候。

上面所說的還是初期的都市形態，等到沛、陳、汝南、南郡、彭城、東海、廣陵、衡山、九江、豫章、長沙，這些都市發展起來，就完全成爲手工業品和商品的集散地[82]，而以一種新的形態出現了。

四 特殊的貨幣制度

我們說特殊的貨幣，是由於它與中原諸國的貨幣相較，不但形式上有差異，本質上也有差異。當戰國時候，貨幣的流通情形大抵是這樣的：刀幣流行於燕齊趙一帶；布幣流行於魏韓趙一帶；圓形幣流行於秦東周西周和趙魏沿黃河一帶；楚國使用的卻是另一種，蟻鼻錢和爰金[83]。這是一種什麼樣的貨幣呢？目前我們已相當了解了，茲分別述如後。

(一) 爰金

爰金是後起之名，現在我們把它當作貨幣的名稱。起初，爰應該只是一種重量的單位，字亦作鍰[84]。早期我們叫爰金爲「印子金」或是「餅金」，「金餅」，「金鈑」，原因是它的形狀足以教人作出這許多不同的聯想[85]。

最早提到它的大約是宋代沈括的《夢溪筆談》，據他說，那時就「得之者至多，天下謂之印字金是也」[86]。可是最早把「郢爰」和

---

[82] 見《史記·貨殖列傳》。

[83] 王玉哲 1959：201-202；王毓銓 1957：20-94。

[84] 白冠西謂爰是鍰之省文，古代重量名稱，《說文》謂六兩爲鍰（民46：114）。王毓銓 1957：89。

[85] 參閱上述王毓銓、白冠西二文及方濬益《綴遺齋彝器考釋》卷29。

[86] 沈括《夢溪筆談》卷21〈異事〉。

「陳爰」翻譯過來的卻是清末的方濬益❽。以後，出土的更多，討論的也就多了❽。第一個認定郢爰（或陳爰）是金幣的是誰呢？也許是吳大澂，他曾說過「郢爰黃金幣」的話❽，以後，我們便把它當作楚國的貨幣來研究。

　　據目前所知，出土這種爰金的地區有：安徽的壽縣、鳳臺、合肥、廬江、廣德、巢縣、霍邱；江蘇的高淳、常州、南京；山東的南部、臨淄、嶧縣；河南的鄢陵；以及湖南的長沙（祇出冥幣）❾。這是個相當廣大的地區，「南起沅湘，北至河南中部，西自鄂西，東抵海，東北盡山東南部，都是楚爰金的流行區域」❾。這個區域也就是楚國最盛時期的轄區，因此，我們有理由相信，最少在某一時期，爰金是楚國全國性的貨幣。不過，截至現階段，楚人最初的根據地，江陵一帶，仍未發現爰金或是作爲冥幣的爰金泥版，這是否意味著爰金是後期的貨幣？或者如彭威信所說：「它是遷都以後鑄的，而且大概是考烈王遷都壽春以後鑄的」❾。但這一說也難以成立，考烈王以22年（241 B.C.）遷都壽春，不僅國勢積弱，財政空虛，而且距亡國之期祇十八年，不可能創立這樣一種前進的金幣制度；退一步說，即使創立了，短時間內也不可能散佈那麼廣，影響又那麼大。何況出土的爰金中，除「郢爰」外還有「陳爰」、「鄟爰和穎」❾。陳爰，假定

---

❽　方濬益　同上文。

❽　參閱王毓銓及白冠西上文。

❽　見吳氏所著《權衡度量實驗考》。

❾　長沙所出這種泥爰金是用以殉葬的，商承祚（民28：7）謂爲冥幣。陳夢家然其說（見該書序），並謂「長沙當日所用之幣爲楚餅金無疑」。

❾　王毓銓　1957：88。

❾　彭威信（1965：69）認爲湖北「如果將來還沒有金餅出土」的話，這個可能性就很大。

❾　王毓銓　1957：87。

爲頃襄王 21 年（278 B.C.）遷陳後所鑄，既可以在壽春一帶使用，
則壽春之郢爰也可以使用於江陵，或江陵之郢爰用於其他各地。即以
遷都論，也不始於頃襄或考烈，昭王 12 年（504 B.C.）已遷於郢，
故此說欠妥❷。至於說是否曾受印度公元前四世紀方銀幣或方銅幣的
影響❸，目前也難斷定，因爲沒有任何直接或間接的證據可稽。

就出土的爰金來考察，下列幾種情形是知道的：

（1）出土的爰金絕大多數是金質，但據說也有銀質的、銅質的、
鋁質的❹，以及陶質的（即泥版）冥幣。

（2）每小塊均有字，字作郢或郅❺，多陰文橫書，但偶爾也有陽
文或直書，或別的字。

（3）爰金的含金量相當純，據江蘇出土的一種計算（共 14 塊），
其含量自 91% 至 98% 不等❻。

（4）爰金的形式大抵是方形的小塊，長寬約爲 1.3×1.2 厘米。
由若干小塊組成一大塊，數量似乎也不一定，有數塊，十餘塊，二十
餘塊或半塊等。

（5）每小塊的重量不一致，就 12 塊完整的郢爰來看，輕的 7.125
克，重的則有 17.53 克❼，其排列係 7.125, 11.19, 12.00, 14.22,

❷ 加藤繁亦有類似說法，見王氏上書頁 91 所引。

❸ 彭威信（1965: 70）並認爲爰是最先進的貨幣，銅貝是最落後的，「如
　非外來影響，很難解」。按此說亦欠通，爰爲主幣，銅貝爲輔幣，無先
　進、落後之分。

❹ 鄭家相（1957: 198）認爲除金質外，銀質也可能係貨幣，其餘均爲殉
　葬；商承祚　民 25: 7 陳序。

❺ 王毓銓　1957: 86。當然也還有別種寫法，式樣頗多。

❻ 張浦生　1959: 11；白冠西（1957: 115）謂在 90% 以上。

❼ 吳大澂上書頁 66 記一特大爰金重 1.96 兩（湘平）合 73.155 克，似
　與各爰金之重量不合，故未取。

14.22, 14.43, 14.44, 15.50, 15.75, 17.25, 17.53。重量的不一，可能是由於切的技術不好所致。

（6）爰金也可以切成半塊使用。

由以上幾點，我們可以看出：（1）爰金幾乎是一種純金的金幣；（2）爰金的單位是爰，貨幣的名稱也叫爰⑩；（3）爰金沒有標準重量和大小，只有大概的規格；（4）爰金的製造權可能是由楚王控制，不像戰國時其他各國，地方有權造幣⑩；（5）銀幣、銅幣、鉛幣可能是一種輔幣；（6）使用時可視情形切開分次用，其值不變；（7）爰金的形式、質、量及字號並不一律。

因此，爰本身即使爲一標準重量單位，不管是一般重量單位或是貨幣重量單位，其每單一郢爰（或陳爰）的重量並不一致，作爲貨幣交換時必然產生許多困難：其一是，其重如何決定？爰金面額上並未載明；其次是，如果爰金的單位重量價值有一定的話，餘額是否使用另一種輔幣以補其不足？

輔幣與爰金的折合率怎樣？我們也不清楚。可是即使有輔幣也得設法解決它的重量問題，除非不計其輕重，每一單位，即每一印，當作一定之價值。但這怕與事實不符，黃金在當時仍屬貴重金屬，且爲各國政府所爭取，楚雖產金，亦未必如此隨便，此其一；其二，果如此，則爰金之製造權無論在中央或地方或私人，到最後勢必成爲劣幣，以至因無人信任而崩潰。從前述資料看，顯然都不是的。因而，我猜測楚人另一個解決爰金輕重問題的辦法，那就是用天秤。

長沙和信陽出土天秤不少，天秤做什麼用呢？無疑是秤貴重物

---

⑩　歷來對這個問題討論甚多，說亦紛紜，可參閱王毓銓 1957：90。此處全是我個人的看法。

⑩　參閱王毓銓　上書：95–97。

品，這由它的砝碼最輕的僅 0.026 克一事也可以看得出來。什麼是貴重物品？銅、鐵、陶器都是大形的，當然不是；楚墓出土的只有琉璃和玉器可能係用天秤算重量，可是出土的數量非常少。所以我認爲爰金正好用得上它，於是天秤便成了每人或每家的必需品了。否則，從比例上說，出土的天秤就太多了些。同時，另外也還有兩點可以用做這樣的解釋：一是出土之郢爰有作「郢稱」字樣的，據陳直說：「稱即後代之秤字，漢代尚未有此字。郢中之稱，可能與其他地區有所不同，故特標以地名」⑩。我以爲這個「秤」字可能就是指的天秤，也即是說明郢秤在當時是有標準重量的。二是從出土情形看，天秤、砝碼、爰金或蟻鼻錢、木梳或其他日用品，總在同一範圍內出現，或是全被放在一個竹筐內⑩。我以爲這是天秤屬於每人的日用品的最大證明。然而，用一次秤一次，這事是相當麻煩的，也許楚人想不出更妥善的辦法，想不到使每一個爰金等重，或者雖想到了而技術上作不到。

（二）蟻鼻錢

前面我們提到過輔幣，所謂銀質的、銅質的、鉛質的爰金，也許全是輔幣，但我們沒有實物，無法討論。楚人另一種輔幣，可能就是「蟻鼻錢」⑩。

爲什麼叫蟻鼻錢？依馬昂說，錢上文字之一条像螞蟻，而另一文字咒像人的鼻子⑩。但也有人叫它「鬼臉錢」或「鬼頭錢」。這種錢

---

⑩　陳直　1961: 264。

⑩　吳銘生等　1957: 95；夏鼐等　1957: 162。

⑩　王毓銓　1957: 17, 94。

⑩　同上: 93 引馬昂《貨布文字考》。其實也還有些別的文字，如𡰥（君），全（金）等，不過較少見。

也像一隻背面磨平的貝殼，而銅質，有人就叫它爲「銅貝」⑩；　甚至有人認爲「很可能是由銅貝發展出來的，是銅貝的高級形態」⑩。

　　蟻鼻錢是一種略呈橢圓形的小銅幣（如圖），正面凸起，背面平，重量自兩公分到四五公分，正面有文字，數字或一字不等⑩。最早在宋代洪邁的《泉志》中已提到這種錢。後來長沙也有發現，但數量不多。出土多的是今安徽壽縣，河南固始以及南京等地，此外江蘇的徐州和山東南部也有若干出土⑩。這個地區也相當於關野雄所說：「南從湖南北部，北至河南南部，安徽中部及江蘇北部，卽戰國時代楚的領域以內」，都有蟻鼻錢出現⑩。這和爰金出土的情形幾乎一致，卽是：有爰金的地區，如安徽、湖南、河南等，多半發現蟻鼻錢，雖然兩者並非同時出土；而沒有爰金的地區，如湖北江陵一帶，也沒有蟻鼻錢。這說明什麼呢？前者表示這兩種貨幣可能同時在各地流通，爰金是主幣，蟻鼻錢是輔幣，以作爲大小交易的媒介。後者表示不是貨幣在土裏爛掉了，便是還沒有挖到；因爲卽使楚國在郢郅（689–505 B.C.）都都（504–279 B.C.）時尚不知造幣，在陳和壽春造的依然會流通過去的，然而沒有，豈非意外？

　　這種蟻鼻錢也可能沒有標準重量，比如有的 2.2 克，有的卻3.75克；字體和形狀也甚有出入，不是完全一致；它與爰金的折合率如

⑩　李佐賢《續泉說》（引自王毓銓 1957：92）。
⑩　彭威信（1965：56）；　王毓銓（1957：92）雖也認爲是「銅仿貝」，可是還有更像的各色金銅貝和素質銅貝。
⑩　彭威信　1965：56。
⑩　王毓銓　1957：93。
⑩　關野雄　民51：86–87。

何，也不知道。

最後還必須一提的是，長沙仰天湖出土楚簡第 26 簡記：「五銖金」。史樹青認為「就是當時的貨幣名稱。後來通用的『五銖圓錢』或是從這裏演變出來的」⑩。可是他處未見，孤證實難以斷是非。

還有一點是，楚國在使用爰金和蟻鼻錢之前，可能也係以璧玉之類的東西為貴重交易媒介，也即是以璧為具有貨幣功能的物品。這裏可以舉一個例子，《左》傳 7 年寫申侯被鄭所殺的故事說：「申侯……有寵於楚文王。文王將死，與之璧，使行……」。顯然璧是被當作貨幣一類的東西看待的。

本章參考書目

友 于

　　1960　〈由西周到前漢的耕作制度沿革〉，見《農史研究集刊》第 2 冊。

文道義等

　　1959　〈長沙楚墓〉，見《考古學報》1959年第 1 期。

方濬益

　　清　　《綴遺齋彝器考釋》卷29。臺聯國風，臺北。

王玉哲

　　1959　《中國上古史綱》。上海人民，上海。

王振鐸

　　1963　〈張衡候風地動儀的復原研究（續）〉，見《文物》1963年第 4 期。

王毓銓

　　1957　《我國古代貨幣的起源和發展》。科學，北京。

---

⑩　史樹青　1955: 33a。

史樹青

　　1955　《長沙仰天湖出土楚簡研究》。

白冠西

　　1957　〈郢爰考釋〉，見《考古通訊》1957年第 1 期。

谷霽光

　　民33　〈戰國秦漢間重農輕商之理論與實際〉，見《中國社會經濟史集刊》

　　　　　　7 卷 1 期。

沈　括

　　宋　　《夢溪筆談》卷21〈異事〉。商務，臺北。

李正光

　‧ 1957　〈略談長沙出土的戰國時代銅鏡〉，見《考古通訊》1957年第 1 期。

李佐賢

　　清　　《續泉說》。

吳大澂

　　清　　《權衡度量實驗考》。

吳銘生

　　1957　〈長沙楚墓出土的漆器〉，見《文參》1957年第 7 期。

吳銘生等

　　1957　〈長沙出土的三座大型木槨墓〉，見《考古學報》1957年第 1 期。

胡寄窗

　　1962　《中國經濟思想史》（上）。上海人民，上海。

涂西疇

　　民39　〈舊中國城市的發展及其特質〉，見《新中華》13卷10期。

夏鼐等

　　1957　〈長沙發掘報告〉，《考古學專刊》丁種第二號。

　　1962　《新中國的考古收穫》。

高至喜

1964 〈記長沙常德出土弩機的戰國墓——兼論有關弩機弓矢的幾個問題〉，見《文物》1964年第 6 期。

殷滌非

1959 〈試論東周時期的鐵農具〉，見《安徽史學通訊》1959年第 4 、5 合期。

張浦生

1959 〈江蘇郢爰〉，見《文物》1959年第 4 期。

陳大章

1958 〈復原信陽楚墓出土木漆器模型的體會〉，見《文參》1958 年第 1 期。

陳祖槼

1960 〈中國文獻上的水稻栽培〉，見《農史研究集刊》第 2 冊。

陳夢家

民28 〈長沙古物聞見記序〉，見商氏該書。

陳 直

1961 〈長沙發掘報告的幾點補正〉，見《考古》1961年第 5 期。

商承祚

民28 《長沙古物聞見記》。金陵，成都

1955 《長沙出土漆器圖錄》。

郭沫若

1943 《屈原研究》。羣益，重慶。

1955 〈略論漢代政權的本質〉，見《文史哲》第二期。

1958 〈關於鄂君啟節的研究〉，見《文參》1958年第 4 期。

彭威信

1965 《中國貨幣史》（上）。

程欣人等

1954 〈湖北省江陵境內三個古城遺址的初步調查〉，見《文參》1954年第

3 期。

童書業

　　民35　《春秋史》。太平（1962），香港。

　　1955　〈中國開始用鐵的時代問題〉，見《文史哲》1955年第 2 期。

　　1957　〈略論戰國秦漢社會的性質〉，見《文史哲》1957年第 8 期。

　　1958　〈西周春秋時代的手工業與商業〉，見《文史哲》1958年第 1 期。

萬國鼎

　　1959　〈耦耕考〉，見《農史研究集刊》第 1 期。

楊根等

　　1960　〈戰國兩漢鐵器的金相學考查初步報告〉，見《考古學報》1960年第
　　　　　1 期。

楊　寬

　　1955a　〈試論中國古代冶鐵技術的發明和發展〉，見《文史哲》1955年第 2
　　　　　期。

　　1955b　《戰國史》。上海人民，上海。

齊思和

　　民27　〈戰國制度考〉，見《燕京學報》第24期。

裴明相等

　　1957　〈信陽長臺關發掘一座戰國大墓〉，見《文參》1957年第 9 期。

劉　節

　　民24　《楚器圖識》。北平圖書館，北平。

翦伯贊

　　1950　《中國史綱》秦漢之部。

鄭家相

　　1958　《中國古代貨幣發展史》。

鄭振鐸

　　1954　〈在基本建設工程中保護地下文物的意義與作用〉，見《文參》1954

年第 9 期。

關野雄

民51　〈先秦貨貝雜考〉，見《東洋文化研究所紀要》第27册。

顧祖禹

清　　《讀史方輿紀要》卷78。新興，臺北。

顧鐵符

1958　〈有關信陽楚墓銅器的幾個問題〉，見《文参》1958年第 1 期。

Breese, G.

　　1966　*Urbanization in Newly Developing Countries*. Prentice-Hall,
　　　　　New Jersey.

Pirenne, H.

　　1915　*Belgian Democracy: Its Early History*. Manchester University
　　　　　Press, Manchester.

Redfield, R. & Singer M.

　　1954　The Cultural Role of Cities, *Economic Development and
　　　　　Cultural Change*, vol. 3.

Wittfogel, Karl A.

　　1957　Chinese Society: A Historical Survey, *The Jaurnal of Asian
　　　　　Studies*, vol. 16, no. 3.

楚的政治組織

一　王權及其轉移

從西周的政治來說，王權是極大的。封建政治像一個塔，塔底是羣眾，塔尖便是王了。可是到了春秋時候，這種權力已有點動搖；戰國，就尤其厲害。原因是諸侯和卿大夫的權力大起來了。表現在一方面是布衣可爲卿相，表現在另方面便是有著許多沒落的貴族。

楚在西周時還只是一種部落政治，談不上政治體制，也就無所謂王權或王權之大小了。可是到熊渠封他的三個兒子爲句亶王、鄂王和越章王後，情形就可能有點改變。最重要的改變便是他採用了西周封建式的統治的辦法。這時是公元前九世紀末。過不久，楚武王（740-690 B.C.）開濮地，文王（689-677 B.C.）併江漢間諸姬姓小國，楚的封建勢力就漸次強大起來了。這是公元前八世紀中葉至七世紀七十年代間的事。不過，這種封建的統治，無論在階級分化或宗法組織上，都沒有發展到典型的階段❶。也因此，它的政治制度與北方諸國

---

❶　張縱逸認爲「在公元前六世紀左右，楚國已經進入封建領主制度」(1957: 3)。所言似嫌太晚。Lattimore 認爲楚國政治早於北方各國而臻於成熟階段，並且維持一個較長而連續的優勢 (1944: 242)。此說又怕有些誇大。

表現著諸多不同的地方。比如王權，在楚國就不像在西周那樣具有權威性。即有時候權力很大，有時候卻又很小。大致說來，它有兩種形態。

第一種是王權的絕對性。凡是牽涉到整個政權的支配或繼承問題，楚王似乎有最大的決定權，贊成或反對，他都可以完全照自己的意思去做。如《左》昭14年：令尹子旗及養氏「求無厭，王患之。九月甲午，楚子（平王）殺鬪成然而滅養氏之族。使鬪卒（子旗子）居鄖以無忘舊勳」；《左》昭 12 年：「楚子謂成虎，若敖之餘也，逮殺之」❷；《左》僖 33 年：「太子商臣譖子上曰：『受晉賂而辟之，楚之恥也，罪莫大焉』。王殺子上」；《史記・楚世家》：「成王將以商臣爲太子，語令尹子上。子上曰：『……不可立也』。王不聽，立之」；〈楚世家〉：「平王謂觀從，『恣爾所欲』。『欲爲卜尹』。王許之」。這幾件事都是直接危害到他的政權，或是對他的政權有過幫助，所以楚王毫不猶豫把他們殺了，或是讓他們過得好些。在一些重要的戰役，楚王也曾使用這種權力，如城濮之戰（633 B.C.）楚敗，成王殺其大夫成得臣（子玉）；鄢陵之戰（576 B.C.），楚又敗，共王殺其大夫子反（公子側）。如果這種權力發展到極端，完全不受限制，就將變成王權高於一切的君主獨裁了。楚國在這方面似乎受到了若干阻礙，這些阻礙使楚國的政治得免於絕對獨裁的大刼。但中原諸國對於楚國王權的受到限制往往是不解的，故當公子圍（靈王）掌握大權的時候，他們幾乎一致的發出預言，認爲「王弱令尹強」❸

---

❷ 是年《經》說：「楚殺其大夫成熊」。

❸ 討論這件事的有好幾個國家的人士，如鄭子羽（《左》襄29年）、魯穆叔（30年）、衛北宮文子（31年），以及鄭子產（《左》昭元年）、晉叔向（元年）等。他們全是以自己的政治立場與觀點來批評當時楚國的王權。

必將使國家陷於混亂。其實，在楚國，令尹本來就掌有大權，只是有人用，有人不用而已。至於後來靈王弒其庶兄員（郟敖）而自立，那是爭奪繼承權的問題，與大權旁落無關。反之，在執行賞罰方面，楚王仍握有最大的裁判權，如楚武王 41 年（700 B.C.）令莫敖屈瑕伐羅國，大敗，「莫敖縊于荒谷，羣帥囚于冶父以聽刑。楚子曰：『孤之罪也』。皆免之」（《左》桓 13 年）。這表示法律是以楚王個人的意志爲意志，沒有審判，也無所遵循以爲審判，好壞由他一個人說了就算。

　　第二種是王權遭受限制。一般地說，君主的命令如同法律，臣們是不得違抗的。違抗也可以，結束不外兩條路：死或是貶謫。可是，在楚國，非但不盡如此，甚至根本沒有事。這個，我們可以解釋爲在某些場合，楚王的權力是受到限制的，也就是不能充分行使他的絕對的指揮權。比如《左》莊 19 年，楚王堵敖與巴人戰（676 B.C.），「大敗於津。還，鬻拳弗納。遂伐黃……初，鬻拳強諫楚子，楚子弗從。臨之以兵，懼而從之。鬻拳曰：『吾懼君以兵，罪莫大焉』。遂自刖也。楚人以爲大閽，謂之大伯，使其後掌之」。君子曰：「鬻拳可謂愛君矣，諫以自納於刑，刑猶不忘納君於善」。另一件事，如「吳人入楚，昭王出奔，濟於成臼，見藍尹亹載其孥。王曰：『載予』。對曰：『自先王莫墜其國，當君而亡之，君之過也』。遂去王。王歸，又求見。王欲執之……（亹曰），臣避於成臼，以儆君也，庶悛而更乎？……子西曰：『使復其位，以無忘前敗』」（《國語・楚語下》）。兩事的本質初不一樣，分析起來，卻有許多相似之處：(1)當楚王戰敗之時，兩人對於他的統治者，君主，都不加以援助，甚至還要諷刺一番；(2)一個鬻拳，用武力威脅他的君主，以強迫君主接受自己的意見，一個亹，用語言警告他的君主，而希望君主改過，手段

雖不同，目的卻都達到了；（3）囊拳死後，國人認爲他是愛君，曇在
勝利後竟然恢復了本職，結果可說都非常圓滿。就這些事而論，我們
不能說是出於偶然，而是楚國的君主本來就不能那麼專斷，他必需聽
聽別人的話。也卽是說，王權是有限的。所以靈王爲子比所逐，逼得
無路可走時，他的右尹曰：「請待於郊以聽國人」，王曰：「眾怒不
可犯」❹。正表示來自部下干涉的力量相當大，如果靈王能用他的權
力把局勢改變的話，他不會不一試，因爲他的君主地位原來就是用武
力奪取的，他不是一個仁慈的君主，更不是一個失敗主義者。

　就整個封建體制來說，楚王當然是楚國的最高政治首領。對外代
表國家，對內爲封建領主，可能還兼爲宗教領袖，他主持最高政府機
關和重要的宗教事務。不過如上所述，他的權力卻不是全然沒有限
制，甚至在委派最高政治官吏——令尹——時也不能隨心所欲。如楚
惠王時，子西爲令尹，那時正是白公勝倡亂前夕，子西爲了維護白
公，曾說：「楚國第，我死，令尹、司馬非勝而誰」（《左》哀16年
）？明顯地表明令尹和司馬，這兩個政治和軍事的最高指揮官，都有
一定的委派次序，非楚王一人可以決定。除此，還有兩種不成文法剝
奪楚王這方面的權力：一是世襲制，比如若敖氏、鬥氏都是數世爲令
尹❺，楚王無法改變這個由來已久的家法❻；二是宗教力量，有時令

---

❹　《史記・楚世家》對這件事描述甚詳，右尹在說了此事之後，又說：
　「且入大縣而乞師於諸侯」。王曰：「皆叛矣」。右尹曰：「且奔諸侯
　以聽大國之慮」。王曰：「大福不可再，祇取辱耳」。我們很可以想
　像：第一，當時楚國很可能有一種「公決制」，使國人於必要時可選擇
　他們的統治者；第二，大國可以出面干涉內政，一如中原諸國。

❺　《淮南子・人間》說：「楚國之俗，功二世而爵祿，惟孫叔敖獨存」。按
　此說不確，因令尹世襲者甚多，看下表可知；且據《史記・滑稽列傳》，
　敖死後，其子流落無以爲生，得優孟說王，才封以寢邱之地。

❻　雖然有些令尹，如彭仲爽、吳起等，不但非因承襲而得，且爲外族，這

尹、司馬難產，則多半用卜來決定❼。總之在任何情況之下，楚王對
令尹、司馬的產生似都沒有完全決定權。至於平王爲了報酬觀從所說
的「恣爾所欲」，也只是令尹、司馬以下的官吏，否則，觀從何以不
說「欲爲令尹」？

　　楚王王位的轉移辦法，在討論「繼承法則」時將就其實質提出兩
個原則：一是原則上立子不立弟；二是立少子，無嫡庶之分。

　　這裏只從政治的觀點加以討論。

　　從楚王室世系表，我們起碼可以看到下列幾種現象：其一，以少
子繼承，如昭王熊珍（515-489 B.C.）、惠王章（488-32 B.C.）；其
二，以長子繼承，如熊霜（827-22 B.C.）、熊囏（676-72 B.C.）；其
三，以弟繼承，如熊延、熊嚴（837-28 B.C.）、宣王熊良夫（369-40
B.C.）；其四，以簒弒繼承，這種事特別多，如熊徇（821-800 B.C.）、
武王熊通（740-690 B.C.）、成王熊惲（671-26 B.C.）、靈王圍（540-
29 B.C.）、平王熊居（528-16 B.C.）以及負芻（227-23 B.C.）等，這
些是殺兄弟或兄弟子而自立，也有殺父而自立的，如穆王商臣（625-
14 B.C.）。

　　所以，就事實而論，我們也許該相信楚政府中許多高級官吏的
話，王位係以少子繼承，然而，非但政治上的變化太多，卽人事也莫
不時刻在變，一種可能失卻了時代性的死硬的制度，往往控制不了多
變的現實情況。以少子繼承制來說，這是原則。可是，如果前王無

（續）並不妨礙世襲制的實行，因爲這祇是一個變則。實際在任何政治制度
　　上，都是經常出現的，不獨楚國。
❼　《左》哀17年與18年曾提到卜令尹、卜司馬與卜帥幾件事，十足表現
　　借用神的力量來決定國家大事。

子，或者有子而無能，或者遇上「少子」的老兄都是強悍的性格，就勢必要遷就現實了。從史料上看，這些事在王室中全發生過，因而，王位的轉讓辦法就不得不承認已經存在的事實。於是，到最後，誰掌握到政權，誰就是皇帝。宗法制度已經沒有原先的約束力，楚王室又如何能完善地執行少子繼承王位的辦法？

二　以令尹為首的統治階層

楚國政府的元首自然是楚王，但對實際政治負總責的卻是令尹，說他「入總國政，出率三軍」❽是一點也不誇張的。所以就楚國政壇而論，令尹的良窳直接影響到整個政治的興替。令尹的職責相當於目前各國民主制度中的內閣總理，在春秋戰國間是一名特殊的官員。論它的權力似乎比當時各國的世卿要大些，但卻運用得比較妥當。顧棟高曾對它讚揚，認為「楚以蠻夷之國，而自春秋迄戰國四五百年，其勢常強於諸侯，卒無上陵下替之漸」❾，就由於此一制度使然。楚國能獨霸南方幾百年，當然不完全依靠令尹一人之力，其他原因還很多，比如王權的制限，指揮系統的建立以及經濟的開發等等，不過令尹扮演過頗為重要的角色倒也是事實。楚國幾次比較有成就的政治改

---

❽　齊思和　民27a：211。

❾　見顧氏《春秋大事表》卷23〈春秋楚令尹論〉，又董說《七國考》引傅遜氏曰：「春秋諸國，惟楚英賢最多。而為令尹執國政者皆其公族，少有債事，旋即誅死，所以強大累世，而威略無下移，固其令尹之強明，亦其傳國用人之制獨善也」。按「皆公族」一語與顧氏所謂「絕不聞以異族為之」一語，均不確。如彭仲爽、吳起等不獨均異族，且為外國人。

革，實際都是由令尹親自執行的，如孫叔敖、子木、吳起等❿。

　　令尹旣是地位高，又權重，它是怎樣產生的呢？要明白這一點，必需先讀下面春秋時代的令尹表⓫：

表8　春秋楚令尹

姓　　名	楚王年代	公元前	事　　　略	備　　　註
鬥　　祁	武王51	690	初見令尹之名。	
彭 仲 爽	文王1–13	689–77	以申俘爲令尹，未知終始何年。	事見《左》哀17年。
闕	堵敖1–成王5	676–67		書闕。
子　　元	成王6–8	666–64	文王弟，成七年因文夫人事爲申公鬥班所殺。	
鬥　　穀（子文）	成王8–35	664–37	鬥伯比子，爲令尹毀官紓難，後荐子玉，請辭。	又名於菟。

----

❿　下節〈政治改革〉中將詳論之。

⓫　戰國時令尹多不可考，玆據齊思和〈戰國宰相表〉（民21b：174–188）列如下：

楚 王 年 號	令 尹 姓 名	資 料 出 處
悼　王　20　年	吳起爲令尹	淮南道應
悼　王　21　年	吳起被殺	呂覽長見，執一，說苑指武
蕭　王　4　年	公儀休爲相	孟子告子，史記循吏列傳
宣　王　17　年	昭奚恤爲令尹	楚策
懷　王　6　年	趙獻	魏策
懷　王　16　年	張儀	史記張儀傳
頃 襄 王 19 年	襄成君	說苑善說，新序雜事三
考 烈 王 1–25 年	春申君黃歇爲令尹	楚策，楚世家，春申君列傳

成 得 臣 （子玉）	成王35-40	627-32	伐陳有功，子文以爲令尹。城濮之敗，子玉自殺。	事見《左》僖23年。但左宣4年謂子文死，子揚、子越先後爲令尹。
蔿 呂 臣 （叔伯）	成王40-41(?)	632-31	蔿繼之。	蔿亦作蓮。
鬥 勃 （子上）	成王41(?)-45	631-27	子上繼叔伯，但不知始於何年，伐陳無功，太子商臣譖殺之。	起迄據大事表，事見《左》僖33年。
成 大 心 （大孫伯）	成王46-穆王11	626-15	子玉之子。以令尹卒。	
成 嘉 （子孔）	穆王11-莊王2	615-12	大孫伯之子，未知止於何年及何事去職。	杜注謂係若敖曾孫。
鬥 般 （子揚）	莊王 3 (?)	611	子文之子，旋爲子越所殺。	蔿賈是年尚在，後爲鬥椒所殺。
鬥 椒 （子越）	莊王3-9	611-05	子文侄，又名伯棼，殺子揚及蔿賈（司馬），自爲令尹。旋又爲楚王所滅。	依《左》宣4年，其先應尚有鬥般子揚爲令尹。
蔿 艾 獵 （孫叔敖）	莊王10-23	604-591	蔿賈子，賈於子越時爲司馬。去職原因不明。	事見《左》宣11年（598 B.C.）。
子 重 （公子嬰齊）	共王1-21	590-70	莊王弟。以病死於職。	
子 辛 （公子壬夫）	共王21-23	570-68	穆王子。因陳叛爲楚王所殺。	
子 囊 （公子貞）	共王23-康王1	568-59	莊王子。子辛被殺，貞繼之，卒於職。	
子 庚 （公子午）	康王1-8	559-52	子囊將死，謂子庚必城郢，是子庚爲當然繼承人。後卒於官。	楚王欲伐鄭，而子庚不許，可見令尹權甚大。
子 南 （公子追舒）	康王8-9	552-51	莊王子。蔿子馮以疾辭，乃以子南爲令尹。後以貪賄爲王所殺。	楚王殺子南，尚借國人爲辭。

蔿 子 馮	康王9-12	551-48	艾猟子。楚王殺，子南子馮繼之。卒於官。	蔿亦作蔿。
屈　建 （子木）	康王12-15	548-45	屈蕩孫，繼子馮爲令尹。卒於官。	
王 子 圍 （虔）	郟敖1-4	544-41	卽靈王，共王子，因郟敖而爲令尹。後自立。	
蔿　罷 （子蕩）	郟敖4-靈王12	541-29	受子圍命爲令尹。靈王死，離職。	
子　晳 （公子黑肱）	子比	529	時間可能甚短暫。事子比。	事見《左》昭13年。
鬥 成 然 （子旗）	靈王12-平王1	529-28	鬥韋龜之子。因助平王有功，爲令尹。因驕縱楚王殺之。	亦作蔓成然，子旗請伐吳，楚王不許。
陽　匄 （子瑕）	平王2-10	527-19	子楊孫，穆王子。可能係繼子旗。卒於官。	事見《左》昭17年（525 B.C.）。
囊　瓦 （子常）	平王10-昭王10	519-06	子囊孫。繼子瑕，後昭王敗，子常逃廢。	《史記·循吏列傳》謂石奢曾爲楚昭王相，但他書不載。
子　西 （公子申）	昭王11-惠王10	505-479	昭王庶兄，與王奔隨，有功。爲令尹。白公勝倡亂，爲所殺。	
葉　公 （諸梁）	惠王10-11	479-78	子西死，兼爲令尹、司馬。後辭職。	從卜子良爲令尹一事，可知葉公係辭不幹。
子　國 （公孫寧）	惠王11-19	478-70	子西之子。初卜子良，過老；乃改卜子國爲過。	

本表係根據《左傳》、《史記·十二諸侯年表》及〈楚世家〉、顧棟高《春秋大事表》卷12下〈列國卿大夫世系〉及卷23〈楚令尹表〉、俞樾《春秋名字解詁補義》、胡元玉《駁春秋名字解詁》、梁玉繩《漢書人表考》以及萬國鼎《中國歷史紀年表》等書編輯而成。紀年依〈十二諸侯年表〉。

上列令尹表計自公元前 690 至 470 之 220 年間，凡經 14 王而 28 令尹，平均每王兩令尹。每個王平均在位 15 年又 10 個月，每個令尹平均只做了 7 年 11 個月 ⑫。實際情形當然並不如此均勻，比如最短的子比為王十餘日，子晳就可能只做了那十餘日的令尹；鬥般為鬥椒所殺，做令尹的時間也非常短暫；而最長的子文做了 27 年，子西 26 年。

從上表的姓氏、在位年數以及其他的關係，大概可以對令尹的有關事項作下列幾種分析：

第一，只有王室或與王室有關的人才能為令尹，彭仲爽以申俘為令尹，是例外。在上述 28 令尹中可分成如下幾個氏族集團。

表9　令尹所屬氏族

氏　　族	令　尹　人　數	氏　　族	令　尹　人　數
鬥　　氏	6	王　　室	13
成　　氏	3	屈　　氏	1
蔿　　氏	4	彭　　氏	1

這 28 個人，除彭氏一人外，其餘諸令尹的出身，可略如下表。

表10　令尹氏族世系 ⑬

```
若敖(熊儀)──霄敖（熊坎）────蚡冒(熊眴)──蔿章─蔿氏令尹
          ├鬥伯比─鬥氏令尹   ├武王(熊通)──文王(熊貲)─王室令尹
          └成得臣─成氏令尹              └屈瑕─屈氏令尹
```

⑫　實際尚沒有達到這個數字，因為 676–68 B.C. 的 8 年中，不知是誰做的令尹。

⑬　參閱 Hsu (1965: 97) 其中有不同的說法。

很明顯的，在春秋時代的楚國，以外族爲令尹是絕無而僅有的事，這很符合當時的政治組織。卽使到戰國時代，這種情形也未必有什麼變化，雖然也有一個外族，吳起，曾做過令尹。至於上臺的原因則頗不一致，如子玉以軍功（《左》僖23年）；孫叔敖由於沈尹的推薦（《呂氏春秋・贊能》）。

第二，令尹不因王權之轉移而轉移，但如不稱職時，楚王也有換令尹之權。積極的證據是前述子西的話，謂楚國令尹有一定的次序（《左》哀16年）❹。就本表看，新皇帝就任而任命新令尹的，可能只有三次：卽子重（接孫叔敖）、子圍（繼子木）與子晳（繼子蕩，但此次屬於變亂性，時間又甚短，不能視爲正軌）。至於鬬祁與彭仲爽，未必相繼，因文王不大可能一上臺便找了一個俘虜來主持國政。相反卻可以看出另一個事實，卽一令尹爲新舊王主持政治的有 7 人，中途被邀上臺做令尹的有 14 人（其中 4 人因犯罪被殺，1 人因爭奪權力被殺），如下表：

> 爲新舊二王之令尹：大孫伯，子孔，子囊，子蕩，子旗，子常，子西。
> 中途上臺之令尹：子元，子文，子玉，叔伯，子上，子揚，子越，子辛，子庚，子南，子馮，子瑕，葉公，子國。

兩者加起來共有21人，佔絕對多數。可見令尹雖由楚王指揮，在政治上卻具有相當強烈的獨立性。雖然像成王最少用過 6 個（可能 7 個）令尹，康王用過 4 個，其他各王也多半用過三兩個，仍不妨礙這種獨立性的假設，雖然我們仍不知道這種令尹的次序是怎樣安排。

第三，令尹如無過錯，而自己又不請辭，則可能爲終身職。如成

---

❹　晉侯的話也是一個證據，當子玉於城濮戰敗自殺時，他說：「蒍呂臣實爲令尹」。否則，他們何由知道？

王用過 6 個令尹，成大心最後以疾死於職，其他各人則多因特殊情形
去職，沒有一個爲成王主動撤換的。我們不妨分析一下上述 28 人的
離職原因：

表11　令尹離職原因

離職原因	辭　職	病　死	死於亂	死於法	不　明
人　數	4	7	4	6	7

從死於令尹席上的高比率人數這一點來看，也可以相信它屬於終身職
的推斷的可能性。除辭職的四人不算，不明的七人可能也是病死任上
以外；其他十人，如不死於亂與法，也許全會繼續作下去。這證明
楚王可能沒有權力去令尹之職，除非他做了不利於國家與整個王室的
事。即使作了這種壞事，楚王怕還得藉國人的名義才能去掉他，如子
南爲令尹，犯了貪污罪，楚王無可奈何，最後用「國人」的名義把他
殺了⑮就是一例。至於戰敗自殺或爲楚王所殺的令尹，則可能與軍法
有關，這時楚王的權力就大得多了。

　　第四，令尹所管理的事至多，權也的確很大。如囊瓦爲令尹，城
郢，沈尹戌頗不以爲然，他認爲令尹應當作的事是：「正其疆場，修
其土田，險其走集，親其民人，明其伍候，信其鄰國，愼其官守，守
其交禮；不僭，不貪，不儒，不耆；完其守備，以待不虞」⑯。這些
權限，包括了內政、國防與外交。另一方面也要求令尹本身的廉潔與
責任感。

---

⑮　事見上表 8 令尹子南欄。
⑯　《左》昭 23 年沈尹舉出此事，作爲反對城郢的有力措辭。

所以令尹可以說是一種權力的象徵，也因爵高權重，個人的好壞對於政局的影響便極大。如子文、孫叔敖、吳起等若干有理想的政治家，便把楚國治理得極其富強。比如孫叔敖「爲楚相，施教導，民上下和合，世俗盛美，政緩禁止；吏無姦邪，盜賊不起；秋多則勸民山採，春夏以水，各得其所便。民皆樂其生」❼。因而，在他統治下的楚國，稱盛世。但是，另一批人，如子越、子圍等那些野心份子，就只有把楚國社會搞得一團糟了。

因爲令尹權大，有時就不免發生「王弱令尹強」❽的事，等到國王眞正大權旁落，而由令尹控制整個國家一切的政務，王的地位就開始動搖了。楚國好幾次的篡弑事件多半都產生在這種情形下。也可見，當時各國君主專制的政治制度是不容許人置疑的，儘管楚的令尹制比各國較好，也不例外。

以令尹爲首的統治集團是一個非常龐大的政治組織，它的屬下包括了指揮作戰的軍事首長，司馬；管理行政的官吏，司徒；以及其他各類中央與地方的政治、經濟的領導人。令尹可以發佈一切命令，可以宣佈政治、經濟、法律以至國防、外交的改革計劃，同時，命令他的部下去執行。必要時，國王也許可以提出若干建議與干涉，但大權全在令尹。他的地位遠比晉、魯之卿相超然而實際。這也許卽是楚國之所以能在南方迅速發展而強大起來的重要原因之一。

三　政治改革

我在前面說過，觀射父所說重黎絕地天通的故事就暗示著早期楚

---

❼　見《史記・循吏列傳》。

❽　見《左》襄 29 年。

人在政治和宗教上的爭執，從民神不雜轉變到民神雜糅，卽是宗教，也包括政治在內的一種重大改革。後來這種改革雖又被堯推翻了，它的事實卻由神話中流傳下來。這可能是氏族社會時代的楚。

到有史時代，我們從《左傳》的記載中，至少可以發現下列三次改革，對楚國的政治有著決定性的影響：一次是由令尹孫叔敖主持的；另一次是由司馬蒍掩受命而行；最後一次是令尹吳起的變法運動。我們先個別討論，而後再比較它們間的成敗得失，以及對楚國社會的影響。

（一）孫叔敖的政治改革

孫叔敖又名蒍艾獵[19]，是蒍賈的兒子，楚莊王時人，於莊王 10 年至 23 年（604-591 B.C.）爲令尹。他在令尹任內，可能做得很不錯，一直到漢初，還傳說著許多有關於他的事蹟。從《左傳》看，他是一任到底，共做了約 14 年，而《呂氏春秋‧知分》說他「三爲令尹而不喜，三去令尹而不憂」，不知何所出？

敖爲令尹，正當子越（鬥椒）亂國之後。也可以說是莊王於殺了前任令尹（卽子越）之後，敖卽受命主持楚國的政治，故當時的社會可能很不穩定。但《左傳》無載，《左傳》於宣公 11 年祇說令尹蒍艾獵城沂[20]，似乎很有計劃。次年（宣公 12 年），晉楚因鄭而用兵，隨武子（士會）有一段話是批評孫叔敖的，從這段話可以看出他幾年來的作爲。首先是說楚國的社會「商農工賈，不敗其業；而卒乘輯睦，事不奸矣」。卽是農工商業和軍事都上軌道。接著說：

---

[19] 從來注家於此二名之意見頗不一，但以《左》宣 11 年及 12 年觀之，應爲一人。並參閱劉文淇《春秋左氏傳舊注疏證》宣公 11 年。

[20] 請參閱前節〈城市的興起〉，可以看出孫叔敖辦事的效果與能力。

蔿敖爲宰，擇楚國之令典。軍行：右轅，左追蓐，前茅慮無，
中權，後勁。百官象物而動，軍政不戒而備。能用典矣。

這表明他在政治和軍事上都有革新的意見，最低限度他也做到了推陳
出新，對舊的制度有所選擇。下面還有一段表面是談楚王的，實際也
是由令尹執行：

其君之舉也：內姓選於親，外姓選於舊；舉不失德，賞不失
勞；老有加惠，旅有施舍；君子小人，物有服章；貴有常尊，
賤有等威；禮不逆矣。

這裏包括：任官，量刑，維持社會秩序，創辦福利事業，以及尊重社
會道德等，使這個社會表現得很有秩序和生氣，所以隨武子最後下結
論說：「德立，刑行，政成，事時，典從，禮順」。這樣的社會，誰
還能打倒它？因而可以推知，他在政治、軍事、社會各方都必然作過
重大的改革，這種改革是溫和的，但甚得當時人民的支持。改革的詳
情雖然不知道，而有幾件是可以提出來討論的，甚至也可能就是他所
首創：第一，《說苑‧至公》說：「楚國之法，車不得至於茅門」；
《韓非子‧右儲說》：「羣臣大夫諸公子入朝，馬蹄踐霤者，廷尉斬其
舟，戮其御」。據二書說，兩事都發生在莊王時期 (613-591 B.C.)，
則其爲孫叔敖所創設的可能性極大。莊王共用過四個令尹：

(1) 成嘉（子孔），莊王元年至 2 年 (613-612 B.C.)

(2) 鬥般（子揚），莊王 3 年 (611 B.C.)

(3) 鬥椒（子越），莊王 3 年至 9 年 (611-605 B.C.)

(4) 蔿艾獵（孫叔敖），莊王 10 年至 23 年 (604-591 B.C.)

子孔是穆王時代留任的，只做了大約兩年，不可能有任何建樹；子揚
時間至短，子越是叛亂之徒，根本無法與莊王合作，也不可能奠立政
治規模；於是，孫叔敖成爲頒佈該法的唯一可能的人物。這個法令的

實行比晉國「被廬」之法遲三十年到四十五年，但比子產的「刑書」約早了七十年到五十五年❹。三個法令之間究竟有無淵源，不得而知，也許「茅門」學了「被廬」，而子產卻從兩方面得來知識。

第二，《左》宣11年：「楚子伐陳……因縣陳」；又12年：楚滅鄭，「使改事君，夷於九縣」❷。兩次設縣都發生在敖爲令尹手裏，我們就沒有理由再懷疑他首創縣制的可能❷。自此以後兩千多年來，它一直是中國地方行政制度中的骨幹。退一步說，即使非他所創，也是他重新把這個制度嚴格執行的人。

第三，前述《史記·循吏列傳》云：孫叔敖「爲楚相，施教導，民上下和合」。是孫叔敖於轉移社會風氣及改革教育方面，確盡了不少努力，並且有著相當大的成功。

總結起來，孫叔敖的政治改革計劃實包括下列各項：

(1) 創立或革新地方行政制度的基層組織，設縣。

(2) 公佈茅門法規，並嚴格執行之。

(3) 革新一般政治與刑法制度，以適應國家需要。

(4) 提高行政效率。

(5) 建立有系統的軍事制度，並加強國防措施。

(6) 整頓教育，並改善社會風氣。

從以上六點來看，他的改革是全面的，成就是驚人的。故《說苑》追

---

❹ 晉文公頒佈被廬法條，事在633 B.C.（周襄王19年），子產鑄刑書，事在536 B.C.（周景王9年），孫叔敖實行茅門之法，事在604-591 B.C.之間。

❷ 洪亮吉認爲楚實首創縣制，《史記·楚世家》：「破陳，卽縣之」。

❷ 《左》哀17年有文王縣申息一事。事晚出，而且難以證實，故不取，並參閱下節地方政治，有詳細說明。

憶這事時猶說「孫叔敖爲令尹，一國吏民皆來賀」❷，想並非誇張。

（二）蔿掩的政治改革

蔿掩爲蔿艾獵的孫子，子馮的兒子。子馮曾是康王 9 年至 12 年（551-48 B.C.）間的令尹。12 年子馮卒，屈建（子木）繼爲令尹，蔿掩就是他的司馬。司馬是令尹手下一員大將，負實際作戰的任務，也是國王的高級助理，所謂「令尹之偏，而王之四體也」❷。這次子木何以讓司馬來主持政務，不知；也許是由於他的父親蔿子馮的緣故❷？不管如何，事情是蔿掩作的。子木爲令尹 4 年（548-45 B.C.），如果蔿掩也做了 4 年司馬，則改革必在這四年間完成，我們且看原文：

> 楚蔿掩爲司馬，子匠使庀賦、數甲兵。甲午，蔿掩書土田，度山林，鳩藪澤，辨京陵；表淳鹵，數強潦，規偃豬，町原防，牧隰皋，井衍沃。量入修賦。賦車、籍馬。賦車兵、徒卒、甲楯之數。旣成，以授子木，禮也（《左》襄 25 年）。

從全文看，改革的內容可分兩部份，卽治賦與治兵，也卽是重訂財政、經濟政策與重編軍隊指揮系統。分別言之，可得下列五項：

（1）調整土地的使用計劃，卽將所有耕地、山林、川澤與高陵重新估計，各以其所宜而使用之，比如可耕地種糧食，川澤養魚等。

（2）將各類土地以其肥瘠而分等級，並因其收入之多寡而課稅。這是第一次將勞役地租改變爲實物地租。

（3）在必要的地方修堤，築池或鑿井，以提高土地的使用價值，而增加收入。

---

❷　轉引自《史記・循吏列傳》。

❷　見《左傳》襄公 30 年。

❷　子馮是一個好令尹，深受子木崇敬。

(4) 開始徵收車、馬稅。

(5) 將國家軍隊明顯地分為三種：車兵、步兵和甲兵。並規定他們的人數。

這個計劃是相當週密的，雖然具體的實施細則我們已經無法知道，也無從校核了。其結果如何，同樣不曉得。不過，有一件事是確定的，兩年後 (546 B.C.)，由宋向戌所安排，而由子木（令尹）所領導的楚國與晉國在蒙門召開弭兵大會，楚國卻是屢佔上峯[27]。我們知道，在當時的情況下，弱國是無外交的，而楚國之強，不能不說與這次改革有若干關係。因為距離孫叔敖已半個多世紀了。

軍事制度的改善可能係基於對晉國的用兵。田制與稅制的改變卻未必是楚國單一的原因，而係為了適應當時社會的要求，也即是由於生產方式已經改變了的緣故。我們知道，魯於宣公15年 (594 B.C.)，初稅畝；鄭於襄公 30 年 (563 B.C.)，田有封；以及這裏楚國於襄公 25 年 (548 B.C.)，書土田，量入修賦[28]。三者均是因生產方法改變而影響了當時的土地與賦稅制度，所以這是一個時代潮流，誰也無法阻止。這種改變，從稅收方面來看，即是由行之已久的力役地租變革為實物地租，實物地租是一種進步的租稅制，同時也象徵著生產力之業已提高。而車、馬之納稅，也正說明了楚國車馬數量相對的增加。這種車馬稅，到戰國時代還在執行，而且更為嚴格[29]。

（三）吳起的政治改革

關於吳起的事蹟，除《史記‧孫子吳起列傳》外，郭沫若曾作過

---

[27] 見《左傳》襄公 26 年。

[28] 見《左傳》宣公 15 年，襄公 30 年及 25 年。

[29] 在新近發見的「鄂君啟節」中，說明當時水陸關稅甚嚴，而且徵車、馬、牛、羊之稅（參閱郭沫若 1958: 3-5）。

詳細的研究，有許多不實的傳聞，如殺妻求榮之類，郭氏也曾予以討論⑳。此處不贅。

吳起以楚悼王 18 年（384 B.C.）㉛去魏適楚，悼王「素聞起賢，至則相楚」。這可能是吳起生平最得意的一段日子。楚國雖然用了許多外族官吏，但令尹一向是由王族擔任，不假外人。例外只有兩個，一個是文王時期的彭仲爽，另一個便是吳起。可見他的確有些與眾不同之處。至於說他是一個偉大的兵學家，這是盡人皆知的事。

悼王並不是一個很了不得的君主，何以吳起一到楚國，悼王（401-381 B.C.）便叫他執政，而且主持改革事務？這應該從一百餘年前說起，楚國自從蒍掩之政治革新以後，他的成果似乎並未維持太久。因為康王一死（545 B.C.），他的幾個兒子爭位，把社會鬧得一塌糊塗，民不聊生。最後靈王（540-529 B.C.）與平王（528-516 B.C.）先後做了皇帝，也並未把殘局收拾好；接著是昭王（515-489 B.C.），又被吳國打敗，其狼狽可想而知；惠王（488-432 B.C.）在軍事上雖略有成就，但對國計民生毫無貢獻。經過了這樣一百五十餘年的禍亂與兵災，楚國的政治、經濟已殘破到極點。同時靈王在位時，由於他的好大喜功，幾乎把民力浪費殆盡，誠如〈楚語上〉所描寫的：「今君為此臺（章華臺）也：國民罷焉；財用盡焉；年谷敗焉；百官煩焉……民實瘠矣，君安得肥」？〈楚世家〉也說是時「國人苦役」，「且又無所得食」。可見社會不安已極。靈王自己可能也覺得有些不妥，曾一度叫然丹、屈罷他們去訓練軍隊，撫息平民以及改善官吏制度等㉜，以收拾人心和增加國力。但顯然的，這個計劃是澈底的失敗

---

⑳　郭沫若　1945: 175-198。

㉛　同上: 189. 此處從郭說，亦有謂 15 年（387 B.C.）至楚者。

㉜　見《左》昭 14 年。

了，因此才有沈尹戍責備令尹囊瓦不該城郢的一段話❸；才有子西遷
都改政的要求❹；才有昭王時代那種墮落的社會現象❺。

所以悼王的改革思想實在是被逼出來的，吳起正好遇上了他。吳
起上臺做了些什麼呢？《史記‧孫子吳起列傳》說：

> 吳起懼得罪（魏武侯），遂去，卽之楚。楚悼王素聞起賢，至
> 則相楚。明法審令，捐不急之官，廢公族疏遠者，以撫養戰鬥
> 之士。要在強兵，破馳說之言縱橫者。於是南平百越，北幷陳
> 蔡、卻三晉，西伐秦。

這段話太簡略，除了軍事勝利外，似乎只是：嚴格執行法令，訓練軍
隊，停止任命不必要的官吏，和廢除疏遠的王室，四事而已。自然，
在一個殘破的社會，四事已足以起衰振疲，可是也足以激起王室的憤
怒。不過，我們相信吳起的改革決不止此。《呂氏春秋‧貴卒篇》
說：

> 吳起謂荊王曰：「荊所有餘者地也，所不足者民也。今君王以
> 所不足益所有餘，臣不得而爲也。於是令貴人往實廣虛之地，
> 皆甚苦之」。

這顯然是一個龐大的移民計劃。吳起的話，可謂絕中時弊，《墨子‧
非攻》說：「今天下好戰之國，齊晉楚越……此皆十倍其國之眾，而

---

❸ 事見本章第二節。

❹ 《左》定6年：楚師屢敗於吳後，「令尹子西喜曰：今乃可爲矣！於是
遷郢於都，而改紀其政，以定楚國」。改革內容雖不知，但沒有成功卻
是事實。

❺ 昭王時，子常爲令尹，鬥且曰：「民之羸餒，日已甚矣；四境盈壘，道
殣相望；盜賊司目，民無所放」（〈楚語下〉）。《左》昭25年還有昭
王「使民不安其土」的譴責。

未能食其地也，是人不足而地有餘也」[36]。人口與土地相差那麼懸殊，急切又無別的辦法，據吳起的意見，當時唯一能夠動用的就是宮庭裏那批閑人。以公族實邊地，當然是太過激了些，然而又沒有其他法子可想，因此，也許楚王就答應了。

又據《韓非子・和氏》說：「吳起教楚悼王以楚國之俗曰：大臣太重，封君太眾，若此則上逼主，而下虐民，此貧國之道也；不如使封君之子孫，三世而收爵祿，損不急之枝官，以奉選練之士」。這是吳起企圖改變楚國的另一法統，並且用利害以說悼王。所謂「衰楚國之爵而平其制祿，損其有餘而綏其不足，砥礪甲兵時爭利於天下」（《淮南子・道應》），就是指的這回事。

綜之，吳起的改革思想對楚國的社會和政治的衝擊力是非常的，無怪乎「楚之貴戚大臣多怨謗」，卒致被支解而死，也就成為必然的。這就是他的「不別親疏，不殊貴賤，一斷於法，親親尊尊之恩絕」[37]的結果。

可以看出，他的改革辦法，大致著重於四方面：

其一是所謂「明法審令」。楚國的執政者一向遵循貴族政治的路線，幾百年來甚少更易。今吳起第一次將法家的政治觀念介紹進來，要求貴族與平民同樣遵守國家的法律，不容享受特權。

其二是所謂「三世而收爵祿」。即有限度的廢除世襲制度，附帶條件是用這筆爵祿的餘款和裁減冗員節省下來的經費去訓練新軍。這不必說在楚國，在當時任何一國，也屬創舉，其阻力之大，可想而知。

---

[36] 《太平御覽》821 引《史記》曰：「秦地廣人寡，故草不盡墾，地利不盡出」。故當時各國都在爭取勞動力，如《孟子・梁惠王上》說：「鄰國之民不加少，寡人之民不加多，何也」？

[37] 見《史記・太史公自序》。

　　其三是所謂「移民實邊地」。基於法律的觀念，他要求所有的貴族們起來工作，以增加生產來解決國家的財政危機。這也是破天荒的，在貴族政治下，只有農民和奴隸一類的人才爲生產而工作，何況這些優游的貴族們還要被罰往邊地？

　　其四是所謂「爭利於天下」。往日楚國的軍事常識多半是防禦性的，雖也併吞了不少小國，然而一旦與中原諸大國交鋒時，如對晉、齊、秦等國之戰，就變得保守了。吳起爲了打破這種惰性，運用了他的兵學天才，一開始便使用攻擊性的軍事策略，想迫使諸國就範。這在楚國又何嘗不是一個新觀念？可惜，只一年，悼王就死了；如果楚悼王能多活幾年，或者貴族們爲了國家的利益能犧牲小我，接受吳起的挑戰，則日後統一中國的，也許非秦而爲楚了。

　　所以我們可以說，這次的改革運動實際是楚國政治成敗的一個轉捩點。不幸，她的貴族們選擇了後者，終至雖欲侷促於江南一隅而不可得，爲秦所覆。

四　中央與地方的行政組織

　　楚政府對於中央與地方的管轄權，是否如近代政治一樣，劃分得很清楚，頗難說。依照封建制度的慣例，領地是由中央，也即是王或天子，分封給王室族姓或諸侯的。各地領主名義上屬於中央統轄，實際則是各地的地方行政首長。但在楚國，當時的官吏，爵與祿往往不一致，爵屬中央，而祿卻是來自地方。即是所謂中央集權制，地方官員食邑而無統治權❸，負責行政的由中央另派官吏。有的官吏甚至只

---

❸　梅思平（民19: 167），顧頡剛（民26: 179）二人均曾提到這一點，即郡縣係君主直接統治。

是遙領爵祿，而工作在中央。據有限的資料來看，楚政府的這種現象
甚至已是一種常制。如《左傳》哀公 17 年：「王與葉公枚卜子良以
爲令尹。沈尹朱曰：『吉，過於其志』。葉公曰：『王子而相國，過
將何爲』？他日，改卜子國，而使爲令尹」。王是惠王，葉公與沈尹
均是地方官吏而參與中央大事。時間早些的如《左》宣 12 年：「楚師
次於郔。沈尹將中軍，子重將左，子反將右」。這時候莊王在位，孫
叔敖爲令尹主持政治改革，子重、子反爲左、右尹，而中軍反由沈
尹領之，也證明地方官吏可以指揮中央軍隊。又如「沈尹蒸遊於郢五
年，荆王欲以爲令尹」[39]，正表示他可以不辦地方行政。這種例子實
在不少，可見中央與地方的權限劃分並不甚嚴。不僅如此，有時王權
與令尹之權也不十分清楚，如「楚觀起有寵於令尹子南，未益祿而有
馬數十乘，楚人患之……王遂殺子南於朝，轘觀起於四竟」（《左》襄
22年）。這是因貪污罪而把大臣處以死刑的例子，王權可說大極了。可
是也有更重大的事件，而國王反爲令尹或其他大臣所牽制，如鄭欲叛
晉以從楚，「使告子庚（令尹），子庚弗許。楚子聞之，使楊豚尹宜
告子庚曰：『國人謂不穀主社稷而不出師……其以不穀爲自逸而忘先
君之業矣。大夫圖之，其若之何』」（《左》襄 17 年）。故就實質言
之，他們在行使行政權時也許有一種互相監督或牽制的作用，雖然沒
有用法律把這種權力制度化。從指揮軍隊或訓練軍隊一事來看，這種
趨勢也非常明顯。本來，軍隊是控制在司馬手裏的，可是，有時候
不獨國王、令尹可以單獨調遣國家武力，旁的人也可以被委派去做這
種事，如《左》昭 14 年：「楚子使然丹簡上國之兵於宗丘，且撫其
民……使屈罷簡東國之兵於召陵，亦如之」。然丹、屈罷在當時都非

---

[39]　見《呂氏春秋・贊能》。

政要，楚王卻給以練兵與撫民的大權。無怪吳子光問伍員伐楚之對策時，伍員說：「楚執政眾而乖，莫適任患……」（《左》昭30年）。那就是說，這個政府如果遇到緊急事變往往會無法應付。自然，這也只是伍子胥一得之見；而好的一面，楚國政府要員上下，差不多均進可以上戰場，退可以辦政事。至於因政策不同而發生的流弊，像令尹子蘭他們，那問題不在政府組織上，只是個人知識的偏差而已。

就整個政府組織來說，目前由於材料的缺乏，我們祇知道一個大略，下面試將楚政府中央及地方官職的隸屬情形列爲一表，然後說明之。

表12　政府組織

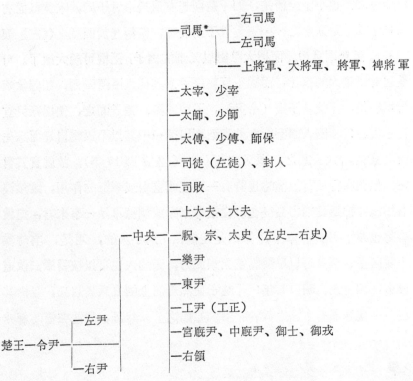

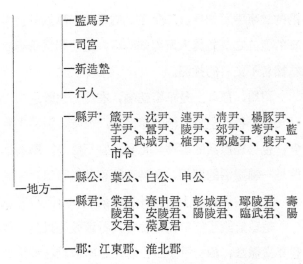

```
        ┌─監馬尹
        ├─司宮
        ├─新造螯
        ├─行人
        │
        ├─縣尹：箴尹、沈尹、連尹、淸尹、楊豚尹、
        │       芋尹、囂尹、陵尹、郊尹、莠尹、藍
        │       尹、武城尹、権尹、那處尹、寢尹、
        │       市令
        │
        ├─縣公：葉公、白公、申公
        │
─地方─  ├─縣君：棠君、春申君、彭城君、鄢陵君、壽
        │       陵君、安陵君、陽陵君、臨武君、陽
        │       文君、蓑夏君
        │
        └─郡：江東郡、淮北郡
```

　*　司馬又叫大司馬或莫敖，戰國時叫上柱國或柱國。

這個表距離實際怕很遠，因為尚有許多中央和地方官吏的職稱，我們
已經找不到了。現在再就本表中所列各項分三點說明於後：（一）中
央行政系統，（二）軍事指揮系統，（三）地方行政系統。

（一）中央行政系統

　　中央的最高行政首長當然是令尹，令尹以下似乎有兩個重要部
門：一是負責軍事的大司馬，一是負責一般行政業務的左、右尹。但
從片斷的史料上，我們找不出直接的證據，我們只知道這兩個官吏是
最重要，而且最常被提起的，王室屢次發表新官員名單也多半祇提到
這些。顯然，令尹自己不會直接去管理像太史、卜尹、行人……之類
的官吏，它們必然被某一次要政務官所屬，因此我把它們列在左、右
尹的名下，左、右尹與司馬是楚國僅次於令尹的幾員大吏，所以，我
就將這些官吏劃分為兩個系統：一是司馬，將軍之類的武官屬之。司
馬一職可能在戰國晚期又稱柱國或上柱國，這從〈楚世家〉陳軫說昭

陽的故事中可知❹。二是左、右尹，軍事以外的官吏皆屬之。這個官吏的職位之高是爲人所熟知的事，把他列爲統率者之一，卻是出於我根據若干史料的推測。

司馬，原則上是軍事統帥，有時卻也管理政治，如子木就以蒍掩（司馬）替他主持政治改革計劃。有時，並非司馬，如然丹（右尹）❹，也擔任練兵的事務。可見，官不必易，職務卻可因事而異。這也許是一種靈活的運用，在特殊的事件上可以發揮某些人的特殊才能。

左、右尹實際上負些什麼行政責任，到現在還不明白。

楚政府除了經常在設法提高行政效能以外，整頓失職與貪污份子也非常澈底，如令尹子玉自殺，子幸被殺，都是由於失職之故；又如令尹子南及其從觀起，則因貪污罪被殺。而類似上述情形的事，在楚國實是屢見不鮮。幾乎誰一有過錯，立刻就可能遭到嚴厲的處罰。反抗的事自然也有，結果不是實行叛亂，便得逃亡國外，但是，兩者如都不成功，依然會被處以重刑。

（二）軍事指揮系統

我們從歷史上看到許多次大戰，或大的會盟，常常是國王或令尹親自出馬，這只表示那個事件的重要性而已，軍隊統帥還是大司馬，又叫莫敖，戰國時名上柱國或柱國，其實是一事。不過，從組織方面看，楚的軍事制度似乎很複雜，有皇帝的兵，國家的兵，還有私人的兵。

《左》宣 12 年：欒武子說楚「君之戎分爲二廣，廣有一卒，卒

---

❹ 參閱《史記・楚世家》，又如鄂君啟節中稱「大司馬邵陽敗晉兩師於襄陵」（郭沫若 1958：8），故柱國卽司馬無疑。

❹ 然丹卽子革，楚靈王時爲右尹。本鄭人，奔楚而仕於楚。

偏之兩。右廣初駕，數及日中；左則受之，以至于昏；內官序當其夜。以待不虞」。杜注謂：「二廣，君之親兵。十五乘爲一廣。司馬法百人爲卒，二十五人爲兩，車十五乘爲大偏」。杜預的解釋顯然有錯誤，廣卒等名詞係指軍隊的組織法，不是說明乘數或人數，正確地說，可能是這樣：

表 13　禁衞軍組織

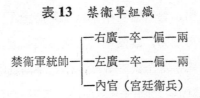

就是國王的衞隊分三班輪流制，以保護宮庭的安全。我的猜想是：「廣有一卒」，並非祇有一卒，除一卒外當還有別的步隊；「卒偏之兩」，可能應解釋爲由偏編成卒；至於一卒多少人，很難知，未必卽與司馬法所言者相同。

　　這支軍隊雖是宮庭武力，有時仍然被派遣出去作戰。如《左》傳 25 年：子玉請戰，「王怒，少與之師，唯西廣、東宮與若敖之六卒實從之」。西廣是兩廣之一，右廣或左廣；東宮是內官隊伍的一部份；若敖之六卒指的是氏族私人武力。從這事也可以看出：(1) 廣是部隊組織名，非僅言車兵，可能包括車兵與徒兵兩者在內；(2) 氏族部隊不受國王的直接指揮，而由氏族所有者自由控制；(3) 每卒若止百人，則此次子玉所率全部軍隊參加城濮之戰，最多爲八卒，實八百人，何以尙需三位大將分領❷？以如此少的軍隊以抗晉宋齊秦聯軍，又何以被視爲大戰與名戰？

------

❷　見《左傳》僖公 28 年。

　　這種「廣」制似乎只是軍隊的組織制度，對外出征，每不用此標準，而多將軍隊分爲三軍：中、左、右。如此次城濮之戰，「子玉以若敖之六卒將中軍……子西將左，子上將右」❸。重兵擺在中軍，由令尹自己指揮。不過有時也不必是令尹將中軍，如鄢陵之戰，「司馬子反將中軍，令尹子重將左，右尹子辛將右」❹。戰術沒有變，位置卻並不那末固定。可見他們慣於用此種方式作戰，不但楚，別的國家也如此，如鄢陵戰役中，晉欒書將中軍，卻錡將上軍，韓厥將下軍❺。

　　至於楚國之地方武力，雖受中央之指揮與訓練，似乎並不集中於中央政府一地。大約平常派員去訓練，作戰時則就附近縣郡征調。如「楚子重伐吳，爲簡❻之師……使鄧廖帥組甲三百，被練三千以侵吳。吳人要擊之，獲鄧廖，其能免者組甲八十，被練三百而已」（《左》襄三年）。這一次損失不小，軍隊也可能是中央的。又如「楚子使然丹簡上國之兵於宗丘……使屈罷簡東國之兵於召陵」（《左》昭14年）。則是就地訓練了，雖然所謂上國、東國都可能爲皇家之防守步隊。又如「楚子將圍宋，使子文治兵於暌……子玉復治兵於蒍」（《左》僖27年）。暌蒍之兵很明顯是地方武力了。所以說，軍隊的使用權仍在中央，地方只是辦理補給而已。至如公元前55年吳人攻擊楚國潛地，楚師救潛則中央與地方軍隊都來了❼。

---

❸　《左》僖 28 年。

❹　見《左》僖 16 年。

❺　見《左》成16年。《左》莊 4 年謂：「楚武王荊尸授師子焉以伐隨」，杜說尸，陳也。作戰方法之一，但迄無從考其實。

❻　簡，杜注「選練」。我猜想也可能係軍隊組織名，但無法考證。

❼　《左》昭27年：吳師伐楚，至潛，「楚莠尹然，工尹麇帥師救潛；左司馬沈尹戌帥都君子與王馬之屬以濟師……令尹子常以舟師及沙汭而還，左尹卻宛、工尹壽帥師至於潛」。

軍隊的成員除上述步兵以外，主要還有車兵與水兵，戰國時候增加了一個新兵種，騎兵。步兵也叫徒兵，所謂組甲、被練均屬之。早期，我們祇看到治兵的事實，但從蔿掩爲司馬主持政治革新那年(548 B.C.) 起，原則上車兵與徒卒[48]，就分開來管理了。以後，蘇秦說楚威王「地方五千里，帶甲百萬，車千乘，騎萬匹」[49]，雖未必已經發展爲騎兵，但距武靈王之用騎兵亦不過早二十或三十年[50]。

楚之使用舟師最早見於《左》襄 24 年：「楚子爲舟師以伐吳。不爲軍政，無功而還」。可見這次舟戰並沒有得到什麼好處。以後也還有幾次提到舟師[51]，卻均沒有說明它的性能與組織。只有《墨子・魯問》上提到過一次，〈魯問〉說：「昔者楚人與越人舟戰……亟敗楚人。公輸子去魯南游楚，始爲爲舟戰之器……亟敗越人」。這段話雖祇能說出自春秋晚期，但除了說明舟戰的方法外，還證實了楚的舟師技術並不來自吳國[52]。

（三）地方行政系統

楚的地方行政單位當然也是縣與郡，不過，郡縣制之前是什麼，就不太清楚。也許和中原諸國一樣，有田、邑、都的制度，和鄉里管轄的辦法[53]。這種田邑制度是怎樣的呢？據《周禮・小司徒》說：

---

[48] 事見《左傳》襄公25年。

[49] 參閱《戰國策・楚策一》，張儀對楚王也說過同樣的話。

[50] 一般認爲武靈王胡服騎射一事始於 307 B.C.。

[51] 見《左》襄25年，《左》昭19, 24, 27年，《左》定 6 年及《左》哀10年。

[52] 馬端臨謂吳用舟師早於楚，且傳之楚；但《左傳》無載。

[53] 如信陽、長沙等地出土物多記有「某里」等字樣，可能是行政單位。參閱商承祚 民28: 17a；楊寬 1955: 39；李學勤 1958: 60。同時，社也可能是地方單位之一，如〈孔子世家〉：「（楚）昭王將以書社地七百里封孔子」。

「四井爲邑，四邑爲邱，四邱爲甸，四甸爲縣，四縣爲都」。這裏的次序是，都最大，縣次之，邑最小。《國語・晉語》四說：「公食貢，大夫食邑，士食田❸，庶人食力，工商食官，皁隷食職」。可見邑比田大。但邑也還是很小的，如〈齊子仲姜鎛〉說：「侯氏錫汝之邑二百又九十又九邑」，一次就賜二百餘邑，其面積之小可知。都又是什麼？《左》莊28年有說：「凡邑有宗廟先君之主曰都，無曰邑」。這與大小無關，只是性質不同的問題。《公羊》（桓公元年）的解釋，「田多邑少稱田，邑多田少稱邑」，也還是性質的問題。瞿同祖認爲，「田在郊野，農夫所耕，出兵賦；邑爲貴族及官吏所居，田較少」❺。實際都也和邑差不多，不過城市化成分可能比邑爲大，人口也較集中。

田、邑在楚國均曾實行過，似無問題，如《左》成7年：「子重請取於申呂以爲常田，王許之。申公巫臣曰：不可，此申呂所以邑也」；又如《左》哀4：楚旣克蠻氏，「司馬致邑立宗焉」；又如《左》成16年，楚子「以汝陰之田求成于鄭」。但是，到後來確定了郡縣制的原則，諸侯的統治範圍也擴大了，鄉里的基層單位，如田雖可能並不曾廢除，重要性卻已降低，邑也變成一個泛稱名詞了。

現在我們討論一下郡縣制實行的時間問題。早期的人相信秦始皇「廢封建，建郡縣」，現在我們已經知道不是了。據《左》哀17年的記載：「彭仲爽，申俘也，文王以爲令尹，實縣申息」。有人認爲這卽是楚國實行縣制之始❻。不過，這裏有幾個問題值得我們考慮：

---

❸　《左》哀2年：「克敵者，上大夫受縣，下大夫受郡，士田十萬」。

❺　瞿同祖　民27：77。

❻　如童書業（民36）信此說；楊寬（民44：111）則謂秦晉楚於春秋初期設縣，末期設郡；顧頡剛認爲武王克權，「使鬥緡尹之」（《左》莊8年），

第一，這是由公元前 478 年（《左》哀 17 年）追記二百年以前的事（彭仲爽於 689-77 B.C. 之間爲楚文王令尹），可靠性如何？ 第二，所謂「實縣申息」之「實」字可能只是一個比喻詞，未必便是實行或實際之實。 第三， 如果在文王時已行縣制， 何以自後一百年間《左傳》及其他書絕未提到過？

　　所以我們寧願回到《左》宣 11 年的說法。這年「楚子入陳，殺夏徵舒……因縣陳」，這可能是楚國設縣開始的一年，早於這年的紀錄至少在楚國尙未發現❺❼。這也是孫叔敖改革計劃的一部份❺❽。次年（596 B.C.） 滅鄭， 「夷於九縣」❺❾。楚的縣制， 從這時起，大概就被確定了。以後便經常提到縣，如《左》成 6 年：晉「成師以出，而敗楚之二縣」；《左》襄 26 年：「楚子爲穿封戌，方城外之縣尹也」；《左》昭 11 年：「陳人聽命而遂縣之」；《史記·春申君列傳》：「賜淮北地十二縣」等。洪亮吉論此事時說：「蓋春秋時已有改封建爲郡縣之勢，創始于楚，而秦與晉繼之。至戰國而大邑無不爲縣矣」❻⓿。就楚而論，縣的轄區可能相當大，因爲楚的整個面積就比他國爲大❻❶。像「陳蔡不羹， 賦皆千乘」（《左》昭 12 年），自是大縣了。 北方諸

（續）至少是楚置縣之始， 因爲楚稱縣尹（民 26：170）。但我以爲有一可疑點，縣尹也可以由別的尹發展而來，未必卽因縣而稱尹，因邑或都同樣可稱尹，猶如中央有令尹、卜尹、工尹等一樣。

❺❼　一說晉襄公「以再命命先茅之縣賞胥臣」（《左》僖 32 年）一事實較早。

❺❽　也許早些時候已開始設縣，但孫叔敖卻是第一個把它確定下來，以後在基本上無所更改，見《左》宣11年。

❺❾　事見《左》宣12年。

❻⓿　洪氏時亦謂楚縣始於文王之縣申息。 梅思平亦認爲郡縣制爲楚所首創（民19：165）。楊寬（民44：111）謂春秋初期設縣，末期設郡；顧頡剛（民26：170, 179）似傾向於楚、秦先他國而設縣。

❻❶　上述顧氏（民26：179）謂秦楚縣最大，小國所改；晉次之，都邑所改；齊最小，鄉鄙所改。

國就未必，如晉「分祁氏之田爲七縣，公羊氏之田爲三縣」（《左》昭28年）；《逸周書·作洛》：「國方千里，分爲百縣」；〈齊叔夷鐘〉：「賜汝……其縣三百」。這些縣的土地都必然是非常小的，甚至還不如今之一鄉一鎮，如《左》昭5年：「韓厥七邑皆成縣也……因其十家九縣長轂九百，其餘四十縣遺守四千」。如在江陵發掘出來的郢城遺址，「長寬各三里，面積約九平方里」⑫，以一個名城而言，確是太小了些，但也正可以看出它的一般趨勢。

郡在楚國究竟始於何時，沒有確實的資料可供查證。據楊寬說：秦晉楚三國於春秋初期設縣，晉國於春秋末期設郡。起初，郡較縣爲大，地位卻較低；後來，郡中又分縣，遂演成郡縣二級制，始行於三晉⑬。這個觀點，就《逸周書·作洛》：「國方千里，分爲百縣。縣有四郡，郡有四鄙」；及趙簡子語「克敵者，上大夫受縣，下大夫受郡」（《左》哀2年）來看，可能是對的。但不同的看法也還有，如顧炎武說縣起於春秋，郡起於戰國⑭；趙翼說春秋縣大郡小，戰國郡大縣小⑮。楚國並沒有這樣明顯的痕跡，《史記·樗里子甘茂列傳》說：「楚南塞厲門，而郡江東」；〈春申君列傳〉說：「淮北地邊齊……請以爲郡便」。實際上我們沒有看到更多有關郡的資料。就已知的資料說，楚的置郡有下列幾點特徵：第一，郡後於縣，約始於戰國時代；第二，以邊邑爲郡，非邊邑則設縣；第三，郡縣轄地均可大可小，在行政地位上也沒有高低之分；第四，郡縣均隸屬中央，未發展成二級制。

---

⑫ 程欣人 1954：125。

⑬ 楊寬 1955：111。

⑭ 顧炎武，《日知錄》卷22郡縣條。

⑮ 趙翼，《陔餘叢考》卷16郡縣條。

但是，究竟多少田爲邑，多少邑爲縣，或多少縣爲郡，目前是無法知道的。也許在實行的當時就沒有十分明確的規定。

本章參考書目

李學勤

　　1959　〈戰國題銘杞文述（下）〉，見《文物》1959年9期。

洪亮吉

　　清　　〈春秋時以大邑爲縣始於楚論〉，見《更生齋文》甲集卷2。

張縱逸

　　1957　《屈原與楚辭》。

商承祚

　　民28　《長沙古物聞見記》卷上。金陵，成都。

梅思平

　　民19　〈春秋時代的政治和孔子的政治思想〉，見《古史辨》第2冊，太平
　　　　　　（1962），香港。

郭沫若

　　1945　〈述吳起〉，見《青銅時代》。文治，重慶。

　　1958　〈關於鄂君啟節的研究〉，見《文參》1959年第4期。

童書業

　　民36　《中國疆域沿革略》。開明，上海。

程欣人

　　1954　〈湖北省江陵地區三個古城遺址的初步調查〉，見《文參》1954年第
　　　　　　3期。

楊　寬

　　1955　《戰國史》。上海人民，上海。

董　說

明　　《七國考》，「叢書集成」本。

齊思和

民27a　〈戰國制度考〉，見《燕京學報》第24期。

民27b　〈戰國宰相表〉，見《史學年報》2卷5期。

趙　翼

清　　《陔餘叢考》卷16。世界，臺北。

劉文淇

民48　《春秋左氏傳舊注疏證》，皇清經解續編。

瞿同祖

民27　《中國封建社會》。長沙。

顧炎武

清　　《日知錄》卷22。商務，臺北。

顧棟高

清　　〈楚令尹論〉，見《春秋大事表》卷22。

顧頡剛

民26　〈春秋時代的縣〉，見《禹貢》7卷6-7期。

Hsu, Cho-Yun

1965　*Ancient China in Transition.* Stanford, Calif.

Lattimore, O.

1944　*Inner Asia Fronfiers of China.* Oxford , London.

楚的社會結構

一 家庭與宗族

（一）家庭

家庭是構成社會基本要素之一，至少自有史以來，無論任何地區，它所表現的是如此。家族的情形就不一樣，在中國社會似乎更被重視，而在古代，它的重要性尤其顯著。孫本文說：「在中國家族制度中，約略可以區別爲三種單位：卽家庭、家族與宗族」❶。這個分類大致是可以同意的。雖然社會學家與人類學家們對這些名詞的解釋頗多爭議，本文不擬再去討論。不過，由於史料的不足，本節暫只能從「家庭與宗族」❷兩個問題上作若干分析。家庭指的是同居共財，宗族就是同宗的血族❸的意思。一般所說包括姻親在內的家

---

❶ 孫本文（民26：15）在另處（民31：61）所說，語氣與此略異，但我寧取此說。

❷ 請參閱 Han-yi Fêng (1948: 2) 的若干用法，家庭爲 Family； 宗族，Sib； 姓，Sibname。

❸ 所謂同宗是指同姓或同氏的同一始祖系統中的族屬。

族❹，此時尚沒有足夠的材料以資論證。

討論家庭問題時首先應該了解的自然是每個家庭的人口數及其組成分子，但是楚政府卻沒有爲我們留下這項統計資料，現在祇能推測。下面是有關春秋戰國時候人口幾種不同的說法：

1. 《孟子，梁惠王上》：「百畝之田，勿奪其時，八口之家，可以無饑矣」。

2. 《管子·海王》：「桓公曰，『何謂正鹽筴』？管子對曰，『十口之家，十人食鹽；百口之家，百人食鹽……』」（又見〈地數〉）。

3. 《周禮·地官·小司徒》：「乃均土地，以稽其人民，而周知其數：上地家七人，可任也者家三人；中地家六人，可任也者二家五人；下地家五人，可任也者家二人」。鄭注：「家男女七人以上，則授之以上地……」。

4. 《漢書·食貨志上》：「今一夫挾五口，治田百晦，歲收晦一石半……」（李悝語）。

5. 《鹽鐵論·散不足》：「夫一馬伏櫪，當中家六口之食」。

上述五種資料中，關於家的人數：《孟子》是八口；《周禮》是七、六、五口三種；《漢書》是五口；《鹽鐵論》是六口；《管子》是十口和百口。除《管子》所言略異外❺，從戰國到漢初這一階段，中國家庭人口約爲每家八至五人，其平均數爲 6.5 人。這個平均數以

---

❹ 家族的範圍較廣，當包括父、母、妻、子女等幾方面族屬在內，不論是否同住，只需屬於同一血緣系統。瞿同祖認爲，家是一個共同生活團體的經濟單位，族是家的綜合體，爲一血源單位（民36：4）。

❺ 《管子》此說可用兩說解釋之：其一，今本晚出，非當時書，此人口爲推測之數；其二，十口指平民之家，百口指貴族之家而言。或者根本只是一種泛稱。

一向囿於大家庭制度觀念的中國人來看，也許覺得太小，實際並不。
誠如李心傳所說：「西漢戶口至盛之時，率以十戶爲四十八口有奇；
東漢，率以十戶爲五十二口；唐人，率以十戶爲五十八口；自本朝元
豐至紹興，率以十戶爲二十一口，以一家止於兩口，則無是理。蓋詭
名子戶，漏口者眾也」❻。李氏雖然懷疑一家兩口太少，但對於五口
或六口之家並未提出異議。中國某些特殊大家庭制也並非始於戰國，
漢唐亦不過五口、六口，可見戰國時家庭人口中 6.5 的平均數並不違
反傳統中國家庭制度的規範，反之，正可以看出中國一向行的是小家
庭制度，至少絕大多數的平民，包括城市市民和鄉村農民是如此。這
種家庭就是父母夫婦子女。很顯然的，在上列五例中，至少有四個，
《孟子》、《周禮》、《漢書》和《鹽鐵論》，是指的農家家庭人口
數，另一個，《管子》，所指不明，也許係就某種特別的平民或貴族
家庭人口數而言❼。

　　這種 6.5 的家庭人口組織，是否也包括楚國在內呢？看情形是
的。這有幾個理由：

　　第一，自春秋到戰國時，南北的地域界限和民族性格似乎是日見
分歧了，但生產方式和社會制度卻越來越接近，農耕和貴族平民的區
分就是一例。在這種趨勢下，家庭制度也必然要採取同一步調。不過
北方的地理環境適宜於較大家庭耕作制，受宗法制度的影響也較深。
據金陵大學於民國十七年至二十二年調查全國十六省一百處37,647農
家的情形顯示❽：

---

❻　見李心傳《朝野雜誌》。
❼　在宗法制度下，貴族爲了保有旣得政權，不得不行使大家庭制；平民也
　　可能受其影響，而在經濟上仍以小家庭制爲較便。
❽　孫本文　民31：65-66。又如根據民國25年調查所得，全國各省每戶平均
　　口數也總在 4 與 6 之間。而自宣統元年(1909)至民國25年的30年間，全

表 14　農家家庭結構

區　　　　域	小 家 庭（%）	大 家 庭（%）	獨　　身（%）
北　　　　部	57.9	39.7	2.4
南　　　　部	67.2	31.0	1.8

北方的大家庭要比南方多。就北方論，小家庭也比大家庭多得多。以今例古，自不是最好的辦法，但我們知道，中國農村社會組織變革的常數並不很大，所以當時楚國一般平民的家庭人數不可能比北方多，也許還少些。

第二，《周禮・職方氏》曾把當時的天下分爲九州，並將九州的人民、產物情形作過一次統計，這個統計數目是❾：

表 15　職方氏性比例及農產物

州　　名	人 民 之 性 比 例		農 作 物	畜　　牧
	男	女		
揚　　州	2	5	稻	鳥獸
荆　　州	1	2	稻	鳥獸
豫　　州	2	3	黍稷菽麥稻	馬牛羊豕犬鷄
青　　州	2	3	稻麥	鷄狗
兗　　州	2	3	黍稷稻麥	馬牛羊豕犬鷄
雍　　州	3	2	黍稷	牛馬
幽　　州	1	3	黍稷稻	馬牛羊豕
冀　　州	5	3	黍稷	牛羊
幷　　州	2	3	黍稷菽麥稻	馬牛羊犬豕

(續)國家庭人口平均數每戶總是 5 個多一點點，沒有例外（見統計局民 33：10–11）。

❾　《周禮》自非出於周，一般以爲係戰國間作品。〈職方〉亦非戰國時地理概況，因爲秦滅六國時尙無如此整齊之地理區分，說或源於〈禹貢〉。

男女的性比例數各地雖多有差異，但除雍、冀二州外，卻一致的男少女多。又除幽州女性特多外，荆、揚二州女人的比例雖比他州稍高，畢竟還相當接近。卽是，荆州的性比例並無特別之處。從這個比例數字以及他們同屬農業社會的情形來看，我相信他們家庭人口的多寡，也可能不相上下。

第三，我們從歷代人口的統計可以得出一個家庭人口平均數的略數，如下表：

表 16　中國歷代家庭人口統計

時　　　間		戶　　數	人　　數	每戶平均人數	資 料 來 源
王　朝　年　代	公元				
漢平帝元始 2 年	2	12,233,062	59,594,978	5 弱	漢書地理志
光武中元 2 年	57	4,279,634	21,007,820	5 弱	後漢書郡國志註
桓帝永壽 2 年	156	16,070,906	50,066,856	3 強	晉書地理志
三國吳赤烏 5 年	242	523,000	2,400,000	4.5 強	晉書地理志
魏景元 4 年	262	663,423	4,432,891	7 弱	三國志魏志
晉武帝太康元年	280	2,459,840	16,163,863	7 弱	晉書地理志
南朝宋順帝昇明 2 年	478	906,870	4,685,501	5 弱	宋書（孝武時）
北齊武平 3 年	572	3,032,528	20,006,686	6.6 強	周書武帝紀
隋煬帝大業 5 年	609	8,907,546	46,019,956	5 強	隋書地理志
唐玄宗天寶13年	754	9,619,254	52,880,488	5.5 強	舊唐書本紀
宋神宗元豐 3 年	1080	14,852,684	51,150,762	3.5 弱	通考
光宗紹興 4 年	1193	12,302,874	27,845,085	2.2 強	通考（金不在內）
元世宗至元28年	1291	13,430,322	59,848,976	4.5 弱	新元史食貨志
明成祖永樂元年	1403	11,415,829	66,598,337	6 弱	續通志
神宗萬曆 6 年	1579	10,621,436	60,692,856	5.7 強	明史食貨志
淸高宗乾隆14年	1749	36,261,623	177,495,039	5 強	淸通考
民國25年	1936	85,827,345	479,084,651	5.4 弱	政府統計*
民國29年（臺灣省）	1940	979,447	5,872,084	7 強	中國人口問題**
民國45年（臺灣省）	1956	1,662,211	9,310,158	5.5 強	中國人口問題

* 見國民政府主計處統計局編，中國人口問題之統計分析，1944: 10。
** 最後二欄數字係根據張敬原，中國人口問題，1959: 180。

從表上可以看得出來，中國家庭人口的平均常數在 5 與 6 之間❿。當然，我們不能否認有些特殊的大家庭出現，即目前的臺灣也還有，但那究屬少數。因此，我們似乎也可以推定楚的家庭人口當在這個數字左右。

第四，我們必需先讀梁啓超的一段話，他說：「蘇秦說六國，於燕趙韓齊，皆言帶甲數十萬，於楚則言帶甲百萬，於魏則言武士蒼頭奮擊各二十萬。張儀言秦虎賁之士百餘萬。又蘇秦言齊楚趙皆車千乘騎萬匹，言燕車六百騎六千，言魏車六百騎五千。張儀言秦車千乘騎萬匹。以秦楚兩國推例之，大抵當時兵制，有車一乘騎十匹者，則配卒一千人，故秦楚千乘而卒百萬，趙六百乘而卒六十萬……由兵數以算戶數，據蘇秦說齊王云，臨淄七萬戶，戶三男子……是當時之制，大率每一戶出卒三人，則七國之眾當合二百五十餘萬戶也。由戶數以算人數，據《孟子》屢言八口之家，是每戶以八人爲中數，則二百五十餘萬戶，應得二千餘萬人也」⓫。照這個推算，當時楚國車千乘、騎萬匹、帶甲百萬，以每戶出兵之人計，則可得戶三十餘萬。每戶八口，則楚之總人口數約爲二百四十餘萬，約佔當時中國總人口數十分之一。

所以我們說，楚之家庭人口普通總在六至八口之間是可能的，自然也還有不少的大家庭、獨身漢、和二三人組成的小家庭。

依照這個數目來說，楚之家庭成員可以有兩種典型的組織方式：一種是父母夫婦子女（如插圖一Ａ）；一種是夫婦子女及已婚子女

---

❿ 特殊少的如宋，那是有特殊的原因。誠如梁任公所說：「宋之所隱匿者在口，而唐之所隱匿者在戶」（1902：24）。由於減少捐稅，而把戶口或人口少報。

⓫ 見梁啓超 1902：21-22。

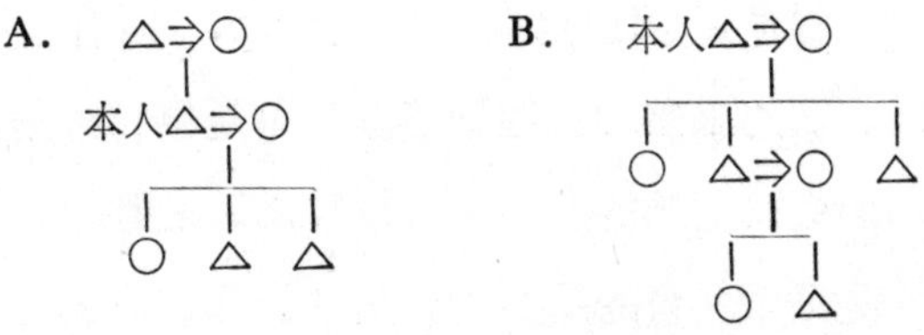

插圖一　楚家庭結構

（如插圖一 B）。貴族之家，有的不止一個妻子，子女自然會多些，家庭的構成份子也就複雜些。 如「司馬子期欲以妾爲內子」⑫ ， 倚相以子囊、子木及申亥的故事諫止之，這表示這些家庭中均有妾，也許還不只一個。 又如共王有巴姬， 有五個兒子⑬； 平王「爲太子取秦女，好，自取之」⑭。都是家庭成員比較複雜的例子。但是也有雖貴爲卿相而家庭非常簡單，如孫叔敖，《史記・滑稽列傳》說：「楚相孫叔敖……病且死，屬其子曰：『我死， 汝必貧困』」。這種家庭已經小得不能再小了。又如若敖死了，他的兒子還必需跟着母親回到邧國去過活，也可見其家庭之小與貧困。

（二）宗　族

現在我們再來討論一個與家庭有密切關係的「族」的問題。不過在討論族的同時， 我們尚需了解姓、氏、宗等幾個名詞。 這幾個名詞，從古代一直到近代，似乎總沒有弄得十分清楚。

先說姓。一般的說法是女子有姓，男人有氏。也就是先有姓而後有氏。但《左》隱八年眾仲說：「天子建德，因生以賜姓；胙之土而

---

⑫　見〈楚語〉上。韋昭注曰：「卿之嫡妻曰內子」。

⑬　見《左傳》昭公13年。

⑭　見《史記・十二諸侯年表》。

命之氏；諸侯以字爲諡，因以爲族；官有世功，則有官族；邑亦如之」。卽姓、氏、族的來源均與性別無關，可是輾轉推論，乃至演繹成許愼、鄭樵和顧炎武他們的說法❶，以爲氏姓是別男女的。近代也有許多人說，姓是母系社會的遺跡❶。這些說法，看似均頗合理，實際應予重新考慮，最少，就楚國社會的情形而論應如此。首先我們覺得，楚之得姓氏非「因生」或「所命」，而是「上下之神，氏姓之出」（〈楚語下〉）。也就是說，他們相信，姓氏的來源與神有關，人爲的成份很少，甚至沒有。其次，上述《左傳》（隱公）的話並未說明姓與男女有關，也沒有說明是什麼時候開始分合的❶，至多祇能做到「古者有本姓，有氏姓」（《論衡·詰術篇》）的斷語。誠如馬長壽所言，楚國爲一「羋姓氏族」❶。但並不是「楚國王室的女子姓羋，男子姓熊」（同上）。下面一些資料可以否定這個不實在的假想：

　1.《左》傳 22 年：「丙子晨，文夫人羋氏、姜氏勞楚子於柯澤」。

---

❶　《說文》云：「姓，因所生也」；《通志·氏族略》云：「三代之前，姓氏分而爲二：男子稱氏，婦人稱姓。氏所以別貴賤，貴者有氏，賤者有名無氏……三代之後，姓氏合而爲一，皆所以別婚姻，而以地望明貴賤」；《日知錄·氏族》云：「男子稱氏，女子稱姓。氏一再傳而可變，姓千萬年而不變」。

❶　呂思勉說：「吾國表女系（卽母系）之姓，與表男系之正姓、庶姓並行……（及後），於是正姓亡而庶姓專行矣」；孫本文說：「姓卽所以表明母族系統，故女子稱姓」（民 31：73 及所引呂氏，《中國宗族制度史》）。郭沫若（民32a：199）說：「古代女子稱姓，男子稱氏。氏的出現較遲於姓的出現。中國古代的姓都有女字旁……這種表示，毫無問題的是以母系爲標準。氏發生於春秋中葉……」。

❶　上述鄭、顧二人之說，均肯定了分合的時間，大多數人的時間性雖不盡同，卻同意其分合的標準。

❶　馬長壽　民34：21。

2.〈楚王鐘〉：「楚王媵江仲嬭（羋）南龢鐘」。

3.《左》文 9 年：「叔仲惠伯曰，『是必滅若敖氏之宗』」。

4.《左》定 5 年：「（昭）王將嫁季羋，季羋辭」。

5.《史記‧韓世家》：蘇代又謂太后弟羋戎」。

6.《史記‧穰侯列傳》：「宣太后（楚出）二弟：其異父長弟曰穰侯，姓魏氏，名冄；同父弟曰羋戎」。

7.《史記‧楚世家》：「羋姓有亂，必季實立」。

這幾條例子足以說明：(1)當時女人已姓、氏並稱，如羋氏、姜氏；(2)男人也姓、氏並稱，如羋姓爲父系社會楚王室之姓，若敖氏也是王室之一；(3)女稱季羋、江羋，男也可稱羋戎[19]；(4)如果說男人姓熊，則當時楚之政權在男人手裏，何以說「羋姓有亂，必季實立」？是知《日知錄》所說，「考之於《傳》，二百五十五年之間無男子稱姓者」（〈原姓〉），實不確。

依上列諸說，加上《史記‧楚世家》「季連，羋姓，楚其後也」，楚王室爲羋姓，似無疑問。但楚王自熊麗以後絕大多數均稱熊，熊字怎樣解釋呢？一般認爲是姓或男人之姓；岑仲勉說熊字音來自西亞，其意爲帝或王[20]；我曾經傾向於此說，可是後來發現有疑問：第一，《史記‧楚世家》說，「（句亶王）後爲熊毋康，毋康早死。熊渠卒，子熊摯紅立」。顯然，熊毋康並未做過皇帝，而仍名曰熊。第二，如果熊爲王，則熊渠尚在，何至封他三個兒子爲王，豈不是重疊？第三，《左》桓 6 年，楚欲代隨，「熊率且比曰：『季梁在，何益』」[21]？又《左》哀 16 年載：「市南有熊宜僚者，若得之，可以

---

⑲　索隱曰：「羋姓，戎名。秦宣太后弟，號新城君」。
⑳　岑仲勉　民47：55-61。
㉑　此例未必可靠，姑列舉在此。因從字音上看，「熊率且比」爲譯音之可能性極大。不過，退一步言，熊姓之「熊」又何嘗不可能爲音譯？

當五百人矣」。看樣子，這些均是以熊爲姓或氏，或屬於或不屬於王室。所以釋「熊」爲帝就難以解釋了。

杜預釋《左》桓 11 年之「莫敖」曰：「楚官名」。劉節不以爲然，他說：「敖……是一種部族的名稱。稱熊，稱敖，都可以作楚人與匽族、嬴族有關係的證明」❷。說似極通，而且把楚人分爲兩族，與若干神話和儀式生活也能連接起來。可是，下面這段話如何解釋呢？

> 熊咢九年卒，子熊儀立，是爲若敖……若敖卒，子熊坎立，是
> 爲霄敖。霄敖六年卒，子熊眴立，是爲蚡冒……蚡冒十七年
> 卒，蚡冒弟熊通弑蚡冒子而代立，是爲楚武王（《史記·楚世
> 家》）❸。

這些所謂若敖、霄敖、蚡冒（疑冒亦爲敖之音誤）之「敖族」實際也是「熊族」，以熊、敖分兩族之說就難以成立。

變動一下也許就行。我們說，芈是一個姓羣，熊是芈姓中的一個氏族羣，敖又是熊氏中的一個分枝氏族羣，如下表。

表 17　芈姓氏族

```
          ┌─芈姓────芈姓
    芈姓─┤
          │          ┌─熊氏
          └─熊氏─┤
                    └─敖氏
```

因此若敖同時可稱熊儀或芈姓。這就是所謂姓、氏之分，所謂姓不變而氏可以一代一代的累變。這種變似乎沒有什麼規則可循，也沒有貴賤之別，而是隨環境而異，目的只是表示另一支而已。殷商的氏族組織似乎也是循這個方向發展，每個宗氏（大宗）包涵若干分族

---

❷　劉節　民37：224。

❸　〈楚世家〉另處記：「子熊囏立，是爲莊敖」。莊應爲壯或杜或堵。

（小宗），分族之下又有分族❷，因此就形成一個氏族大聯盟❷。於楚，最好的例子是《史記》與《左傳》的話：

> （楚莊王）九年，相若敖氏。人或讒之王，恐誅，反攻王。王擊滅若敖氏之族（《史記・楚世家》）。

> 初，楚司馬子良生子越，椒。子文曰：「必殺之，是子也……必滅若敖氏矣……子文將死，聚其族……」（《左》宣4年）。

> 楚子越椒來聘（魯），執幣傲。叔仲惠伯曰：「是必滅若敖氏之宗」（《左》文9年）。

這些話很明顯的指出：(1) 若敖氏是王室的一支，從世系中可以看得出來；(2) 所謂若敖氏，或若敖氏之族、之宗，均表示自成一小團體；(3) 子文（子良兄，即子越伯父）將死而娶其族，這個族非芈族，乃若敖一小族。因而我們假定「芈爲姓，熊爲一大氏族番號，敖爲分支氏族番號」之說是可以成立的。但問題還未完全解決，比如仲雪、叔堪也是熊族，何以不叫熊？熊通（武王）、熊貲（文王）也是敖族，又何以不叫敖？子干也爲王十餘日，何以說死後葬於訾爲訾敖❷？那處尹有閻敖（《左》莊18年），敖又代表什麼？

　　從上面的例子也可以明白，氏、族、宗三字在涵義上沒有什麼區別，至少楚國社會是如此。就是在別的社會，分別似乎也不大，如《禮記・大傳》：「別子爲祖，繼別爲宗，繼禰者爲小宗」；班固《白虎通》：「族者，湊也，聚也」；杜預《釋例》：「別而稱之氏，合而言之謂之族」；《左》隱8年《正義》：「氏族一也，所從

---

❷　參閱丁山　民45：37。

❷　參閱侯外廬　1963：208。

❷　《左》昭13年：「葬子干（子比）于訾，實訾敖」。《左》昭元年曰：「葬王（麇）於郏，謂之郏敖」。是此二敖均爲死後之稱呼。

言之異耳」；又：「氏，猶宗也」。據〈大傳〉的話，凡是非屬於嫡長這一支的都叫宗，不管是大宗、小宗。實際上這是膠著了的想法，早期恐怕沒有這麼嚴格的限制。原始的意義，氏族宗均該是表示許多人住在一塊兒的意思，但因爲同住的多半也同姓，結果就轉變爲與姓有關的意義。孫本文謂：宗是同族中奉一人以爲祖先的代表[27]，族爲一祖相傳子孫的共稱，氏則爲分枝旁出家庭的特稱[28]。這就是說，範圍有大小，本質無變化。而對於楚，則連這點微小的分別幾乎都沒有，比如若敖一支，可以稱若敖氏，也可以稱若敖氏之宗，或若敖氏之族。

實際，就若敖氏而論，它也只是一個氏或族或宗之名的代表，並不是永久的，必要時，它還可以再分。《左傳》宣公四年載有一段這樣的話：

> 初，若敖娶於邧，生鬥伯比。若敖卒，從其母畜於邧。淫於邧子之女，生子文焉。邧夫人使棄諸夢中，虎乳之。邧子田見之，懼而歸以告，遂使收之。楚人謂乳，穀；謂虎，於菟；故命之曰鬥穀於菟——以其女妻伯比——實爲令尹子文。

可見若敖氏之後又以鬥爲姓了。這年（《左》宣4年，605 B.C.）閙事的鬥椒、鬥般即是鬥伯比的後裔，與鬥伯比同時的還有鬥丹、鬥廉

表 18　鬥氏氏族

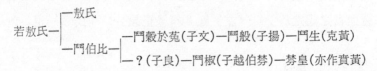

若敖氏 ┬ 敖氏
　　　 └ 鬥伯比 ┬ 鬥穀於菟(子文)─鬥般(子揚)─鬥生(克黃)
　　　　　　　　└ ?(子良)─鬥椒(子越伯棼)─棼皇(亦作賁黃)

---

[27] 孫本文　民31: 69。

[28] 同上: 71.

等，鬥祁是鬥氏第一個令尹（楚武王 50 年，691 B.C.），以後子文、
子揚、子越也都做過令尹，故鬥氏在當時可算是王室中的大族或望
族。因而，我們有理由相信，熊族原來也只是羋姓中的一支，到後
來，由於這個氏族發展較快，並且取得了全個羋族的統治權，就以
「熊」爲他們自己的族號或族姓。開始的或者就是鬻熊❷。若敖氏則
又是由熊族中發展出來的另一支，如下表。

表19　熊氏與鬥氏關係

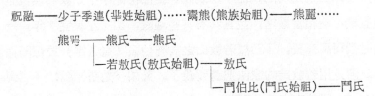

祝融——少子季連(羋姓始祖)……鬻熊(熊族始祖)——熊麗……

熊咢——熊氏——熊氏

　　　└若敖氏(敖氏始祖)——敖氏

　　　└鬥伯比(鬥氏始祖)——鬥氏

不祇楚，當時的秦❸和郯子所說的少皞氏的鳥官❸ 以及現有的一些土
著民族的圖騰信仰❸，均有類似的現象。有人也把熊或祝融八姓視爲
圖騰的演化❸，我卻不大讚成：第一，中國人的姓來源甚多，不必盡
因圖騰，鄭樵《通志・氏族略・序》言之甚詳；第二，如果熊是圖騰，

---

❷　我在討論楚民族時即認爲鬻熊可能是祝融的音變。

❸　《史記・秦本紀》：「太史公曰，秦之先曰嬴姓，其後分封，以國爲
　　姓，有：徐氏、郯氏、莒氏、運奄氏、菟裘氏、將梁氏、黃氏、江氏、
　　脩魚氏、白冥氏、蜚廉氏、秦氏……趙氏」。實際所謂殷民六族、七族
　　也是這種情形。

❸　少皞的圖騰爲鳳鳥氏，其下又分若干分支圖騰，參閱拙著《鳥生傳說》
　　（民50：80）。

❸　如有些部落有它的原始圖騰團，後又分出若干團，如狼圖騰團下又分爲
　　狼團、熊團、狗團等。

❸　李宗侗　民43：16–25。

則子文批評鬥椒為「熊虎之狀，而豺狼之聲」(《左》宣 4 年) 就犯了禁忌；第三，八姓之說，〈楚世家〉、〈鄭語〉、〈帝繫姓〉各不相同，目前誠難以一種意見去分析。丁山所謂：「氏為同一圖騰，或食土之君；所謂食土之君，那就是小諸侯。諸侯的子孫或卿大夫再受封食邑，而為『大夫之家』，那就是族了」㉞。這種情形是可能的，只是不一定由圖騰演變而來。我們有時把圖騰的意義用得太廣泛，很容易出毛病。

在辨明姓、氏、族、宗之後，就可以進一步討論它的組織，由於材料太少，困難是有的，但不妨說說。從部份記事中，我們發現楚的宗族組織可能相當嚴密，並且具有某些權威，如《左》宣 4 年，令尹子越討厭司馬蒍賈，「乃以若敖氏之族圈伯嬴 (蒍賈字) 於轑陽而殺之」。即是用若敖氏的家法把蒍賈殺了。又如〈楚語〉說：「屈到嗜芰，有疾，屬其宗老曰：『祭我必以芰』」。宗老當即一宗之長，此制在中原多有。而用祭物還得透過他的承認，足見什麼都管。如果王逸的解釋無誤，說屈原曾「為三閭大夫。三閭之職，掌王族三姓曰昭、屈、景」(〈離騷序〉)㉟。這個三閭大夫也就是三族之長，或者這三族原本一族或一氏，後分裂為三。當然是一個小官，卻與王室有經常接觸的機會。所以聚族而居的制度，在楚是很普遍的。子文死的時候，「聚其族」(《左》宣 4 年)，想族的範圍不大，成員也未必很多；但如三閭之族就可能龐大得多了。《左傳》成公 9 年記有這樣一回事：楚鍾儀被鄭人捉去獻給晉人，晉侯見了，便「問其族。對曰，『泠人也』」。杜注以下均認為「泠人，樂官」。我想不是的，應該是地名，

㉞ 丁山 (民45: 33) 同時他又說：「族制的來源，不僅是自家族演來，還是氏族社會軍旅組織的遺蹟」。

㉟ 郭沫若 (民32b: 9) 認為，「昭是楚昭王的支庶……屈是楚武王的兒子屈瑕所封的采邑」。

郎是他這一族所住的地方。每一個族都是聚族而居，說出地名就等於說出族名，而且族名往往是由地名轉變而來。鍾儀說「泠人」時就如他說「泠族」或「住在泠的一族」是一樣的。假如泠人爲樂官名，那就答非所問了；晉侯又何必問他「能樂乎」？在當時，那有樂官不能樂的道理？故泠應爲地名或族名無疑。這證明楚人聚族而居之制不但普遍，而且是一種常規。

在長沙出現的漆器中，有些「柰觴外底多具興里某三字，興里爲地名，工藝之人，聚族而居，遂以成里」[36]。實際不止於工藝之人，王室也是聚族而居的。但畢竟是聚族成里，還是聚里成族，就頗難言。《周禮‧地官司徒》云：「五家爲比，十家爲聯；五人爲伍，十人爲聯；四閭爲族，八閭爲聯」。而《漢書‧食貨志》上云：「在壂曰廬，在邑曰里。五家爲鄰，五鄰爲里，四里爲族，五族爲黨，五黨爲州，五州爲鄉，鄉萬二千五百戶也」。《周禮》的閭與《漢書》的里是一個字。依照《周禮》的算法，聯爲三種不同單位的計數標準，實無法換算，就里言則 4 里爲 1 族，族大於里。依照《漢書》的算法，也是 4 里爲 1 族，每族 100 戶〔即 $12500 \div (5 \times 5 \times 5) = 100$〕，每里 25 戶。這就是聚里成族，而非聚族成里了。不過這種族、里制均是地方行政制度上的基層組織，與氏族之族未必完全一致。

二　婚姻制度

（一）一夫一妻多妾制

對於楚人的婚姻制度，我們的確難以描述，尤其是有關平民的婚

---

[36]　如商承祚（民28，卷上：24）所知道的有裹里、糾里等。

姻情形。目前我們所能討論的不但祇是貴族那一部份，而且材料甚殘缺。從殘缺的材料中，我們可以推斷，楚之貴族在理論上是「一夫一妻多妾制」❸，情形一如中原諸族。〈楚語〉上說：「司馬子期欲以妾爲內子，訪之左史倚相曰：『吾有妾而愿，欲莘之，其可乎』」？倚相的答覆是，不可。這可以作兩種解釋：(1) 允許男人娶一個或幾個小老婆，但在名份上只有一個妻；(2) 可以同時有一個或幾個妻和妾，但妾不能譖越爲妻。倚相的話很難判定屬於那一類，照中原諸族的婚姻情形看，則前者的可能性較大。〈楚世家〉曾經不止一次提到嫡庶❸的問題，如果「一妻多妾制」沒有確立，這個問題便無法解決，甚至無法提出來。至於「多妾」，自是一個可以成立的假說，但究竟多到什麼程度，就很難說。如子上說成王「多內寵」(〈楚世家〉)；成王於鄭「取二姬以歸」(《左》僖 22 年)；平王來求秦女，爲太子建妻，至國，女好，而自娶之」(〈秦本紀〉) 等等，俱可資佐證。這些資料都沒有說明妾的數目，也許隨情況而定，可多可少；並不如《周禮》所說：「王者立后，三夫人，二十七世婦，八十一女御，以備內職焉」。

另一說，「楚人有兩妻者，人挑其長者，詈之；挑其少者，少者許之。居無幾何，兩妻者死……」。事見《戰國策·秦策》。說這話的是陳軫，秦人而事楚。故事中的「兩妻」二字不知有沒有問題，比如陳軫只是打個譬喻（在當時是常事），或者本爲一妻一妾而要言爲

---

❸　陳顧遠（民16：55）說中國古代的婚姻是一夫多妾制。案就實質而言，妻妾僅是名稱的不同而已，我們也可以說它根本是一夫多妻制。

❸　如云「共王有寵子五人，無適立」；「平王卒……欲立令尹子西。子西，平王之庶弟也」(《左》昭26年說平王之太子珍「其母非嫡也」，也是指這件事)。

二妻；否則，雖不一定為常制，那個社會最少也容許兩妻同時存在。
那就等於名符其實的一夫多妻制了。

（二）族外婚

一般地說，楚人是行的族外婚制：把自族的女子嫁出去，然後從外族娶進來，外族也不限於某一族。這一點，除上面一些例子，如成王娶於鄭，平王娶於秦外，還有不少例子，如：

《左》定5年：「（昭）王將嫁季芉，季芉辭曰：『所以為女子，遠丈夫也，鍾建負我矣』。以妻鍾建」。杜注：「建，楚大夫」。

《左》莊14年：「楚子……滅息，以息媯歸。生堵敖及成王焉」。

《史記‧楚世家》：昭王卒，「迎越女之子章，立之」。服虔曰：「越女，昭王之妾」。

《史記‧晉世家》：「楚（成王）新得曹，而初婚於衞」。

《史記‧伍子胥列傳》：「（楚太子）建母，蔡女也」。

《左》宣4年：「初，若敖娶于䢵，生鬥伯比」。

《左》昭元年：「楚公子圍聘于鄭，且娶於公孫段氏」。

《國語‧周語》中：「鄧由楚曼……盧由荊媯」。韋昭注：曼，鄧女；媯，盧女。

《左》昭5年：楚子使莫敖與「令尹子蕩如晉逆女」。

以上各例是楚與他族女子聯婚的情形；此外，楚女子嫁出去的，也不限於某一族。如：

《左》襄30年：「蔡景侯為太子般娶于楚，通焉」。

《史記‧秦本紀》：「昭襄（王）母，楚人，姓芉氏，號宣太

后」。

《史記・十二諸侯年表》：楚懷王 24 年「秦來迎婦」。

《左》僖 22 年：「鄭文夫人羋氏、姜氏勞楚子於柯澤」。

〈楚王鐘〉：「楚王鐕邛仲嬭南龢鐘」。

《左》襄 26 年：「伍舉娶於王子牟。王子牟爲申公而亡」
（〈楚語上〉同，唯作椒舉）。

《左》昭 28 年：「初（晉）叔向欲娶於申公巫臣氏」（杜注：
夏姬女也），其母阻之，「叔向懼，不敢取，平公強使取之，
生伯石」。

例子還很多，我們暫時只舉出這些。從這些例子中，我們得知楚王室
的婚姻範圍甚廣。就已知資料，可得如下表。

表20　楚王室與各國婚姻關係

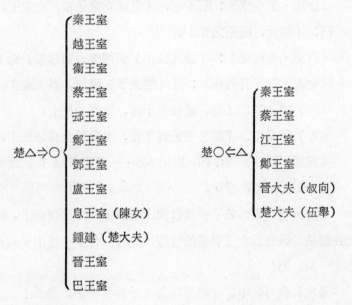

楚△⇒○
- 秦王室
- 越王室
- 衞王室
- 蔡王室
- 邔王室
- 鄭王室
- 鄧王室
- 盧王室
- 息王室（陳女）
- 鍾建（楚大夫）
- 晉王室
- 巴王室

楚○⇐△
- 秦王室
- 蔡王室
- 江王室
- 鄭王室
- 晉大夫（叔向）
- 楚大夫（伍舉）

其中有幾點必需加以說明：

第一，據杜注鍾建爲楚大夫，大夫未必便是王室，如吳起爲令尹，亦非王室。同時，也沒有其他任何事實可以證明楚國曾實行內婚制。《公羊》桓二年：「若楚王之妻媦」，何休注云：「媦，妹也」。二氏不知何所據？而曾謇據以爲是血族婚之遺俗❸❾，亦失之過於武斷，因爲我們找不出任何其他旁證或更具體的史實來證明這一點。

第二，成王過鄭，「取二姬以歸」。論者往往認爲係越過「世代限制」的甥舅通婚的現象❹❶。此說不確，原因很簡單，以二姬爲「文芈女」，乃杜預以後之說，《左傳》（僖公 22 年）與《史記·宋微子世家》均僅記叔瞻不滿的批評而已。不滿未見得便是娶甥女爲妻，也許交表婚（cross-cousin marriage）就足以使鄭國人民感到「無禮」，而在楚，說不定正是婚姻的主要對象。何況鄭王室女子全可以稱「二姬」，何必「文芈」之女？

第三，表中顯示，楚國當時似有一種對偶婚的傾向，即兩族間互爲婚姻。這種傾向是否即爲交表婚？或者沒有任何規則可循？

第四，息嬀本爲陳女而婚於息，被文王用武力搶奪過去。這是一件特殊的婚例，也許正可以說明楚人對選擇婚姻對象時的條件限制必不多。

所以我們至少可以確定，楚王室乃爲一外婚的社會。呂思勉謂：「《公羊》言楚王妻媦（《左傳》桓公 2 年），春秋時晉嫁女於吳（襄公20 年），魯亦取於吳（哀公 12 年），是南方不禁同姓婚也」❹❶。說不確。假令吳爲婚於同姓，則晉魯亦是婚於同姓，何獨云南方？此

---

❸❾　曾謇　民24a：143。

❹❶　曾謇　同上：143-4. 目前我們所熟知的事實，似乎只有齊國當時還遺留着內婚的痕跡，其他國家無有也。

❹❶　呂思勉　民50：267。

其一；其二，前述各點足以證明楚爲外婚制，自不必娶於同姓，何況根本找不出娶同姓的例子？僅漢代公羊與何休一句話，不足憑也。

也許楚人的性關係較爲隨便些，如平王欲爲太子娶妻，聽人說，秦女絕美，「遂自取秦女而絕愛幸之」（《史記‧伍子胥列傳》）；如「楚莊王以夏姬予連尹襄老，襄老死，其子黑要烝焉」（《左》成2年）等等。但這也不能構成內婚的證明，這種事，在春秋戰國的幾百年間已不知在多少個國家重複過多少次，如「晉獻公烝於齊姜」，「衛宣公烝於夷姜」（《左》桓16年），「蔡景侯爲太子般娶于楚，通焉」（《左》襄30年）。事實上就楚而論，這是性生活的一面，另一面卻又是很拘謹，如前述季羋嫁鍾建的故事（《左》定5年），祇不過逃難時背負了一下就得嫁給他；又如楚「滅息，以息嬀歸，生堵敖及成王焉，未言。楚子問之。對曰：『吾一婦人而事二夫，縱弗能死，其又奚言』」（《左》莊14年）？息嬀雖非楚人，也不見得眞是生了兩個孩子還沒有說過話，但若楚人容許這種觀念存在，就必然有它特殊的理由和社會背景❷。

（三）婚姻儀式

依照中國古代一般的婚姻儀式，大致是相當繁複的。《禮記》和《儀禮》中所提到的「六禮」，納采、問名、納吉、納徵、請期、親迎，就是這一繁複手續的標準化。這個辦法差不多支配中國人民的婚

---

❷　《列女傳》有一則故事說：「貞（按：貞應作荊）姜者，齊侯之女，楚昭王之夫人也。王出遊，留夫人漸臺之上而去。王聞江水大至，使使者返夫人，忘持其符……夫人曰：『……使者不持符，妾不敢從使者行』……於是使者取符，則水大至，臺崩，夫人流而死」。故事孤出，其可靠性當然不大，即使實有其事，也只能代表齊人的貞操觀念。

姻生活兩千多年，直到近世才稍稍改變。楚人未必完全照這個方式去做，但也有若干相同的規則，如請婚、納聘、迎親等。

《左》昭 4 年：椒舉去晉求盟，「遂請昏，晉侯許之」。

《左》昭元年：「鄭徐吳犯之妹美，公孫楚聘之矣，公孫黑又使強委禽（杜注：納采用鴈）焉……（鄭）使女擇焉，皆許之。子晳（黑）盛飾入，布幣而出；子南（楚）戎服入，左右射，超乘而出。女自房觀之曰：『子晳信美矣，抑子南夫也……』。適子南氏。子晳怒，旣而櫜甲以見子南，欲殺之而取其妻子」。

又：「楚公子圍聘于鄭，且娶於公孫段氏。伍舉爲介。將入館，鄭人惡之……（楚人曰），圍布几筵，告於莊公之廟而來」。

《左》昭 5 年：楚子「以屈生爲莫敖，使與令尹子蕩如晉逆女……晉侯送女於邢丘」。

這些結婚儀式，雖不是表現在某單一事件中，聯接起來也未嘗不可看出它的習慣性。它與中原諸國可能只有程序上的差異，本質並無分別。如爲大夫的公子圍必需「親迎」於鄭，楚王便可以派員去晉「迎親」了；同時，由於公子圍的身份較低，鄭不高興時可以給他許多難堪，而晉侯卻仍然親自送女於楚。所有這些辦法，怕都與中原各國有關，甚至是從中原學來的，楚人自己對婚姻不一定會如此愼重。這從下面幾則再婚❸的例子也可以看得出來。

（四）再婚

對楚人而言，再婚似乎是一件相當平常的事，例如：

《左》莊 28 年：「楚令尹子元欲蠱文夫人（杜注：文王夫人

---

❸ 許多資料顯示，楚人有夫死再嫁者，亦有妻死再娶者，但沒有發現離婚的事實。

息嬀也；子元，文王弟），爲館於其宮側而振萬焉。夫人聞之
泣曰：『先君以是舞也，習戎備也；今令尹不尋諸仇讎，而於
未亡人之側，不亦異乎』」？

《左》成 2 年：「莊王欲納夏姬。申公巫臣曰：『不可……』。
王乃止。子反欲取之。巫臣曰：『是不祥人也』。子反乃止。
王以予連尹襄老。襄老死於邲，不獲其尸。其子黑要烝焉。巫
臣使道焉曰：『歸吾聘女』」。

這兩則故事起碼說明了下列數事：（1）楚文王爲子元之兄。兄死而能
在嫂嫂宮旁歌舞調情，實不尋常，如不爲社會所允許，令尹當不敢如
此明目張膽地破壞習俗和楚王室的傳統；（2）息嬀所責備子元的只是
不該「振萬」，而沒有說他求婚是違反社會道德，因此我們可以設
想，楚人也許容許此類婚姻關係存在；（3）夏姬也是一個再嫁夫人，
而自莊王一直到巫臣都想得到她；而她與黑要以庶母子發生性關係
後，巫臣還爲了她而離開楚國，可見當時楚人對婦女們的要求並不太
苛；（4）息嬀與夏姬都是出名的美婦人，也許楚國男人對「美」的追
求甚爲迫切，其他均可從寬論議；不然像夏姬那樣的女人眞是無所不
爲了（如插圖）。我們最少已經知道她曾經跟四個男人發生過正常或
不正常的性關係。巫臣雖然說過她的壞話，看他後來依舊和她結婚，
可見那不是眞的壞話，只是破壞對方的企圖而已。社會何以對她沒有

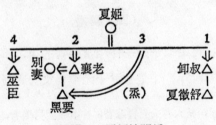

插圖二　夏姬性關係

不好的批評呢❹？唯一的解釋是當時楚社會並不視之爲不道德。也就是說一個人再娶再嫁，或是跟多個男人或女人有性關係，一般而言，楚人並不認是越出常軌。

三　名　制

(一) 名與字

《左傳》宣公四年說：「鬥伯比……淫於䢵子之女，生子文焉。夫人使棄諸夢中，虎乳之。䢵子田，見之，懼而歸以告。遂使收之。楚人謂乳，穀；謂虎，於菟。故命之曰鬥穀於菟」。這段話告訴我們，楚人除姓之外，也用名字和號。鬥穀，字於菟，號子文。它也表明，有時把一些偶發事件放到名字上去，上面是一例。又如「王思子文之治楚國也，曰：『子文無後，何以勸善』？使復其（子文孫箴尹克黃）所，改命曰生」（《左》宣4年）。表示若敖氏之族雖被滅，可因他而復生的意思。又如襄老子名黑要，可能他的腰部是黑的，或有一塊黑痣。同樣楚公子晳名黑肱（又曰公孫黑），我們可以推定他的手臂必然有些什麼黑的，否則何必號晳？

　　也因此，我們可以看出來，當時人的名與字或號之間往往有某種關聯，如申公屈巫（又名巫臣）字子靈，息公屈禦寇字子邊。另有一

---

❹　夏姬還在陳時，《左》宣10年有一段這樣的話：「陳靈公與孔寧儀行父飲酒於夏氏，公謂行父曰：『徵舒似女』。對曰：『亦似君』。徵舒病之。公出自其厩，射而殺之。二子奔楚」。這表示在陳國也沒有什麼不好的批評，雖然她的兒子不能忍受那種戲謔。同時，她當時的男朋友可能已不止一個，否則，不必會開這樣的玩笑。

些名字，看似也可連貫，而已與我們現有的知識不太相干了，如成嘉字子孔，鬥椒字伯芬號子越，公孫楚字子南等等。自然這種辦法也非楚人所獨有，中原早已行之，也許根本就是從中原傳過來的。又一種形態，如「熊嚴有子四人：長子伯霜，中子仲雪，次子叔堪，少子季徇」❹（《史記‧楚世家》）。以伯仲叔季爲次序，我們可以相信也不一定是楚國原來的名制。

楚人原來的名制是什麼呢？此刻尚不大明白。就王室而論，像鬥穀於菟子文這樣的名字形式，幾乎從春秋初年（子文爲公元前七世紀中期人）一直到戰國末就沒有變過。我們固不能肯定它是傳自中原諸國，但至少與中原諸國相同，而且澈頭澈尾的相同。至於初期，如傳說中陸終氏八子❹：樊、惠連、籛鏗、求言、晏安和季連，已無法獲知他們究竟有沒有字或號。另外一些早期的人物，如歷代王室熊繹、熊渠等，也是如此。

改名一事在楚似乎是存在過的，如「弃疾卽位，改名熊居，是爲平王」（〈楚世家〉）；執疵繼爲王曰「熊延」❹（〈楚世家〉）；「伯霜代立，是爲熊霜」（〈楚世家〉）。改名的原因迄今不悉。胡光煒說：「案楚先世，凡殺君而繼位之王，婁有易名之事：靈王本名圍（《左》昭元年），卽位而易名虔（《春秋》昭公 13 年）；平王本名弃疾，卽位而易名熊居（《左》昭 13 年；〈楚世家〉）；負芻殺哀王而自立，《史記》作負芻，而《越絕書》作成，其中必有一爲改名

---

❹　《國語‧鄭語》說略有不同：夫「荊子熊敖生子四人：伯霜、仲霜、叔熊、季訓」。但所使用次序的方法是一樣的。

❹　此爲《世本》所載，《國語‧鄭語》及《史記‧楚世家》所言略異。

❹　此事〈楚世家〉所說語意不明，或有脫落。《左》僖26年及《國語‧鄭語》均不言弒，但言前王有疾被廢。

者」⑱。案胡氏所言難免以偏概全。我們可以隨便舉出幾個理由：第
一，楚王弒前王而自立者不止此三人，他如熊通殺蚡冒子自立爲武
王，熊惲殺熊艱自立爲成王，商臣逼死成王而自立爲穆王，均未見改
名，是改名未必便與殺王有關。第二，靈王名圍，後名虔，熊虔爲卽
位後之名，未必是殺王而後改名虔。楚人通常有二名或三名，此處名
圍，他處名虔，亦常事。第三，楚人取名時間或不一致，有的在年輕
時使用，成年或立業後則另有名（今南方農村社會尙有此種現象，也
許卽是當日留傳下來的⑲），後人不察，遂發生混淆。所以，我以
爲楚人改名或爲常事，但不必由於殺了人，而是因年齡或事業上的關
係，捨氏族內之名不用，而另取別名。這種改名的事實也許還影響到
後來在楚國範圍內生活的人。這裏可從〈離騷〉起首四句得出一個命
名制的大概：「皇覽揆余初度兮，肇錫余以嘉名；名余曰正則兮，字
余曰靈均」。卽是楚人在初度⑳時，要舉行命名禮，儀式可能相當隆
重。

　　上述楚人取名的方法是否與聯名制有關係呢？或者根本就是聯名
制？在討論問題之前，先介紹兩種說法：其一是凌純聲師之說，他認
爲楚「有連名制的遺蹟和世代排名的事實」㉑。他的意思是，陸終六
子（據《史記‧楚世家》）可能是排名，王室世系中的「熊」也是一
種世代排名制，而這種世代排名的辦法還是「由南詔的父子連名演化

---

⑱　胡光煒　民23：1-4。

⑲　正如張光直所說，楚國雖於 223 B.C. 被秦國推翻，但他的人民和文化
　　卻一直留在那個地方 (Chang, 1963: 260)。

⑳　王泗原（民 43：26-31）謂古時或度冠可通用，皇爲君爲楚王，錫名示
　　非出生時之名。說頗可取。另有若干解釋，與余上說多相合。

㉑　凌純聲　民41：199。

而來」❷。其二是楊希枚之說，他認爲像：楚子囊→（囊費）→囊瓦，楚伯賁→賁皇（按亦作伯棼→棼皇），均是屬於「親名前聯型的親子聯名制」❸。所謂公子、公孫、王子、王孫、某子、某孫也是由從名制經演變而成的親子聯名制❹。他舉了一些鄭樵在《通志‧氏族略‧序說》中所舉的例子，如「公孫之子不可復言公孫，則以王父字爲氏。如鄭穆公之子曰公子騑，字子騑；其子曰公孫夏，其孫則曰駟帶，駟乞。宋桓公之子曰公子目夷，字子魚；其子曰公孫友，其孫則曰魚莒，魚石。此之謂『以王父字爲氏』」。

兩說均俱創見，但也均有些疑問待解決。第一，如果「熊」爲世代排名制，何以熊嚴的四個兒子不全叫做「熊某」❺？何以弃疾卽王位後才更名熊居？何以昭王稱熊珍，而太子建及子西（名申）、子期（名結）、子閭（名啟）都是平王的兒子，又未見名「熊」？所以欲用「熊」字來解釋世代排名制尚有困難。況且楚人的名制已進步到有姓、有名、有字、甚至還有號的階段，是否與大理段氏、南甸土司，或是南詔的細奴羅的命名方法稍有分別❺？我在前面討論氏族時仍僅把它當作一個「氏」或「族」的名稱，就由於它這種非普遍性所致。第二，關於「某子某」和「某孫某」一類的從名制問題，中原諸國確乎很多，但在楚國發展的結果似乎有點不一樣，就是在中原我們可以

---

❷ 凌純聲 民41：199-201. 文中還引用日人鈴木俊之說，認「熊」係「子孫之名必帶祖先名中一字之風」，而「南詔父子連名之風」可能從楚發展而來。凌師之說與此正相反。

❸ 楊希枚 民50：760。

❹ 同上：764-776.

❺ 〈楚世家〉：「熊嚴卒，其子伯霜代立，是爲熊霜……仲雪死，叔堪亡避難於濮……少弟季徇立，是爲熊徇」。

❺ 參閱凌純聲 民41：194-196, 172。

找到許多像鄭穆公和宋桓公那種例子，楚國就太少了（上述子囊、伯賁是兩個例外），比如共王和鬥伯比兩家：

表21　共王一支世系

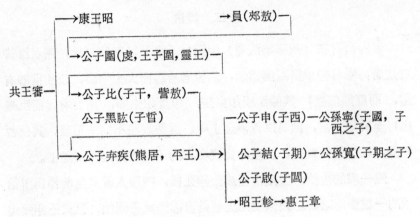

表22　鬥伯比一支世系[57]

表中顯示，無論從聯名制或從名制來看，都發展得不十分完全，部分相似，部分卻是另一種形態。另一方面似乎任何人均可叫做「子某」，也只是以別於「某之子」而已。這種普遍的稱謂是否即應從聯名制等方式來理解，尚有討論的餘地。同時，也未見大量地以「王父字爲氏」，這是一個大的區別。雖然，從時間上來說，它可能還是受了中原諸國命名制的影響。所以如果我們回到《風俗通》的理論也許還比較合用一些。《風俗通》說：「姓有九，或氏於號，或氏於謚，或氏

57　顧棟高《春秋大事表》卷12下還列有成氏、蔿氏、屈氏等名譜甚詳，但其形式更無規則可循。

於爵，或氏於國，或氏於官，或氏於字，或氏於居，或氏於事，或氏
於職」。可見南北系氏族的命名制都是多樣的，不必限於以「王父字
爲氏」的聯名制，更多的還是在於名與字的相關意義。

（二）諡法

顧棟高曾在〈列國諡法考〉中說：「余遍考春秋之世，通君臣皆
有諡者，惟魯衞晉齊四國爲然，然皆卿有諡而大夫無諡，公族世卿有
諡，而庶姓無諡；其餘遠國如秦楚，中夏如宋鄭，則君有諡而臣無
諡；至吳越徐莒，則君臣皆無諡」[58]。這個說法不完全正確，其他暫
不談，姑以楚國爲例，就並非實實在在的「君有諡而臣無諡」。

照一般的說法，諡是帝王或公卿死後，被後人就其生前作爲所給
予的一種褒貶之辭。楚國使用王號是自熊通武王開始，但武王非死諡
而實爲生稱。來由是這樣的：

> （楚武王）三十五年，楚伐隨。隨曰：「我無罪」。楚曰：「我
> 蠻夷……欲以觀中國之政，請王室尊吾號」。隨人爲之周請尊
> 楚。王室不聽。還報楚。三十七年，楚熊通怒曰：「……王不
> 加位，我自尊耳」。乃自立爲武王[59]（《史記·楚世家》）。

可見武王是他自己給自己的王號，是生稱[60]，非死諡。其實，這種
生稱也不始於他。「熊渠曰，『我蠻夷也，不與中國之號諡』，乃
立其長子康爲句亶王，中子紅爲鄂王，少子執疵爲越章王」（〈楚世

---

[58]　顧棟高，卷49：186. 洪亮吉在〈春秋時諡法詳略〉及〈美惡論〉（《更
　　　生齋文甲集》卷2：126）中亦言及楚，見解大略相同。

[59]　《史記會注考證》認爲宜自立爲王。武字，諡號，「後來史家所加」。
　　　按此斷言武字爲「後來史家所加」，無據，不足取。

[60]　董說《七國考》說：「熊通自立爲武王，乃生號非諡也，而《左傳》言
　　　成王共王故事，似又爲諡矣」。

家〉）。熊渠自己承認，他立幾個兒子爲王與中國的謚法不相干；而且不獨所用的名字非正統的，卽是這些王也非正統的，它們只是「熊」下面的幾個小王。這件事的意義是最少說明楚國初期的幾個王可能都是生稱。生稱實際也非始於楚，據唐蘭說，「西周初年，王號是可以生稱的，但不能有兩個王號同時生稱」⑥。依《史記·楚世家》，熊渠當周夷王時，已經在西周中期，非初期了；而武王則當春秋初年。所以楚國「生稱」的辦法也許正是早期流傳下來的；還有一點，楚國當時對中原諸國的所謂謚法可能眞的不甚了了，也可能是故意不去管它。

這種生稱究竟維持了多久，已無法探究。關於謚的討論是從成王開始。《左》文元年說：「（成）王自縊，謚之曰靈，不瞑；曰成，乃瞑」。看起來有點像神話，但當時人可能眞會如此想。那就是說，成王時已經在用謚號了。成王以後，還有一個謚的故事：楚共（〈楚語〉作恭）王將死，「請爲靈若厲」。及死，「子囊謀謚。大夫曰，『君有命矣』。子囊曰，『君命以共，若之何毀之？……請謚之共』。大夫從之」（《左》襄 13 年。〈楚語上〉大致相同）。這些話當然是無法否認的，如我們說，楚人用謚實始於成王，也未嘗不可。

結論可以把楚王室的王號分爲兩個階段：初期是生稱；後期是謚稱。謚還得由大臣們共議決之，等於死後由政府官吏來討論皇帝們的功過。後來秦始皇帝不高興這一套，終究把它取消了。漢代再度恢復，就沒有廢除過。

---

⑥　唐蘭 1956：81。

四　社會階層

從初期封建制度的解體而形成春秋戰國式的社會，由於並非出於改革，無疑，許多仍然殘存的階級意識和階級制度是難免的，這從《論語》以下的諸多著作中也可以看得出來。中原諸國如此，楚也不例外。

〈楚語上〉，申叔時對莊王曰：「教之禮，使知上下之則」。這種上下之則是什麼呢？他說：「明等級以導之禮」。也就是說，禮的主要目的是把社會分成若干個層次，然後讓每個人，上自君主、士大夫，下至奴隸，都遵循這個階級秩序去工作，不得踰越。

《左》昭 7 年記靈王即位時（540 B.C.）芋尹無宇說：「天有十日，人有十等，下所以事上，上所以共神也。故王臣公，公臣大夫，大夫臣士，士臣皂，皂臣輿，輿臣隸，隸臣僚，僚臣僕，僕臣臺。馬有圉，牛有牧。以待百事……」。此種隸屬關係，就是：

王→公→大夫→士→皂→輿→隸→僚→僕→臺

依郭沫若的說法，從事牧畜和糧食生產的圉、牧及農人還在十等之外[62]。如此，則從事工商業的人也不在其內。即是，農人、工人和商人的地位還不如奴隸。

這是不確實的，楚無宇所說「人有十等」僅指王室及其所屬官吏與執役者而言，並未包括社會人士。這是政府工作上的指揮系統，不

---

[62]　郭沫若　民 32b: 109。呂思勉認為這十個階級祇是「執事之相次。或謂當時之人分此十級，則誤矣」（民50: 292）。其說極是。趙紀彬亦認為十等為官職上的職稱（民53: 66, 78）。

是社會階級。當時的社會，由於封建變革，貴族沒落，以及諸侯兼併的結果，奴隸固然還是奴隸，但商、農、工人的地位顯然已經提高❻，如《漢書・貨殖傳》所說：「周室衰，禮法墮……其流至於士庶人莫不離制而棄本，稼穡之民少，商旅之民多，穀不足而貨有餘」。可見商人地位爲尤高。一個社會如果眞的到了「用貧求富，農不如工，工不如商」（《史記・貨殖列傳》）的時候，如春秋戰國，商業經濟自會加速地向前發展，那麼，他們的地位也就不可能比奴隸還低。同時，還可以找出另外的證明：《史記・伍子胥列傳》說，「（伍員）乃進專諸於（吳）公子光，退而與（楚）太子建之子勝耕於野」。如說當時農人地位比不上奴隸，則勝與子胥斷無以貴族身份「耕於野」的道理，因爲這兩個階級的身份相差太遠。這事大約發生在 515 B.C.，遲於申無宇之說不過 25 年，此其一。《左》宣 12 年隨武子說楚「商農工賈（孔《疏》：行曰商，坐曰賈）不敗其業」，表示這四種行業已各自成爲一獨立單位或階級，而且很發達，與《管子》士農工商四民不雜處之說不相上下，其非屬奴隸可知。這個批評大約產生於 596 B.C.，比無宇早了半個世紀，此其二。從孔子以下諸子的言論可以看出，春秋以後，北方社會已逐漸開放，而南方的楚，由於封建傳統的束縛較輕，開放尤甚，所謂「貧賤者，行不合，言不用，則去之楚越」（《史記・魏世家》），正是社會上階級成見較少的說明，甚至有些俘虜之類的賤民可以陞到令尹、將軍❻一類的高官，可見其解放的幅度已甚大，此其三。

---

❻　楊向奎（民51：72）亦認爲當時農民的地位高出於奴隸。

❻　《左》哀17年，子轂曰：「觀丁父，鄀俘也，武王以爲軍率。……彭仲爽，申俘也，文王以爲令尹……」。可見楚人的階級雖也很嚴，必要時似乎還可超越。

　　自然，奴隸是有的，階級也還是有的。前述自皁開始以下的幾種人可能都是奴隸；大夫以上是貴族；士是一般官吏之稱，可上昇至大夫爲貴族，也可下降至農、商爲自由民。如果用君子、小人的二分法，則士以上各階層的人爲君子，商農工賈以及皁以下各階層的人爲小人❻❺。「君子小人，物有服章，貴有常尊，賤有等威」（《左》宣12年），這種等級一經決定，恐怕還難以改變，所謂「工之子恒爲工」，奴隸就永遠是奴隸了。因爲楚國還有一個新造螯，就是管理奴婢的官員❻❻。

　　故就當時整個社會而言，其人民約可分爲四個階層，卽：

　　第一階層：王及王室中人，卽羋姓集團之貴族，包括王、公、大夫等。這是一個統治集團，他們爲楚王發號施令，控制楚國人民。他們領有土地和人民。

　　第二階層：爲楚政府工作的外族，多爲「士」集團中的人羣，屬中級幹部。《左》宣12年所謂「內姓選於親，外姓選於舊」，就指的這兩個集團的官吏。

　　第三階層：自由民。早期，自由民還必需是貴族階級的一份子，後來封建制度沒落，商農工賈便都升格爲自由民了。有些落魄的貴族和士有時也流爲此一階級中人。

---

❻❺　《左》昭6年：公子弃疾如晉，過鄭，嚴禁其部屬騷擾民間，下令曰：「有犯命者，君子廢，小人降……」。君子可能指他的官吏與參謀人員；小人可能是士兵與執役者。廢指廢爵，降則爲奴。是階級仍很分明。

❻❻　平心（民51：11）引〈頌鼎銘〉云：「命女官嗣成周眚（胥）廿家，監嗣新造、眚用、宮御」。他認爲「新造也是一種官奴婢」。《墨子‧天志》下所說「以攻伐無罪之國……丈夫以爲僕圉胥靡，婦人以爲舂酋」的情形也可能見於楚國。並參閱楊寬　民41：36。

第四階層：執賤役的人民和奴隸，包括皂、輿、隸、僚、臺、圉、牧及其他服家內勞務的人民。

廣泛的說，就是貴族、士、庶人和奴隸四種身份。他們的依存關係如下表：

表23　楚社會階層表

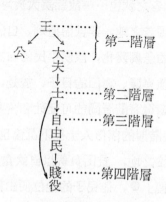

從純理論來說，春秋戰國雖處在封建社會變革的時期，但階層與階層之間，似乎仍不容許隨意變更，甚至根本就沒有機會變更，所謂「內姓選於親，外姓選於舊」，正是說明它的存在的常性，而達到「貴有常尊，賤有等威」的目的。這等於表明，不但貴族階級不能超越，即使職業階級也不能超越，如晉侯見鍾儀問曰：「『能樂乎』？對曰：『先父之職官也，敢有二事』」（《左》成9年）？那就是樂官之子也恒爲樂官了。不過，就另外一些資料看，它的社會階層似又不若想像中那麼穩定，而浮沉的機會也不少。《說苑·尊賢篇》說魏擊遇田無擇，相與語，無擇曰：「士貧賤，行不合，言不用，則躡履而適秦楚耳」。一方面表示秦楚的階級的制限不如中原諸國那樣森嚴，另方面表示貧與賤在楚國發跡的機會比較多，也卽是它的階級性

較爲寬大。因而像吳起那樣的亡命之徒，居然能以外族爲楚悼王執政，「兵震天下，威服諸侯」**⑥**；彭仲爽、觀丁父以俘虜**⑱**而爲令尹、將軍；差車、老皆以賤人而爲右領、左史**⑲**；郤宛以「賤人」**⑳**而官至左尹。這些例子足以說明楚的低層階級並非不可能躍升，只是非整個階層躍升而已。李斯說：「今秦王欲吞天下，稱帝而治，此布衣馳鶩之時，而游說者之秋也……故詬莫大於卑賤，而悲莫甚於窮困。久處卑賤之位，困苦之地，非世而惡利，自託於無爲，此非士之情也」**㉑**。由於社會的急劇變化，原屬平民的布衣階級掙扎著努力往上爬升，以圖擺脫那種卑賤、窮困的日子，於是，許多被統治者漸漸地成爲統治者了，正象徵著階層間的可變性和流動性。

反過來看，統治階層的部份人士往下沉淪也是有的，如楚相孫叔敖死，「其子無立錐之地，貧困負薪以自飲食」（《史記‧滑稽列傳》）。還沒有「再傳」**㉒**，他兒子的地位便由第一級的貴族而掉到第三級的平民了，這種階級變遷是相當急速的。又如子重子反殺申公巫臣之族而又取其室**㉓**，巫臣一族便立刻由士大夫而降爲奴婢。像這樣的情形就不只是個人，而牽涉到一個集團了。這便是階層的轉化，

---

⑥ 見《史記‧范雎蔡澤列傳》。

⑱ 早期的歷史顯示，俘虜是奴隸的主要來源之一。陳憲璇（民24：32）所舉四種奴隸來源，大致是對的。

⑲ 《左》哀17年中有詳細的說明。

⑳ 見《左》昭27年。

㉑ 見《史記‧李斯列傳》。這可以說是當時平民階級的普遍思想法則，蘇秦、張儀、李斯是爬上來的代表。

㉒ 童書業（民30：60）說：「又據後世的記載，只有楚國的制度，世族再傳，君主就把祿地收回」。但照孫叔敖的情形看，連再傳的機會也沒有。

㉓ 《左》成7年記其事甚詳。

到漢初，這種情形尤其顯著。

從楚社會全面觀察，一般地存在著濃厚的階級意識，高階層與低階層之間很少來往，有的甚至沒有往來，如費無極譖謂郤宛（子惡），「令尹（子常）欲飲酒於子氏。子惡曰，我賤人也，不足以辱令尹」（《左》昭 27 年）。令尹請他吃飯，當然是一種光榮，又何至於辱人？因而我推測他們間必然很少交往，一如南北朝的門閥社會。

五　繼承法則

這裏所說的繼承法則，實際是指楚王位的繼承辦法而言；至於一般人民對財產等的處理程序，此刻尚無資料以供討論。

對於楚王位的繼承，目前大抵均認為是幼子（或少子）繼承制，不過說法各異罷了。如曾謇認為楚的少子繼承制，「只是母權社會的一種孑遺」，這是因為父方分到的是長子，留下來的是少子，於是「財產承繼者的身分便落到少子身上了」❼❹。但是拉鐵摩爾（Owen Lattimore）的說法卻不是這樣，他說：「幼子繼承制度的原則是每一個兒子在成年之後，就給以家產之一部，使之獨立，只有最小的兒子與父母同居，並且繼承家產的主要部份」❼❺。兩者的結論差不多，但看法卻兩樣，這是由於各人所站的角度不同所致。我以為應該從已有史料重新加以分析。下面是一些資料：

(1) 《左》昭 13 年：「初共王無冢適，有寵子五人，無適立

---

❼❹　曾謇（民24b：27）同時又說：「這兒楚民族的家族組織的沒有確立嫡庶制和帶有母權社會血緣婚的遺痕，正給這種少子承繼的來源以不少的暗示」。

❼❺　Lattimore 1944：194.

焉。乃大有事于羣望，而祈曰：『請神擇於五人者使主社
稷』。乃徧以璧見於羣望曰：『當璧而拜者，神所立也，
誰敢違之』。旣乃與巴姬密埋璧於大室之庭，使五人齊而
長入拜。康王跨之，靈王肘加焉，子干、子晳皆遠之，平王
弱，抱而入，再拜皆壓紐。鬥韋龜屬成然焉，且曰：『弃
禮違命，楚其危哉』！……（叔向曰），『有楚國者，其
弃族乎……羋姓有亂，必季實立，楚之常也』」**[76]**。

(2) 《史記・楚世家》：初，成王將以商臣爲太子，語令尹子
上。子上曰：「君之齒未也，而又多內寵；紬乃亂也。楚
國之舉，常在少者……」。

(3) 《左》昭 26 年：「楚平王卒，令尹子常欲立子西，曰：
『大子壬弱，其母非適也，王子建實聘之；子西長而好
善，立長則順，建善則治，王順國治，可不務乎』？子西
怒曰：『是亂國而惡君王也；王有適嗣，不可亂也』……
令尹懼，乃立昭王」。

(4) 《左》哀 6 年：昭王懼死，乃謀立王，「命公子申（子
西）爲王，不可；則命公子結（子期），亦不可；則命公
子啟（子閭），五辭而後許……（昭王）卒於城父。子閭
退曰：『君王舍其子而讓羣臣，敢忘君乎？從君之命，順
也；立君之子，亦順也；二順不可失也』。與子西、子期
謀，潛師閉塗逆越女之子章立之，而後還」。

---

[76] 〈楚世家〉前段皆抄《左傳》，後段則加上結果曰：「故康王以長立，
至其子失之；圍爲靈王，及身而弒；子比爲王十餘日；子晳不得立——
又俱誅，四子皆絕無後——唯獨弃疾後立爲平王，竟續楚祀，如其神
符」。

(5) 《左》莊 14 年：「楚子……滅息，以息嬀歸，生堵敖及
　　成王焉」。

第一第二例說明楚王位的繼承總在「少者」，所以成王要立商臣爲太
子時，子上說他，「你還年青，太太又那麼多，商臣未必是最小的一
個」。 第三例是子常欲打破立幼的慣例而立長， 被當事人子西否決
了。第四例昭王要立兄弟，子閭認爲立子才有法律根據。第五例息嬀
和第四例之越女實際均非嫡妻，而她們的兒子全都繼承了王位。這些
事實對楚王位的繼承辦法給了兩個基本的概念：

　　第一，原則上立子不立弟，只有現任王的兒子才是王位的法定繼
承人。

　　第二，以幼子繼王位，但以年齡爲準，無嫡庶之分，故妾子同樣
能登寶座。

　　我們從楚王室的世系看，有沒有例外呢？ 當然有，不過，有的雖
略知原因所在，有的則到今日還找不出答案。我們先看系譜[77]。

表 24　楚王室世系

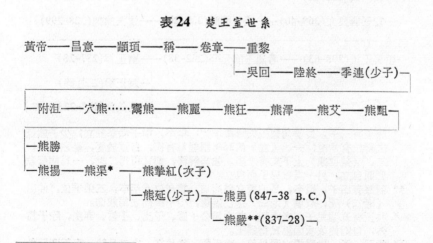

黃帝──昌意──顓頊──稱──卷章──重黎
　　　　　　　　　　　　　　　└─吳回──陸終──季連(少子)─┐
┌───────────────────────────────────┘
├附沮──穴熊……鬻熊──熊麗──熊狂──熊澤──熊艾──熊䵣─┐
┌───────────────────────────────────┘
├熊勝
└熊揚──熊渠*──┬熊摯紅(次子)
　　　　　　　　├熊延(少子)──熊勇 (847-38 B.C.)
　　　　　　　　└熊嚴**(837-28)─┐

---

[77]　本系譜以《史記‧十二諸侯年表》及〈楚世家〉爲根據。

―熊霜(長子827-22)

―熊徇　(少子821-800)――熊儀　(若敖790-64)――熊坎　(763-58)―

―熊眴(蚡冒757-41)

―武王熊通(740-690)――文王熊貲(689-77)――熊囏(堵敖或杜敖676-72)

　　　　　　　　　　　　　　　　　　　　―成王熊惲(671-26)―

―穆王(625-14)――莊王侶(613-591)――共王審×(590-60)―

―康王招(559-45)――員郟敖(544-41)

―靈王圍(540-29)

―子比(十餘日)

―平王熊居(528-16)――昭王熊珍(515-489)――惠王章(488-32)―

―簡王中(431-408)――聲王(407-02)――悼王熊疑(401-381)―

―肅王臧(380-70)

―宣王熊良夫(369-40)――威王熊商(339-29)――懷王熊槐(328-299)―

―頃襄王橫(298-63)――考烈王熊元××(262-38)――幽王悍(237-28)

　　　　　　　　　　　　　　　　　　　―哀王猶(二月餘)

　　　　　　　　　　　　　　　　　　　―王負芻(227-223 B.C.)

* 熊渠有三子，長子句亶王熊毋康早死；渠卒，中子熊摯紅立；少子熊延
　之得位有兩說：一、《左》僖26年謂熊摯有疾，自竄於夔，是以失楚；
　二、〈楚世家〉上下文有矛盾，強爲解釋，則又可得二說，一爲熊延弒
　兄而自立，另一爲弒兄子而自立。
** 熊嚴有四子，嚴卒，長伯霜立爲熊霜。霜在位6年卒，三弟爭位，仲雪
　（老二）死，叔堪（老三）逃亡避難，少子季徇立爲熊徇。
× 共王有五個兒子，老大招，其次爲公子圍、子比、子皙、弃疾，除子皙
　外，自圍始依次因篡弒得爲王。
×× 熊元三子，猶爲悍之同母弟，幽王死，猶代立。立二月餘，哀王庶兄負
　芻弒之而自立爲王。

從系譜上可以看出下列幾件事：(1) 熊勝和熊揚，熊勇和熊嚴，熊臧和熊良夫，何以由兄傳弟，而不先傳少子？是因其兄繼位時，弟弟尚未出生，還是別有原因？(2) 熊摯紅、熊霜、熊徇、熊囏、熊悍等又何以以長繼爲王？乃致以後弒殺頻仍，如熊霜死，熊徇三兄弟爭立；熊通弒蚡冒子而自立；熊囏爲熊悍所殺而自立❼❽；負芻殺哀王而自立等等，是否不如此，就不得繼立爲王？(3) 穆王、靈王、子比及平王等皆以篡弒而得位，似亦不是正途。(4) 眞正以少子得爲王而又見諸傳說或史籍者，祇有季連、堵敖、成王❼❾、昭王和惠王。這是世系中所可能找到或能解釋的材料，除非我們假定在系譜中所有未說明原因的單線繼承，都是父傳子，而且都是傳少子，否則便很難覓得足夠的證據來肯定「少子繼承」的必然性。

　　至於嫡庶不分一節，看來是可以成立的。不但堵敖、平王爲息嬀的兒子，庶出；靈王❽也是庶出；惠王爲越女之子，同樣是庶出。《史記》雖未嘗一一說明，這種情形也許正多的是。

---

❼❽ 事見❼❾。

❼❾ 此事不見於《左傳》，〈楚世家〉云：「莊敖五年，欲殺其弟熊惲。惲奔隨，與隨襲殺莊敖代立，是爲成王」。按文王于十年（680 B.C.）七月滅息，以息嬀歸（事見《左》莊14年）。假定息嬀於是年懷孕，堵（卽莊）敖於次年（679 B.C.）出生，則他爲王時（676 B.C.）才三歲，被殺時七歲。又假定成王比他小一歲（以立少子原則推之，堵敖卽王位時，成王應尙未出生，故實際應小三歲），則當事發時，成王才六歲（或三歲）。依常理推斷七歲小孩旣不知「欲」殺人，六歲也不能殺人。故馬遷所記此事不確。我以爲可能是堵敖爲王早夭，成王繼之。不過，其間可能發生大臣間的權力鬥爭。

❽ 〈楚世家〉：「（慶）封反曰，莫如楚共王庶子圍（靈王）弒其君兄之子員（《左傳》作麇）而代之立」。

本章參考書目

丁 山

民45 《甲骨文所見氏族及其制度》。大通，臺北。

文崇一

民50 〈亞洲東北、北美西北及太平洋的鳥生傳說〉，見《中研院民族所集刊》第12期。

王泗原

民43 《離騷語文疏解》。

平 心

民51 〈卜辭金文中所見社會經濟史考釋〉，見《文史論叢》第一輯。

岑仲勉

1958 〈楚爲東方民族辨〉，見《兩周文史論叢》。商務，上海。

李心傳

宋 《朝野雜誌》，叢書集成本。

李宗侗

民43 《中國古代社會史》。中華文化，臺北。

呂思勉

民50 《先秦史》。開明，臺北。

洪亮吉

清 〈春秋時謚法詳略及美惡論〉，見《更生齋文》甲集卷2。

胡光煒

民23 〈壽春新出楚王鼎銘考釋〉，見《國風半月刊》4卷6期。

唐 蘭

1956 〈宜厌矢殷考釋〉，見《考古學報》1956年第2期。

凌純聲

民41　〈東南亞的父子連名制〉，見《大陸雜誌》特刊第一輯。

梁啟超

1902　〈中國史上人口之統計〉，見《飲冰室全集》第44冊雜文類。

馬長壽

民34　〈中國古代傳疑中之女系氏族社會〉，見《文史雜誌》5卷5-6期。

侯外廬

1963　《中國古代社會史論》。

孫本文

民26　〈中國家族制度之特點及近世變遷之趨向與問題〉，見《東方雜誌》
　　　34卷13期。

民31　《現代中國社會問題》第一冊。重慶。

統計局編（國民政府主計處）

民33　《中國人口問題之統計分析》。正中，臺北。

張敬原

民48　《中國人口問題》。中國人口學會，臺北。

郭沫若

民32a　《今昔集》。重慶。

民32b　《屈原研究》。羣益，重慶。

商承祚

民28　《長沙古物聞見記》。金陵大學，成都。

陳憲璇

民24　〈春秋的奴隸〉，見《食貨》半月刊2卷5期。

陳顧遠

民16　《中國古代婚姻史》。商務（民53），臺北。

曾謇

民24a　《中國古代社會》（上）。上海。

民24b　〈周金文中的宗法紀錄〉，《食貨》2卷3期。

童書業

　　民30　《春秋史》。太平（1962），香港。

董　說

　　明　　《七國考》，「叢書集成」本。

楊　寬

　　民41　〈戰國時代社會性質的討論〉，見《文史哲學報》1 卷 5 期。

楊向奎

　　民51　《中國古代社會與古代思想研究》（上冊）。

楊希枚

　　民50　〈從名制與親子聯名制的演變關係〉，《中研院史語所集刊》外編第
　　　　　四種。

趙紀彬

　　民53　〈人仁古義辨證〉，見《文史論叢》。

劉　節

　　民37　《中國古代宗族移殖史論》。正中，上海。

瞿同祖

　　民36　《中國法律與中國社會》。商務，上海。

顧棟高

　　清　　《春秋大事表》，皇清經解續編。

Chang, Kwang-chih

　　1963　*The Archaeology of Ancient China.* Yale University, N. H. .

Fêng, Han-yi (Han Chi)

　　1948　*The Chinese Kinship System.* Harvard University Press,
　　　　　Massachusetts.

Lattimore, Owen

　　1944　*Inner Asia Frontiers of China.* Oxford University Press,
　　　　　London.

楚的文學與藝術

一　思想諸形態

我們之所以要先討論這個問題，主要是由於思想潮流與藝術發展有著密切的關係，這關係是連鎖的，我們不必指出誰影響誰。有時候一種特殊的藝術風格可以導至一種特殊的思想，有時候也有相反的情形。但無論那一種情形，它們都不是突然的發生，而必定是前個時代潮流的延續，或者反動。中世紀西歐的文藝復興運動就是一個很好的例子，魏初建安派文學也是如此。

楚民族在春秋初年是沒有什麼文學好讀的，它的思想界也是在萌芽時期。後來才慢慢地有些新的成長。這種成長，一方面是它自身的孕育，一方面也接受了中原文化的薰陶，於是，看起來它的成長率很快。另一個使我們產生快印象的原因是它的早期的資料已經無法找到。

楚人的思想，歸納言之，大體有以下三種形態。

第一種是宗教的神秘主義。這派思想的起源最早，影響力也最大，上自王室，下至平民，都有它的影子。作為這個神秘主義的代表就是巫。巫，表面上只是一個為人治病趕鬼的「術師」，實際卻說明

了楚人的宇宙觀，以至對現實世界的迷惑。〈楚語〉所謂「夫人作享，家爲巫史」，正是這一意識的反映，也正表明了這個龐大勢力的深入民間以及它的普遍性。我們如果用〈九歌〉和〈招魂〉來代表它的民間傾向，用〈離騷〉代表貴族的傾向，就更容易明白了。《漢書‧地理志》說楚人信巫鬼而重淫祀，不是沒有根據的。神秘思想發展的結果，使楚人的宗教狂熱日益增加，對實際生活反而趨於消極，許多重要事務都由卜筮解決，人的智慧彷彿受到極大的限制。大的像共王選擇他的繼承人❶，小的如一個人傷風，均靠神的力量來克服，這個社會自然就蒙上一種渺茫的神秘色彩。因而說《周易》是楚人的作品❷，這話倒有幾分可信，它不正是代表這一思想的主流嗎？

　　第二種是老莊的理想主義。老莊思想盛行於魏晉，然而，眞能發揮老莊思想中那一份飄逸感覺的怕要算是楚人，這是受了環境的影響，非人力所能導致。用之於文學上而把這個思想表現得最透澈的應該是〈九歌〉。老子是楚人（苦縣，今河南鹿邑），莊子雖非楚人，他的思想卻是老子的追隨者，《道德經》❸和《莊子》便是這個思想的最初的淵源，環淵❹、尸子、長廬❺等都只是它的延伸。屈原是一

---

❶　《史記‧楚世家》及《左》昭13年有相同的記載。

❷　關於《周易》之制作時代，說者不一，此處是依郭沫若的意見（1954:80-83），斷爲楚人馯臂子弓所作。《史記‧仲尼弟子列傳》：「孔子傳易於（商）瞿，瞿傳楚人馯臂子弘」；《漢書‧儒林傳》：「自魯商瞿子木受《易》孔子，以授魯橋比子庸；子庸授江東馯臂子弓」。弘是肱的筆誤，弓是肱的假借字。

❸　老子與《道德經》的爭論始終沒有解決，今人的看法大致趨向於這樣：老子和孔子同時，或早若干年，《道德經》非老子本人所寫，乃爲其門人或這個學派的人所記錄。

❹　「環淵，楚人，學黃老道德之術……著上下篇」（《史記‧孟子荀卿列傳》）。郭氏認爲這個「上下篇」就是指的《道德經》。他的別名甚多，

個夾縫裏的人物，他的基本思想屬於道家，卻染上了儒家的現實的精神❻；儘管有人說屈原思想是老莊思想的反動❼，他畢竟具有著濃厚的理想主義。屬於這派的人實不在少數，他們也多半帶有一點隱逸的風度❽，比如《論語・微子篇》中的楚狂接輿、桀溺等就更爲接近這一點❾。

　　第三種是儒墨的實用主義。春秋初期，中原文化對楚人的影響也許並不大，但至末期及戰國間，隨著交通的日益發達以及戰爭的緣故，文化交流就顯然增多了。我們不但從《左傳》上的許多言論可以看出這種傾向，地下發掘出來的銘文也足以證明那是屬於周的體系。就儒家而論，當時楚之貴族們對它的幾部經典似乎都相當熟悉，《國語・楚語上》叔時所謂教之詩，教之禮，教之樂，教之春秋，表示楚人已經能運用中原文化了。至於楚人之北學於中國，如陳良❿，或北

（續）如關尹、它嚚、玄淵、蜎淵、娟蠉、便蠉、便蜎、范睢等都是，他是齊之稷下學派道家的一重要份子（參閱郭沫若　民32a：307-712；1954：231-243）。

❺　《史記・孟子荀卿列傳》：「楚有尸子、長盧」。洪亮吉在〈春秋時楚國人文最盛論〉（《更生齋文》甲集卷二：11-12）中把他們列作哲學家。

❻　從〈離騷〉與〈九章〉中，我們可以看出他這種徬徨與猶豫的苦痛，看到那些爛污，他想脫離現實；但爲了一個理想，他又想改造社會。

❼　見郭銀田民 33：91；郭沫若說屈原是南方人，卻沒有沾染道家的「虛無怡淡、寂寞無爲的學說」（民32b：73）。Maspero 和 Creel（1962：113）俱認爲道家是一種自然的神秘主義。

❽　小柳司氣太 1931。

❾　劉永濟（1961：11）說：「楚俗習於道家末流之說，才智之士，以隱逸相高。古記所載，如楚狂接輿、漁父之流是也」。

❿　《孟子・滕文公上》：「陳良，楚產也，悅周公仲尼之道，北學於中國」。

人之南下，如孔子、荀卿⓫，就更足以促進兩種文化的相互吸收。近來在河南信陽發現了楚人的兩批竹簡，遣策上居然有「三代」，「先王」，「周公」，「君子」⓬等儒家用語，可見其影響之深。而屈原徘徊於儒道之間⓭，是兩種思想交融的一個典型的塑像。墨家思想在楚國究竟發生了怎樣的影響，目前尚不大清楚，但已經到了南方，並且成爲它的主流之一卻是事實。《莊子‧天下篇》說：「南方之墨者苦獲已齒、鄧陵子之屬，俱誦《墨經》而信誦不同」⓮。所謂南方，相信楚的可能性爲最大。《呂氏春秋‧上德篇》說：「墨者鉅子孟勝，善荆之陽城君……孟勝曰：『吾於陽城君，非師則友也，非友則臣也』」⓯。故事是描寫陽城君反對吳起，事敗，孟勝與之同赴難的情形。所謂鉅子當然是一方教主的意思，這就可見墨者在南方的勢力了。並且還與法家有過衝突。

最後我們還要提出兩個人的思想在這裏討論，一個是許行，另一個是吳起。許行的思想頗類於墨家⓰，他的行爲卻比墨家更爲澈底。《孟子》有一段話說得很詳細，不妨抄錄如下：

> 有爲神農之言者許行，自楚之滕，踵門而告文公曰：「遠方之人，聞君行仁政，願受一廛而爲氓」。文公與之處，其徒數十人皆衣褐捆屨織席以爲食。陳良之徒陳相，與其弟辛，負耒耜

⓫ 見《史記‧孔子世家》，《戰國策‧楚策》及《史記‧孟子荀卿列傳》。

⓬ 夏鼐等 1962：71。

⓭ 關於這一點，我在前面已有說明。其實就〈天問〉（不管是否爲屈原所作）而言，已可看出楚人對中原文化了解的程度。

⓮ 《韓非子‧顯學篇》之記載大體與此相同。

⓯ 這個故事很長，從故事中可以看出孟勝在楚國頗能實踐墨家之學。

⓰ 錢穆以爲許行卽許犯，屬墨家（民45：352-353）；孫次舟以爲非，而以之爲託始於神農之農家（民27：189-91）。

而自宋之滕，曰：「聞君行聖人之政，是亦聖人也。願爲聖人
氓」。陳相見許行而大悅，盡棄其學而學焉。陳相見孟子，道
許行之言：「滕君則誠賢君也。雖然，未聞道也。賢者與民並
耕而食，饔飧而治。今也滕有倉廩府庫，則是厲民而以自養
也，惡得賢」（《孟子・滕文公上》）。

以後孟子有許多反駁的話，用他自己的立場來批判許行學說之不當，
最後他又說：「從許子之道，則市價不二，國中無僞，雖使五尺之童
適市，莫之或欺。布帛長短同，則價相若；麻縷絲絮輕重同，則價相
若；五穀多寡同，則價相若；屨大小同，則價相若」。這還算個好社
會嗎？這是孟子的歎息。在我們看，許子的學說有二大特點：其一
是要使人人都變成一個平等並耕而食的農民，個人的一切全是自給自
足，不仰賴他人；其二是廢棄市場價格，返回到物物交換的原始貿
易。孟子認爲這是不足法的「夷道」[17]，實際是他忽略了楚國的社會
制度。第一，楚國當時貴族平民階級的對立不如中原那樣尖銳，農產
品豐富，謀生也比較容易；第二，由於一般農村人民較爲富庶，而城
市又不如中原那樣發達，商業也較爲落後，對於市場的需要可能並不
十分迫切。在這樣一個社會，要實行許行的學說當不甚難，但是，在
中原地區就完全行不通了。不過，我們回顧一下楚國的歷史，儘管
「此派學者對政治社會均有極新理想制度」[18]，仍然沒有任何成果可
言，也許這就是許行要離開他的祖國的原因。

　　吳起是衞人，屬法家。入仕於魏，曾爲魏國建立過良好的軍事
制度[19]。後入楚，爲令尹，主持楚悼王的政治改革工作，頗著成

---

[17]　同書孟子曾教訓陳相等說：「吾聞用夏變夷，未聞變於夷者也」。
[18]　馮友蘭語（民33：181）。
[19]　《戰國策・魏策》，公叔痤曰：「夫使士卒不崩，直而不倚，撓挑而不
避者，此吳起餘教也」。

效⑳，可惜只不過一年，楚悼王死了，他也就被楚國的貴族們所「枝解」了。吳起死後，法家思想在楚國似乎並沒有產生過大的影響，後期也沒有出過什麼法術之士，所以只能算是曇花一現。

二 文學的特質與流派

首先我們要了解三件事，即楚的語言，文字和用以記錄文字的筆，然後再談文學。

楚人的語言不同於諸夏，甚至也不同於吳越，是一個不爭的事實。以《方言》為例，在 30 種與楚有關的語言單位中，如齊楚，南楚江湘之間……等，有 10 種是以楚為獨立語言單位，如楚郢，楚江湘之間等等。這說明，在西漢末葉，楚的語言還保持部份的地域上的獨立性。周時，其差異的程度自必更大。《楚辭》中所用的方言就非常之多，如些、羌、侘傺⑳ 等。孟子謂戴不勝曰：「有楚大夫於此，欲其子之齊語也，則使齊人傳諸，使楚人傳諸」？曰：「使齊人傳之」。曰：「一齊人傳之，眾楚人咻之，雖日撻而求其齊也，不可得矣」。（〈滕文公下〉）從這段話，我們可以看出，當時齊楚兩國語言的隔閡還相當大，大到請人教授還不容易學習。也許這就是孟子所謂「南蠻鴃舌之人」，一時無法改變發音部位。又如《說苑》（卷11〈善說〉所載那首〈越人歌〉，顯然楚人是聽不懂的⑳。這種語言的不

---

⑳ 改革運動見上所陳述，主要是改變楚之傳統。

㉑ 據郭沫若研究，屈原在其著作中所用的方言有24條之多，而〈離騷〉一名除外（民32a：61-64）。

㉒ 此歌翻譯如果可靠，又未經再轉譯的話，則當時有些人已能熟練地使用中原文字了。

同，一方面阻礙了相互間意識的溝通，另方面也構成了楚文學的一種運用方言的特色。

　　從語言發展到文字當然需要一段相當長遠的時間，早期，一般均認爲楚國的語言雖不與諸夏同，文字卻無甚差別，如張蔭麟❷，胡光煒❷，郭沫若❷諸氏之說。但是自從長沙仰天湖和河南信陽墓的楚簡出土以後，這個說法就必需加以適當的修正。楚簡上的字部份固與金文相似，屬於殷周文字系統，卻有更多的字目前還認不出來，無論其書法與結構都看不出任何傳統的因襲性。羅福頤認爲這種字就是俗名尖頭篆的科斗文❷，文道義等認爲就是秦以前六國通用的篆體文字❷，都頗有問題。我以爲把它當作楚國的「俗字」看是比較合理的。郭沫若說，在信陽墓同出的竹簡與銘文爲兩種字體，銘文比較規整，竹簡字則十分草率奇異。這「便是自西周以來通行于各國統治者之間的文字有一種正規的體系，而通行於各國民間的文字又別有一種簡略急就的體系，可以稱爲俗書。壽縣楚器……兵器銘文和印璽則多用俗書」❷。這與葉恭綽的說法頗爲相像❷。其實，長沙的情形和上述信

---

❷　張蔭麟（民 31: 61）說：「楚國的語言和諸夏相差甚遠……但至遲在西周時楚人已使用諸夏的文字」。按斷定在西周一語，無據。

❷　胡氏分古金文爲四派，一殷，二周，三齊，四楚。而齊楚「兩者同出於殷……南方諸國如宋，如蔡，如鄒，如郜，如郭，如吳，如黃，皆屬楚者也」（民23: 1）。

❷　按此乃郭沫若在《屈原研究》（民 32a: 56）中指〈楚公逆鎛銘文〉的字體而言。

❷　羅福頤　1954: 90。

❷　文道義等　1959: 58。

❷　郭沫若　1958: 5。

❷　葉恭綽　1955: 34 認爲仰天湖各簡，「似非出一手所書，然波磔清晰，筆意流麗，與當時中原各國字體風尚各有不同，而正與壽縣出土諸器相仿」。

陽的也幾乎一個樣子，長沙楚墓的報告中有這樣一段話：「除竹簡上面的文字外，在印璽和兵器上面也有不少銘文，它們的字體大約有璽文、鳥篆[30]、大篆和六國通用的文字等」[31]。我們可以說，除當時的一種大家共認爲是「通行字」外，各地帶有強烈地方色彩的文字一定不在少數，而楚國因爲地處荊蠻，其差異就尤爲顯著。許愼說七國之時，「言語異聲，文字異形」（《說文・序》）。今天，由地下的材料，證明他的話是對的。

提到長沙和信陽出土的竹簡，便不由要聯想到同時出土的毛筆了。這眞是一個重大的發現，因爲它比「居延筆」要早上幾百年，「不僅爲帛畫、漆器、竹簡找到了描畫、書寫的工具，而且更正了蒙恬發明筆的史實。根據這枝毛筆製造技術的熟練程度來看，也許早在戰國以前就已經有了書畫的工具」[32]。這枝「毛筆桿長18.5，徑0.4，毛長2.5厘米」（圖一）。桿是竹管，毛是兎毫，還附有一根竹管筆筒[33]。由於這些東西的發現，歷史上所謂漆書，便不必強作「以漆寫字」，謂爲墨書也就夠了，比如〈繒書〉，就是用墨寫的。

現在我們再談楚文學的特質和流派。

如果你先讀了《詩經》，讀了《論語》，或是《孟子》什麼的，再拿起〈離騷〉、〈九歌〉、〈招魂〉，以至《道德經》來念念，你會發現，你已經從一個世界走到另一個世界了。這種顯著的差別，一

---

[30]　容庚曾先後作《鳥書考》三篇（民23: 195-203；民24: 173-178；民27: 28-29）。其中所收集之資料以越爲最多，吳次之，楚又次之。

[31]　文道義等　1959: 58。

[32]　吳銘生、戴亞東　1957: 101。《爾雅疏》（卷五）云：「楚謂之聿，吳人謂之不律，燕謂之弗，秦謂之筆」，可見當時筆已很普遍地使用着。

[33]　同上: 96.

方面固由於作品本身的題材、技巧、與結構的不同，另方面也是由於
作者的地理的、經濟的、社會的、和宗教的背景不同所形成。比如
說，楚人由於宗教的與社會的原因，表現在文學作品上就是讚美神靈
（如〈九歌〉），發揮個人的情感（如〈離騷〉、〈九辯〉等），乃
至「采楚語入文，從方音協韻」❸，許多文章都是「兮」也「些」
的，使當時以至後世的詩篇產生一個極端的變革❸。這種變革，包括
「詩律的解放，與詩風的轉變……運用著楚國的方言白話與南方歌謠
中的自然韻律」❸；從「人事的社會的寫實文學轉變到象徵的個人的
浪漫文學」❸；以至於「詩歌完全脫離了社會的使命與實用的功能，
而趨於澈底的個人主義與純藝術化了」❸；再加上部份作品的神秘氣
氛和超脫的意念❸；就形成了與北方文學截然不同的南方文學。也有
人不贊成這種看法，如郭沫若，認為〈雅〉、〈頌〉與《楚辭》，「不
是由於地域的不同，而是由於時代的不同」❹。我想這個看法是有問
題的：第一，如果祇是時代的不同，《楚辭》為〈雅〉〈頌〉體的進
一步的發展，則在同時代之北方應該也有《楚辭》體，或與《楚辭》

---

❸　劉永濟　1961：221。

❸　如鄭振鐸所說：「《楚辭》一開頭便被當時的作者所注意，漢代是辭賦的
　　時代，而自建安以至六朝，自唐以至清，也幾乎沒有一代無模擬《楚辭》
　　的作家們。他的影響，不但在賦上，在騷上，即在一般詩歌上也是如
　　此」（1959：53）。

❸❸　劉大杰　民45：81，63。

❸　同上：82. 指的是宋玉的作品，如〈九辯〉。

❸　前者如〈招魂〉、〈九歌〉，後者如〈離騷〉與《道德經》中的部份文
　　章，像「敦兮其若樸，曠兮其若谷，渾兮其若濁」（《道德經》）；「朝飲
　　木蘭之墜露兮，夕餐秋菊之落英；苟余情其信姱以練要兮，長頷頷亦何
　　傷」（〈離騷〉）。

❹　郭沫若　民32b：234。

體相類似的文學，然而沒有。自春秋晚期至戰國末年❹，詩在北方已趨於沒落，代之而興的不是詩，卻是諸子的散文。其後，漢賦倒是眞的由《楚辭》發展而成。第二，《楚辭》體《詩經》體的異同問題，文學史已經談得夠多了。僅就地方色彩而言，它包括了表現不同的民族性格，不同的世界觀，以及對宗教信仰，寫作技巧與作品結構的差異。在在都說明了是由於地域的不同，而非時代的不同所致。這也就是我們不能把楚的銘刻文當作南方文學的緣因。

那麼像《楚辭》這樣高水準的文學是怎麼發生的呢？它的前身在那裏？這的確是問題。依現有的資料只能作如次的解釋：其一是，現存的《楚辭》在技巧上的確受了《詩經》的許多影響，但不是一個系統，也許「二南」❷與它的關係更密切些，卻仍不能指爲是一個系統。它的眞正的來源，我們可以從楚狂〈接輿歌〉❸和〈孺子歌〉❹得到一點消息，那調子是《楚辭》一系，而更爲着老些。再推溯上去，假如劉向的話可靠的話，則〈越人歌〉❺和〈徐人歌〉❻一類的作品當曾給予楚文學以重大的影響。其二是，楚人是一個喜歡歌舞的

---

❹　依現存《詩經》來看，其時間約係自西周至春秋中期；《楚辭》卻係戰國期間作品。

❷　「二南」之地域屬性迄未解決，但其中有江漢間人民之作品卻是事實。

❸　見《論語・微子》：「鳳兮鳳兮，何德之衰？往者不可諫，來者猶可追。已而已而，今之從政者殆而」。

❹　《孟子・離婁》：「滄浪之水清兮可以濯我纓，滄浪之水濁兮可以濯我足」。又《左》哀13年（482 B.C.），吳申叔儀乞糧於公孫有山氏曰：「佩玉纍纍兮余無所繫之，旨酒一盛兮余與褐之父睨之」。

❺　《說苑・善說》：「今夕何夕兮搴洲中流，今日何日兮得與王子同舟；蒙羞被好兮不訾詬恥，心幾頑而不絕兮知得王子。山有木兮木有枝，心悅君兮君不知」。此本越歌楚譯，其韻味絕似《九歌》。

❻　《新序節士》：「延陵季子兮不忘故，脫千金之劍兮帶丘墓」。

民族，在《楚辭》之前必然尚有許多民間歌謠，但以疏於記載，或疏於保存，那些歌都遺失了，以致我們無法看到。舉一個我們替越人紀錄的例子，「粵俗好歌，凡有吉慶必唱歌，以爲歡樂……其歌也，辭不必全雅，平仄不必全叶，以俚言土音襯貼之……辭必極其豔，情必極其至，使人喜悅悲酸不能已」**❹**。這情形很像春秋時的楚俗。藤野肯定《楚辭》爲巫系文學**❹**，星川說它是祝史之辭**❹**，都怕得重新考慮。

就已經形成的楚文學而論，約可以分爲三類，卽：一、民間文學；二、文人創作（包括詩與散文）；三、銘刻文（卽臺閣體）。像這樣的分類，我們便必需把《楚辭》拆開來讀。事實上，《楚辭》一名之成立，最早也不過在漢初，如《史記‧酷吏列傳》：「（朱）買臣以《楚辭》與（嚴）助俱幸」**❺**。買臣爲武帝時人**❺**，舊說以《楚辭》爲劉向所編次，實誤。同時，本節所討論的《楚辭》，亦以近年來所共認爲楚民族之作品爲限，那就是〈九歌〉、〈招魂〉、〈大招〉、〈天問〉、〈離騷〉、〈九章〉與〈九辯〉；其餘〈遠游〉、〈卜居〉與〈漁父〉，一般說爲秦漢間作品，不俱論**❺**。茲依上列之

❹　見李調元《南越筆記》卷 1 。又如陸祚蕃《粵西偶記》：「粵西猺人……其風俗最尚踏歌，濃妝綺服，越阡度陌，男女雜遝深林叢竹間，一唱百和，雲爲之不流，名曰會閬……其布格命意，有出於民歌之外者，雖文人捉筆不能過也」。

❹　藤野（1951: 3）說祝史之類與文學有關，而均出自巫，故名。

❹　星川 1961: 34, 228。

❺　《漢書‧朱買臣傳》：「會邑子嚴助貴幸，薦買臣。召見，說《春秋》，言《楚辭》」。事又見〈王褒傳〉。

❺　據《歷代名人年譜》，朱買臣死於武帝元鼎二年（115 B.C.）。

❺　這個問題，前人討論頗多，依王逸說均爲屈原所作，郭沫若以〈卜居〉、〈漁父〉爲景差之徒所寫（143a: 12）。但今人多斷爲秦漢間人所作，爲《楚辭》一派之仿製品。

分類陳述如後。

(一) 民間文學

在古時，大多數的文學差不多都起於民間，然後由文人去創作；中國古代的詩歌尤其是如此。上面所列舉的〈越人歌〉、〈徐人歌〉、〈接輿歌〉、〈孺子歌〉也全是當時楚國的民歌，這些歌可能經過文人的潤飾，但其本質仍然是民間的。〈九歌〉、〈招魂〉、〈大招〉也是民間歌曲，不過前二者爲文人改纂較甚，而後者則較多地保留了民歌的質樸的意境㊿。凌純聲師說，〈招魂〉與〈大招〉乃異地的兩個招魂曲㊾，實爲創見。這兩篇內容和寫作技巧大致相同，其所設想的時間與空間也相若，只是「些」與「只」兩個語尾詞不同而已，這也只是代表兩地語言的差別，沒有別的意義。鄭振鐸說：「兩篇原都是民間作品」㊿，話是對的。這些作品有較比單一的形式，純樸的思想，和自然的音韻。用句文藝腔，就是所謂鄉土文學。

(二) 文人創作

此類作品包括詩與散文。詩，主要有屈原的〈離騷〉和〈九章〉，宋玉的〈九辯〉；散文有老子的《道德經》，左氏的《國語》、《左傳》，馯臂子弓的《易》，屈原的〈天問〉，放寬點說，則《莊子》與《荀子》也可算是楚人的作品。其他還有詩人如唐勒、景差，散文

㊿ 關於〈九歌〉問題，我在〈九歌中河伯傳說之研究〉一文中已有所論列；郭沫若以〈招魂〉爲屈原作品，〈大招〉爲秦人做作（民32a：13）；廖季平（《楚辭講義》），胡適（《胡適文存・讀楚辭》）則併屈原其人亦加否認。

㊾ 這是凌師對作者說的。但是，他對此說近已有改變。

㊿ 鄭振鐸 1959：62。

作家如尸子、長盧、環淵、鐸椒等，天文學家如唐昧，都是著名的學者。可惜其書已佚，我們也就無法窺其大槪了。〈離騷〉❺，無疑的已相當程度地接受了《詩經》的傳統；但更多的部份仍是南方的。最大的差別是《詩經》為四音節，而〈離騷〉為三音節❼；《詩經》是寫實的，而〈離騷〉滲雜了許多玄想。〈九章〉的爭論也很多，在我看來，它全是屈原寫的❽。有些結構，看起來比〈離騷〉還嚴謹些。〈九辯〉是我國第一篇唯美的文學作品，大致是宋玉寫的。這真是一個文學上的天才，我們看它說：「悲哉秋之為氣也，蕭瑟兮草木搖落而變衰，憭慄兮若在遠行，登山臨水兮送將歸」。劉大杰說它開「無病呻吟」文學之端❾，實非始料所及。《道德經》❻與《莊子》是這派文學的始祖，其影響於後世不下於〈離騷〉。左氏著《國語》，似不為人所疑，但《左傳》一書常被認為是劉歆之僞造❻。左氏的籍貫也未定，司馬遷說他是魯人❻，錢玄同認為是三晉人❻，但也有不少

---

❺　〈離騷〉一名，爭論甚多。近人游國恩（《楚辭槪論》）認為卽〈大招〉中之〈勞商〉，二者「並為雙聲字」。但郭沫若以勞商為秦音（民32a：27-8）。實際亦卽《國語・楚語》「遌者騷離」中之「騷離」，並為楚音也。不過，它的價值是肯定的，班固說：「其文宏博麗雅，為辭賦宗」（〈離騷序〉），並未過譽。

❼　青木正兒謂《楚辭》之三音節，乃由於楚人之音樂較為急促所致（民47：19）。

❽　郭沫若亦持此說（民32a：131）。劉大杰認為部份是屈原寫的。

❾　劉大杰　民45：83。

❻　《道德經》的作者迄未定，有人認為是環淵作的，見前述。

❻　參閱錢玄同　民24：1-22。

❻　《史記・十二諸侯年表》：「魯君子左丘明……成《左氏春秋》」。

❻　錢玄同　同上：20。實在說來，這個問題很難解決，我以為卽使是劉歆用《國語》改竄，部份史料還是可信，尤其是關於神話傳說方面，因為他改作的目的，無非為王莽找某些有利的根據。

人說他是楚人，如鄭樵說：「左氏，楚人也……其書盡楚人之辭」（《通志‧總序》）；朱熹說：「左氏者……乃左史倚相之後，故《左傳》記楚事獨多」（《朱子語類》卷83）。《易》的問題已見前說，今人信之者仍不多。〈天問〉是一種神話學，我們真寧願相信它不是屈原作的。鄭振鐸說：「它在古時，或者是一種作者所用的歷史、神話、傳說的備忘錄也難說」❻。我們如果不把它當作備忘錄，而根本就是一本討論神話的書籍，不更切適些嗎？《莊子‧天下篇》說：「南方有倚人焉，曰黃繚，問天地所以不墜、不陷、風雨雷霆之故。惠施不辭而應，不慮而對，徧為萬物說」。徐廷槐曰：「《戰國策》載魏王使惠子於楚，楚中善辯者如黃繚輩爭為詰難」❻。黃繚之說與〈天問〉說「遂古之初，誰傳道之？上下未形，何由考之」？是一類的問題，而惠施居然也能因此為萬物說，可見是一派的思想。這派思想可能南北均頗流行。其餘那些作者，因為沒有作品流傳下來，我們就很難說了。

(三) 銘刻文

銘刻文就是所謂臺閣體，以四言為定式。《尚書》、《詩經》、〈石鼓文〉、周之銘文等是楚人此類文學的先導。從現今出土之若干銘文來看，都是繼承此一傳統。如〈楚王酓忎鼎〉：「楚王酓忎戰隻並（兵）銅，正月吉日，室鑄匋鼎，以共歲嘗」❻，完全承襲周金文之語法。長沙出土的〈繒書〉，其章法亦復如此，如帝曰：「繇□之哉，毋弗或敬。隹天乍福，神□各之」。相同的話被用來用去，幾乎

---

❻ 鄭振鐸 1959：61。

❻ 轉引自錢穆 民45：357。

❻ 見劉節 民24：5b。

沒有什麼意義，可是卻是當時最爲流行的形式。

三　音樂舞蹈與造形藝術

（一）音樂和舞蹈

　　高帝謂戚夫人曰：「爲我楚舞，吾爲若楚歌」（《漢書・高帝紀》）。
這固然由於劉邦本爲楚人，但也可見當時的楚歌、楚舞是一種旣通俗
而又普遍的歌舞，每一個人都做得到。再上溯若干年，楚國的情形是
否如此呢？《呂氏春秋・侈樂》說：「楚之衰也，作爲巫音」。巫音
也就是民間音樂，多半用在與巫術或宗教有關的事件上。它的社會背
景就是「家爲巫史」（《國語・楚語下》）❻❼。宗教的集權統治已經慢
慢在走下坡路，民間的歌聲卻飄散得更遠，更響。舉個例，〈九歌〉
就是那樣的巫音，〈招魂〉與〈大招〉也是。

　　楚人是一個喜歡音樂和舞蹈的民族，大多數的場合，總是有歌必
有舞，歌舞時，往往「士女雜坐，亂而不分些；放陳（陳）組纓，班
其相紛些；鄭衞妖玩，來雜陳些」（〈招魂〉）。那種狂熱的場面，想
來眞可以招魂。一般說來，他們是音樂、歌唱、舞蹈三者混合在一
起，而這種混合又具有一定的節奏與韻律。我們可以想像到，當時必
然已有樂隊和舞隊一類的組織（可能還有指揮），否則，場面就要亂
了。音樂，多半是各種樂器的合奏；歌唱，有楚聲，也有吳歈蔡謳；
舞蹈，有楚舞，也有鄭衞之舞；並且還有專業的「女樂」。如果是王
室，這些事還有樂尹來管理。如《左》定5年（楚昭王11年），楚王

---

❻❼　〈楚語〉原意是講的二個神話，實際上，這個神話的本身就是以楚國社
　　會爲依據的。

以其妹季芈「妻鍾建，以爲樂尹」。由於中央之設置樂尹，其組織必已發展到相當龐大的地步。做樂官的人也許還須是一個內行，我可以再舉一個例子，《左》成 9 年，鄭國抓了一個楚囚獻給晉侯，晉侯問他「能樂乎？對曰，先父之職官也，敢有二事。使與之琴。操南音」。這件事十足說明當時音樂的某些部門已趨專業化。爲明瞭歌舞的情況，我在下面舉四個例子。

第一個是〈九歌・禮魂〉：「成禮兮會鼓，傳芭兮代舞，姱女倡兮容與」。我們可以說這是一種鼓舞。有音樂、舞蹈及合唱，顯然是一種團體舞。代舞或卽代國❸之舞，〈大招〉有「代秦鄭衞，鳴竽張只」，指的就是代地。但代舞何以傳芭？

第二個是〈九歌・東君〉：「絙瑟兮交鼓，簫鐘兮瑤（瑤疑爲搖之誤）❸簴，鳴鯱兮吹竽。思靈保兮賢姱，翾飛兮翠曾。展詩兮會舞，應律兮合節」。伴舞使用的樂器有瑟、鼓、簫、鐘、鯱（按卽簴）和竽等六種（包括管、弦及打擊樂器）。這些樂器都不是單獨的表演，而是合奏，要不，舞就跳不起來了。這個舞會可以分成三個階段：起初是奏樂，然後舞女出場，再後是大眾共舞。共舞還必需「應律兮合節」，卽是跟著音樂的拍子走。「展詩」或卽歌詩。

第三個是〈九歌・東皇太一〉：「揚抱兮拊鼓，疏緩節兮安歌；陳竽瑟兮浩倡，靈偃蹇兮姣服。芳菲菲兮滿堂，五音紛兮繁會」。本節所形容的樂、舞都比較簡單，卻是音樂、歌唱、舞蹈三者全有，旋律也是統一的。

---

❸ 代國於戰國時滅於趙襄子，地在今察哈爾蔚縣。一說代舞卽武舞；然武舞持干戚，不必傳芭；或楚之變則歟？

❸ 〈招魂〉「鏗鐘搖簴」，不作瑤。

　　第四個是〈招魂〉[70]：「肴羞未通，女樂羅些。敶鐘按鼓，造新歌些；涉江采菱，發揚荷（卽揚阿，或作陽阿）些……二八齊容，起鄭舞些：衽若交竿，撫案下些。竽瑟狂會，搷鳴鼓些。宮庭震驚，發激楚些。吳歈蔡謳，奏大召些」。這個舞蹈場面顯得更大：有不少的女樂，唱起楚國的新聲，涉江、采菱、揚阿，也唱外國調，吳歈（卽歌）、蔡謳；跳的是鄭國舞；許多的樂器，鐘、鼓、竽、瑟齊鳴。聲音大極了，宮庭都被震動。在歌舞聲中，他們還飲酒進肴，士女雜坐，樂的把帽子也摘下來。

　　這四個歌舞的例子代表四種不同的對象，可是卻有許多相同的特徵：第一，每一次都出現了音樂、歌唱與舞蹈，因而使我們猜想那是一種普遍形式。第二，對神的歌舞（如二、三例）似乎莊重些，而且表演的是巫。一般的歌舞則較爲隨便，充滿著活潑的調子，表演的是職業歌舞女性。第三，有一個必然的步驟就是先奏樂，然後唱歌或跳舞，最後總是「會舞」。但不論唱歌、跳舞或是奏樂，節拍是一致的。因而使我們聯想到：這些歌舞，如果不是極爲通俗的、民間的，便定然經過了嚴格的訓練，否則就合不起來。第四，假如我們承認當時演奏的樂曲是楚國的調子，則這些調子必然與某些國家的音樂有某種程度的關聯，因爲其中有許多是外國東西，如趙簫、代秦鄭衞之竽（見〈大招〉）、吳蔡之歌（見〈招魂〉）、代（見〈禮魂〉）及鄭舞（見〈招魂〉）等。

　　就楚之歌、舞和器樂而論，歌，如涉江、采菱、揚阿、勞商；舞，如代舞、鄭舞；我們早已不知如何唱和如何跳了[71]。至於器樂，

────────────

[70]　〈大招〉所述歌舞程序與此大致相同，只是所歌稍異，且多一些外國情調而已，如「代秦鄭衞，鳴竽張只」。樂器多一個磬。

[71]　關於舞，有兩件事必需在此一提：一件是楚文王時，文王死，令尹子元

管樂如竽、箎、笙、簫；弦樂如瑟；打擊樂如鼓、鐘、磬；也是北方
文化中全有的。它們有什麼分別？是樂器的製作不同，還是用同樣的
工具而演奏不同的曲子？據若干楚地出土的樂器來分析，可能的情形
是兩者均有。

我們先說銅鐘，它本來是周人的樂器，長沙楚墓中也曾掘出一
個。製作的藝術風格雖然變了，但很明顯的它仍是承襲了西周的作風
❼。又如河南信陽出土的編鐘，那自然是一個大發現，因爲不祇13枚
編鐘完全保存無缺，而且還像新的一樣（只有少數的銅銹）。經研究
的結果❼，這個編鐘可能不是楚人的，但鐘架（簴）及 13 枚鐘的
排列方法卻是楚人的（圖二、三）。依《周禮‧小胥》所說，編鐘是
16 枚，分上下兩層排列❼；此編鐘是 13 枚，一層排列，而且從記錄
上證明沒有缺失❼。這能說不是楚人的改制？和它一起出土的還有鼓
和瑟，這使我們想起上述〈九歌〉和〈招魂〉中的樂隊的組織方法，
正是如此。編鐘的音位是從 $\left(\begin{smallmatrix} \cdot \\ b \end{smallmatrix}\right)$ 到 $\left(\begin{smallmatrix} \vdots \\ d \end{smallmatrix}\right)$，屬自然短音階，這很合乎

（續）欲蠱其夫人，文夫人，乃爲館於其宮側而「振萬焉」（原文見《左》莊
　　28 年）。萬舞本是一種武舞，所謂干戚之舞，是模擬戰爭的。聞一多、
　　郭沫若、夏鼐諸氏考證甚詳，且見於《墨子》〈非樂〉及《詩》〈〈閟
　　宮〉、〈邶風〉等），決不用在談情的場合，子元何以出此？另一件是
　　桓譚《新論》謂楚靈王好巫祝，「躬執羽紱，起舞壇前」，及敵人（吳）
　　打來了也不管。如所記屬實，這又是什麼舞？此二事，一以非楚舞，一
　　以晚出，均未可盡信，故附言之。

❼　周世榮　1958：41。

❼　參看顧鐵符　1958：68；郭沫若　1958：5；夏鼐　1957：71。

❼　《隋書‧音樂志》、〈三禮圖〉等也是如此說。

❼　同出的竹簡 218 號載：「樂人之器一架□首鐘少（小）大十又三」（顧
　　鐵符 1958：6），可見編鐘作成時即爲 13 枚。

當日的音樂水準。據測定音量的結果，第 12 音 $\left(\begin{smallmatrix} \vdots \\ a \end{smallmatrix}\right)$ 與第 13 音 $\left(\begin{smallmatrix} \vdots \\ d \end{smallmatrix}\right)$ 之間相差甚大，於是推測或許少了一枚[76]。我以爲沒有少，其原因有三：(1) 竹簡上（218 號）寫的就是 13 枚；(2) 編鐘架只有 13 個掛鈎，並無多餘；(3) 同地第二層墓出土的木編鐘（殉葬品）也是13枚，大小不一[77]。那麼第 13 個音量何以要特別高呢？也許由於楚人的特殊需要，故加以改作。

同地出土的有木瑟兩件，大小各一。大瑟長 184 cm.，小瑟長約 100 cm.（圖四），瑟的弦爲 25 根（小瑟或稍多）[78]。這兩個瑟顯然與中原的略有差異。第一，它的長度與〈三禮圖〉及姜夔之說[79]均不同，即是大瑟較他們的最短的還要短；第二，傳統的說法是大瑟弦較多，小瑟弦較少，此處正相反，或以 25 弦爲正規（長沙出土一小瑟也是 25 弦）[80]。

同地也出土了兩個鼓，一大一小。大鼓高 26 cm.，直徑約 93.80 cm.，圓周 294.86 cm.，小鼓高 12 cm.，直徑 42.18 cm.，圓周 132.51 cm.，（圖五）[81]。類似的木鼓，在長沙也有發現，文道義說它不像楹鼓、建鼓，「或屬於懸鼓的一種」[82]。我以爲也不是懸鼓，這種鼓根本就是楚人自己設計出來的，最多參考過中原的鼓式而加以改造。早些時候，長沙也發見過兩個楚革鼓，據載「制與今同」[83]。而今日南

---

[76]　顧鐵符　1958：6。

[77]　賀官保等　1958a：80。

[78][79]　王世襄　1958：15。

[80]　〈三禮圖〉雅瑟長 8 尺 1 寸，頌瑟長 7 尺 2 寸；姜夔造瑟，長者 9 尺 9 寸，最短者 5 尺 4 寸。

[81]　見商承祚　民 28：326-336。該瑟長 103 cm。

[82]　文道義等　1960：64。

[83]　商承祚　民 28：卷上 39

方之革鼓，大體均作扁平狀，頗與信陽鼓近似。這種扁平的革鼓也不同於銅鼓，銅鼓作長條形。據凌純聲師說，銅鼓起源於百越民族，在東南亞有極爲廣泛的分佈❽。不過有些奇怪的是，楚人的記載從沒有談到銅鼓及與銅鼓有關的東西，長江流域的地下也沒有挖出過銅鼓。

長沙楚墓也曾出土過甸塤，「作菱角形⋯⋯與黃河北岸所出豹塤醫塤蚓塤及《禮》經所載者異制」❽。旣然異制，可見必各有所本。

此外，長沙楚墓中又出土過匏❽和銅鐸❽，信陽楚墓中出土過木磬❽、笙和竽❽，其形制多與中原同，不贅。

（二）造形藝術

我們把造形藝術分爲繪畫、雕刻、建築三方面來討論。

關於楚人的繪畫，目前我們所知有限，照王逸說，屈原是由於「見楚有先王之廟及公卿祠堂，圖畫天地山川神靈」（〈天問序〉）而寫〈天問〉。如所說屬實，則這些壁畫必然很多而且很複雜，同時，其技巧也必然很精到。我曾疑心過，〈九歌〉的意境也可能曾見之於壁畫。不過，這些東西全沒有留下來，也就很難說了。〈招魂〉說：「像設君室，靜閒安些」。又說：「仰觀刻桷，畫龍蛇些」。顯然，他們已經懂得在屋樑上畫些龍蛇之類的動物以爲裝飾，也已經懂得畫

---

❽ 凌純聲　民 39：37–41。

❽❽　商承祚　民 28：卷下 50a；卷上 39b。

❽ 夏鼐等 1957：48，又據郭沫若說，鐲、鉦、鐃、鐸、句鑃、征，皆一器而異名（1956）。

❽ 賀官保等 1958b：80，該項木磬共 2 套，每套 9 件，磬有架，架上繪銀灰色花紋，磬分上下兩層排列。

❽ 王世襄　1958：23。又董說《七國考》（頁 332）引《闕子》云，「楚笙冠中國」。但未能詳其實。

像或者塑像的技巧了。由於考古上的發現，證明楚人不但能作壁畫，而且能作帛畫。第一張被發見的帛畫是戰國〈繒書〉（圖六）。〈繒書〉的題材似乎是以神話為主⑩，技巧還很幼稚，不過，它能表現動物的部份特色，已經難能可貴。第二張也是長沙出土的鳳夔人物帛畫。這張畫雖也很幼稚，但比〈繒書〉要進步得多，甚至有點像後來的工筆畫（圖七）。梁思永認為就是龍鳳相爭的故事⑪。兩張畫（目前出土的也只此兩張）的藝術水準並不高，但對我們的研究都很有用處。除帛畫之外，我們也在陶器上發現畫。那是兩個陶豆，一個裏面畫兩條魚，一個畫一方塊肉（圖八）。畫法比上述帛畫還要壞，想是為陶工隨便塗的。

　　漆畫，和漆器一樣，是楚文化中重大特色之一。它的成就，無論就技巧或題材本身而言，均遠超過帛畫和陶畫。比如信陽錦瑟殘片的漆畫（圖十），人物走獸，莫不栩栩如生，我相信那裏必然包含著一個或者許多個神話，那些人面獸身，或獸首人身，或是兩手操蛇的動物，和《山海經》裏的故事正有若干相似處，只是我們無法解釋。我們看到那個漂亮的畫面，不由得要敬佩楚人的藝術天才了。他如長沙出土的一隻彩繪人物漆奩（圖十一），一邊是士女的舞蹈圖（圖十二），另一邊是狩獵圖（圖十三），全是採用寫實的手法，其運筆的活潑與工整，實已臻卓越的程度。又如信陽出土的彩繪棺板，那種對稱的幾何紋，其變化之多樣，以及技巧之熟練，實使我們歎為觀止。而

---

⑩ 歷來討論〈繒書〉的文章甚多，大抵看法各異，結論自不一樣，參看神話一節。

⑪ 梁思永說，龍象徵死亡，鳳象徵生命，下示之巫女為生命祈禱；郭沫若（1961：294–97）說，非龍乃夔，因夔才象徵死亡，女乃平常女人，站在鳳的一邊，在祈禱生命與和平的勝利。

那個彩繪木漆蓋（圖九），其紋樣已經進展到象徵的階段了。而從彩繪男俑（圖十四）和彩繪女俑（圖十五）的圖案上，我們可以看出，那是簡單與複雜兩種截然不同的構想，可是，都洽當地表達無遺。

　　長沙和信陽兩地所出土漆器甚多，花紋圖案也多不勝計，就長沙一地而論，據吳銘生說，彩繪使用之顏色多爲朱、黑、黃、金四種，而以前二者爲最，朱地黑繪或黑地朱繪❷。又據徐則林說，其花紋形制，總括可分爲三類：幾何紋、龍鳳雲鳥紋和寫生狩獵紋；用筆法則可能有四種：順筆、倒筆、轉折停頓筆和甩筆❸。可見他們對著色與紋樣都有極爲深邃的造詣。

　　從上述三種繪畫，帛畫、陶畫和漆畫，我們可以明白，陶畫最拙，帛畫次之，而以漆畫爲最佳。這是什麼原因？我以爲前二種乃業餘，後者卻是職業性的。在技巧上，專業自比非專業要熟練得多。就畫的意境而論，漆畫也是最好的，它已經能夠消化古代藝術並加以創新，像錦瑟上的人物走獸和彩繪棺板就是最妥切的說明。至於運用現實的題材，意境雖較簡單，卻替楚人開闢了一條新的藝術道路。

　　雕刻，對楚人而言，似乎一出現就是上好的作品，最少在我們看到的器物是如此。早期，長沙瀏陽門外出土的就有許多「木雕刻或銅刻，作鳳鳥、鷥首或獸首狀」❹。後來在長沙楚墓中所得到的，僅木俑一項就不在少數，其中「有執戈、劍的武士俑，有長底及足的舞俑，有作拱手捧物狀的侍俑，有執勺、鏟的炊事俑，有奏樂的樂俑

----

❷　吳銘生　1957：18。

❸　徐則林　1957：43-4。又商承祚(1955：3)曾把楚漆器花紋圖案大致分爲三種：(1) 模仿銅器玉器怪獸形象而加以變化的；(2) 採取雷電等自然現象而組成圖案的；(3) 純寫實的。

❹　商承祚　民28：8a。

等」⑨。有些俑，除了刻畫出清晰的人物輪廓，還能把肌肉也表現出來。還有如長沙出土的木棺雕花紋板，那些幾何形圖案，「雕工精緻，線條生動，圖案美觀」⑨，真可以說得上是藝術上的傑作。尤其可注意的是他們已採用了透雕和浮雕兩種更爲艱深的技巧，如信陽出土的木雕鳳（圖十六）和木鎭墓獸（圖十七）。銅雕如長沙出土的銅匜（圖十九），刻畫細若毫髮，圖案極爲生動。雖其作風頗與陝縣出土者近似，仍不失爲一銅刻之珍品。另一種針刻是楚人的特殊創作，那是用針刻出來的小漆盒（圖二十），其花紋以及象徵性的動物，均是極富意像的。最後我們談談銅鏡，這是個曾經討論了多少年而沒有得到解決的問題。從前人總是用淮式或秦式兩個範疇來分類，現在長沙大量的銅鏡出土，迫使我們不得不作另外的考慮了。長沙出土銅鏡，依李正光的分類，共得九種。在技巧和形制方面都保有原始形態的是素鏡，最進步的是透雕蟠螭紋鏡，也就是第九種（圖十八）。這些個種類的鏡，從發展的趨勢來看，「大都是從薄到厚，從小到大，從無邊緣到有邊緣，從簡單紋樣到複雜精美的紋樣」⑰。這種獨特作風的技術與形制，不但非秦式，且亦與中原殊異⑱。無怪李正光說「它很可能是屬於南方，甚至於就是楚文化的一部份」⑲了。

文獻上提到雕刻的東西甚少，就我所知，祇〈招魂〉說過：「網戶朱綴，刻方連些」；「仰觀刻桷，畫龍蛇些」。方連紋大約作菱形，銅鏡亦有此種紋樣。刻桷，其義不明，我想可能就是在屋簷的木頭上加以刻畫。但兩者都是用之於建築上，非器物。

關於建築，我們幾乎沒有實物爲佐證。長沙出土舞女奩上畫有兩

---

⑨　文道義等　1959：54。

⑨　同上：44.

⑰⑲　見李正光　1957：106。

⑱　商承祚　民28：29。

幢作爲舞女休息的房子（參閱圖十二），那個房間作方形，有簷伸出屋外，屋上作片瓦狀；牆，看樣子是土築的。至於它的建築式樣，高度，寬廣，以及用什麼材料，我們都無法獲知。〈九歌〉、〈招魂〉與〈大招〉提到建築的名詞有下列幾種：

〈雲中君〉：「蹇將憺兮壽官」。

〈湘君〉：「鳥次兮屋上，水周兮堂下」。

〈湘夫人〉：「芷葺兮荷屋（五臣注：以芷草及荷葉葺以蓋屋也），繚之兮杜衡；令百草兮實庭，建芳馨兮廡門」。

〈河伯〉：「魚鱗屋兮龍堂，紫貝闕兮朱官」。

〈大招〉：「夏屋廣大，沙堂秀只；南房小壇，觀絕霤只；曲屋步欄，宜擾畜只」。

〈招魂〉：「高堂邃宇，檻層軒些；層臺累榭，臨高山些……多有突廈，夏室寒些……紅壁沙版，玄玉梁些……坐堂伏檻，臨曲池些」。

從這些記載，我們可以推知，房子可能相當高，佔地面積也一定不小；而且還知道利用地勢，作假山假溪，以至栽花種草。如〈招魂〉說：「川谷徑復，流潺湲些；光風轉蕙，汜崇蘭些……砥室翠翹，掛曲瓊些」。住在裏面，可能還蠻舒服的，無怪魯公自楚國回去之後，力排眾議而蓋了楚式宮殿。此外《左傳》也提到過渚宮，章華臺，《史記‧平原君列傳》有楚殿（毛遂定從於楚殿），以及其他各種館、府之名，但均不知其詳情。最近在湖北掘出了三個古城，郢、西陽及紀南城，也看不出什麼建築的遺跡，只是幾個大小不等的土城而已⓿。

⓿ 程欣人等 1954：125-26。據載郢城面積約 9 華里，紀南城約 40 餘華里。

本章參考書目

小柳司氣太

　1931　〈文化史上より見たる古代の楚國〉，見《東方學報》第 1 冊。

文道義等

　1959　〈長沙楚墓〉，見《考古學報》1959年第 1 期。

　1960　〈57長・子・17號墓清理簡報〉，見《文物》1960年第 1 期。

王世襄

　1958　〈信陽戰國楚墓出土樂器初步調查〉，見《文物參考資料》1958年第
　　　　1 期。

李調元

　明　　《南越筆記》卷 1 ，「叢書集成」本。

李正光

　1957　〈略談長沙出土的戰國時代銅鏡〉，見《考古通訊》1957年第 1 期。

吳銘生

　1957　〈長沙楚墓出土的漆器〉，見《文物參考資料》1957年第 7 期。

吳銘生、戴亞東

　1957　〈長沙出土的三座大型木槨墓〉，見《考古學報》1957年第 1 期。

靑木正兒

　民47　《中國古代文藝思潮》。啟明（重印本），臺北。

周世榮

　1958　〈湖南省首次發現戰國時代的文化遺存〉，見《文參》1958 年第 1
　　　　期。

洪亮吉

　清　　〈春秋時楚國人文最盛論〉，見《更生齋文》甲集卷二。

胡光煒

民23　〈齊楚古金表〉，見《國風半月刊》4卷11期。

胡　適

　　民14　《讀楚辭》，見《胡適文存》二集。

星川清孝

　　1961　《楚辭の研究》。京都。

夏鼐等

　　1957　〈長沙發掘報告〉，《考古學專刊》丁種第二號。

　　1962　《中國的考古收穫》。

孫次舟

　　民27　〈許行是否爲墨家的問題〉，見《古史辨》第6冊。

容　庚

　　民23　〈鳥書考〉，見《燕京學報》第16期。

　　民24　〈鳥書考〉，見《燕京學報》第17期。

　　民27　〈鳥書考〉，見《燕京學報》第23期。

凌純聲

　　民39　〈記本校二銅鼓兼論銅鼓的起源及其分佈〉，見國立臺灣大學《文史
　　　　　哲學報》第1期。

徐則林

　　1957　〈試談長沙出土戰國漆器工藝圖案〉，見《文參》1957年第7期。

商承祚

　　民28　《長沙古物聞見記》卷上。金陵，成都。

　　1955　〈長沙出土漆器圖錄〉。

陸祚蕃

　　明　　《粤西偶記》，「叢書集成」本。

張蔭麟

　　民31　《中國史綱》（上古篇）。正中（重印本），臺北。

郭銀田

民33　《屈原之思想及其藝術》。獨立，重慶。

郭沫若

　　民32a　《今昔集》。重慶。

　　民32b　《屈原研究》。羣益，重慶。

　　1954　《青銅時代》。文治，重慶。

　　1956　〈兩周金文大系圖錄序〉，見《兩周金文大系考釋》。科學，北京。

　　1958　〈信陽墓的年代與國別〉，見《文參》1958年第 1 期。

　　1961　〈關於晚周帛畫的考察〉，見《文史論叢》。

賀官保等

　　1958　〈信陽長臺關第乙號楚墓的發掘〉，見《考古通訊》1958年第11期。

程欣人等

　　1954　〈湖北省江陵縣境內三個古代遺址的初步調查〉，見《文參》1954年
　　　　　第 3 期。

游國恩

　　民22　《楚辭概論》。商務（民57），臺北。

馮友蘭

　　民36　《中國哲學史》上冊。商務，上海。

葉恭綽

　　1955　《長沙仰天湖出土楚簡研究·序》，見史樹青著該書。

鄭振鐸

　　1959　《插圖本中年文學史》第 1 冊。

劉大杰

　　民45　《中國文學發展史》。中華，臺北。

劉　節

　　民24　《楚器圖識》。北平圖書館，北平。

劉永濟

　　1961　《屈賦通箋》。人民文學，北京。

錢玄同

　　民24　〈左氏春秋考證書後〉，見《古史辨》第五册上編。

錢　穆

　　1956　《先秦諸子繫年》。香港大學，香港。

羅福頤

　　1954　〈讀長沙發現的戰國竹簡〉，見《文參》1954年第 9 期。

藤野岩友

　　1951　《巫系文學論》。大學書房，東京。

顧鐵符

　　1958　〈有關信陽楚墓銅器的幾個問題〉，見《文參》1958年第 1 期。

Creel, H. G.

　　1962 *Chinese Thought: From Confucius to Mao Tsê-tung*. Methuen,
　　　　London.

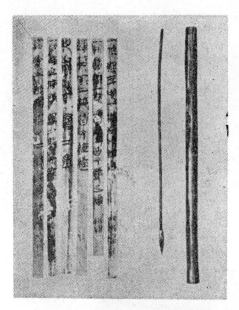

圖一　長沙出土毛筆與竹簡

圖二　信陽出土編鐘

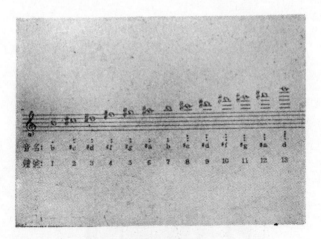

圖三　編鐘音程

圖四　信陽出土木瑟

圖五　信陽出土木鼓

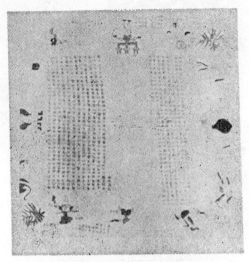

圖六　長沙出土戰國繪書

圖七　長沙出土晚周帛畫

圖九　信陽彩繪木漆蓋

圖八　楚陶畫

圖十　信陽錦瑟殘片漆畫

圖十一　彩繪人物漆奩

圖十二　漆奩士女展視

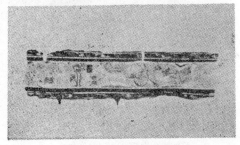

圖十三　漆奩狩獵展視

圖十四　彩繪男俑

圖十五　彩繪女俑

圖十六　信陽木雕鳳

圖十七　信陽木鎮墓獸

圖十八　長沙透雕紋鏡

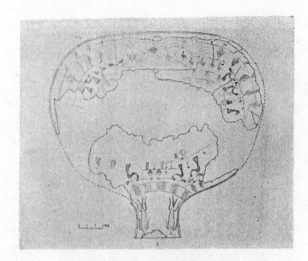

圖十九　長沙銅匜

圖二十　長沙針刻漆盒

楚的神話與宗教

一　神話及其相關諸問題

　　神話是什麼？如果把所有的定義都寫出來，那實在太多了，而且言人人殊，我們沒有必要在這裏重抄一遍。神話，myth，這個字顯然是由希臘文 mythos 傳譯而來，mythos 的意思是「口傳的故事」(the thing spoken)。我們也可以這樣解釋，神話就是有關於神的故事以及他們的冒險行為❶。因此很容易轉變成為一種虛構的歷史。正如 Raglan 的看法，神話並不具有歷史的真實性❷。但 Malinowski 卻說，神話是原始社會行為的規範❸。相反的說詞並不一定構成互相否定的意義，只是想法各異，乃至各執一詞而已。

　　根據許多神話的發生和演變，我們可以確定，神話必需要有一個動人的故事，這個故事又為某民族或某社會所完全相信，相信他們自己與故事的主人公有密切的關係。這事很容易解釋，譬如感生神話，關係著祖先的起源；創世神話，關係著天地的所以開闢；自然神話，

----

❶　Spence 1949: 1.

❷　Raglan 1955: 455.

❸　Malinowski 1955: 101.

與人民的生活乃至生命有關；英雄神話，是描述過去傳說裏的英雄，也是給人民一種鼓勵；神怪神話，可以說是人民的自我警惕；等等。所以神話不必是空想，迷信，或全然的說謊，而是有它的現實生活為創造的基礎。神話往往也反映出一種民族性，或是某些地方色彩，有時，從神話裏也能看出一些文化或社會發展的影子。至於宗教情緒，神話每每是它的說明者。舉一個例子，楚昭王問觀射父關於「重黎絕地天通」的故事，觀射父的解釋正說明了楚民族（或楚國）的社會組織，經濟生活，宗教思想以及宇宙觀等❹。當然，我不是說每個神話都像這樣包羅萬象，但至少會透露一點點，比如〈山鬼〉，只是一則美麗的故事，你讀了，就會了解楚人在某些思維上的細密與超脫。林惠祥認為各民族的神話雖是極為浩繁，但有一種共通性，這些共通性便形成了神話的個性❺。

神話與當時的文化社會究竟關聯到何種程度呢？歷來的學者們對這點討論得頗為熱烈，不久前張光直在他的〈中國創世神話之分析與古史研究〉❻一文中提出了四點看法，他認為：(1) 神話可以使當代秩序合理化，(2) 神話為宗教儀式之執照，(3) 神話反映當代新世界觀與人生觀，(4) 從神話中可以看出當代的民族性。這個說法，我大致是贊同的。因為，假定我們傳說時代的文化社會以及思想等還可以設法了解的話，除了地下考古以外，神話無疑是最最重要的材料。我還是用重黎絕地天通的故事做例子吧，當討論民族的形成時，我用它說明楚人的二部族組織制及其民族性格；討論神話時，它是一次有關

---

❹ 說詳下節天地神話，並參閱《國語・楚語下》。

❺ 他所說的通性有六種，即：甲、表面的通性，神話是傳承的，是實在的；乙、內部的通性，說明性，人格化，野蠻的要素（民23: 1-3）。

❻ 張光直 民48: 65-68。

天地交通的過程；討論宗教時，我發覺它是宗教信仰轉變的一個重要關鍵；在政治制度上，它表明了政教合一或分離的原則；從經濟生活或社會結構的角度來看，又顯示了它的多樣性與複雜性。所以，對於神話的各種問題，每個人的解釋儘管不盡相同，但有些人所提的意見，特別是 Lévi-Strauss 和 Spencer 的意見，還是值得參考❼。如 Lévi-Strauss 應用語言學上的結構分析，Spencer 應用價值上的功能觀念，來討論神話問題。

　　中國神話與印度、希臘比較起來，的確是短而又貧乏，為什麼呢？胡適、魯迅、沈雁冰等人都曾討論過這個問題❽，他們幾乎一致認為當時北方人民重實際而缺乏玄想是其主要阻力之一。可是，《楚辭》、《山海經》、《莊子》等諸南方作品並非在此種影響下完成的，何以也沒有產生像希臘那樣有系統的神話？所以我說，原因不全在此，而在於民族性格和地理環境❾。什麼樣的民族或什麼樣的地區，就會有什麼樣的神話。這就是，北歐神話，不同於南歐，印第安人的神話不同於布希曼人，楚人的神話也不同於周人的緣故。因而周楚神話風格之所以不同，不祇是民族的緣故，地區也是一個重要因素。所謂南人、北人，春秋初期就存在著明顯的分裂跡象，越到後來就越厲害，西漢初年，這個界限還沒有完全消除。

---

❼　參閱 Bidney 1953: 286–326; Hooke 1933: 1–14; Hamilton 1956: 13–14; Chase 1949: 38–48; Trask 1954: 38–48; Lévi-Strauss 1963: 206–30; Gardner 1955: 120; Benedict 1954: 179; Berry 1955: 16; Spencer 1957: 2–7, 95–99。

❽　胡適 民 43: 75；魯迅 1959: 12；沈雁冰 民 14: 12–13。

❾　沈雁冰 (民 14: 32–3) 把中國神話分成北 (黃河流域)、中 (長江漢水為流域)、南 (長江以南地區) 三部份。南部最少，北部次之，中部保存得最多，楚神話是其代表之一。

由於民族和文化的差異，神話的可變性也相當大⑩，比如河伯神話，在楚國是一個那麼飄逸的好故事，在魏國（如河伯娶婦）便成爲現實生活的累贅，到了朝鮮卻又變作人民的祖先神（外公）。羿在《山海經》、《淮南子》是一個爲民除害的英雄，《左傳》卻把他形容爲荒淫誤國的壞蛋，這就是受了現實生活或民族性格的影響。可見同一神話在不同地區或文化裏會產生不同的形態，這是討論神話問題時最應該注意的。從每一類神話中找出它的原型，然後追尋它的分歧情形，並研究這類神話在不同地區或文化裏的功能是什麼，才能得出比較可靠的結果。

神話是早期人類思想行爲之一，總不免與別的行爲要發生或多或少的關聯，其中尤其容易牽連在一起的，莫過於傳說，歷史和宗教。儘管有許多人類學家，歷史家和宗教家對這些名詞分別下過不少定義，我們遇到問題時依然有太多的困惑。就楚而論，舉祝融爲例子吧，他本來是一個神話中的野獸，可是，在傳說中他成了楚民族的祖先神，並且有著數不清的附會的歷史故事。如果我們要研究它，便必需下一番耙梳的功夫，分辨那些是本來的神話，那些是派生出來的傳說，那些是附會的歷史，轉變爲宗教信仰的又是那些？並且最好能肯定它們的社會功能在什麼地方。

二 論《楚辭》中的神話

我們重視《楚辭》中的一些神話，那是近幾十年來的事。由於人類學的發達，神話變成研究早期人類活動，尤其是心智活動的絕好資

---

⑩ 容肇祖已經提醒研究傳說的人必需注意它「本身變化」的重要性（民18:12-13）。

料。於是，我們開始從楚的神話來討論楚人的某些思想與行為，本節僅就神話本身試作若干必要的分析。

《楚辭》中所提到的神話很多，也很雜亂，有的似乎只在《楚辭》中看到，部份卻是與中原地區相同，這種相同，一時也難以說明誰傳給誰，或是誰是它的創始者。有些神話我們還能找出它演變的痕跡，有些就做不到了。在這裏，我們將儘可能只討論屬於楚人的神話，非楚人的暫不論。自然，困難會不少，我們必需試著去做。

楚民族的神話大致均包含在《楚辭》一書中，別的地方所見甚少。《莊子》雖也有些，但畢竟不是純然的楚產，除非能夠找到確實的證據，我們不敢貿然地引用。此外，〈楚語〉裏有一個天地開創的神話。〈繒書〉中有幾個神怪的神話，其他就沒有了。

由於神話的性質不只一種，討論時總把某一民族，或某一地區的神話，分成若干類。分類的辦法很多，學者間其說不一，我無意在此逐一敍述。根據《楚辭》的記載，我把它分為下列四類⑪：

第一類，天地神話，如重黎絕地天通。

第二類，自然神話，如東君、山鬼的自然現象。

第三類，神怪神話，如委蛇、封豨。

第四類，英雄神話，如祝融、羿。

這種分類也許並不怎麼標準，卻是根據實際需要，即因神話的本質而加以區分，如下表。

---

⑪　鍾敬文將楚的神話分為下列五類：（1）自然力及自然現象的神；（2）神異境界（想像的宇宙觀附）；（3）異常動植物（異形人附）；（4）神仙鬼怪；（5）英雄傳說及其他奇蹟（民19: 12）。

表 25 楚神話分類

天 地 神 話		自 然 神 話		神 怪 神 話		英 雄 神 話	
楚	非 楚	楚	非 楚	楚	非 楚	楚	非 楚
1.天地開闢	1.女媧補天	1.東君	1.崑崙懸圃	1.天堂	1.龍	1.祝融	1.鯀化黃熊
2.重黎絕地天通	2.康回	2.雲中君	2.羲和	2.地獄（幽都）	2.鳳鳥	2.羿	2.重華
3.東皇太一	3.九天	3.河伯	3.望舒	3.土伯	3.有娀		
		4.山鬼	4.飛廉	4.伯強			
		5.湘君與湘夫人	5.豐隆	5.女歧			
		6.司命	6.湯谷與扶桑	6.長人			
			7.宓妃	7.委蛇			
				8.一夫九首			
				9.封豨			
				10.豕首縱目			

（一）天地神話

在中國神話的領域裏，一向缺乏開天闢地的神話，有之，就是盤古。盤古，其實也是苗族的神話❷。我們何以對〈呂刑〉「乃命重黎，絕地天通」的故事棄置不顧呢？又何以對黃繚惠施的爲萬物說熟視無覩？〈天問〉是否也即是由這派思想演繹而成❸？先說黃繚。《莊子·天下篇》云：

> 南方有倚人焉，曰黃繚，問天地所以不墜、不陷、風雨雷霆之故。惠施不辭而應，不慮而對，徧爲萬物說。

---

❷ 也有人說，盤古是楚人的神話，後轉屬苗人，惟其內容與〈天問〉等不類，暫不論。

❸ 錢穆謂這兩派思想可能有若干淵源（民24：324）。

據錢穆《先秦諸子繫年》引徐廷槐曰：「《戰國策》載，魏王使惠子於楚，楚中善辯者如黃繚輩爭爲詰難」。以兩說相較，可見爲一事。依《莊子》說，是黃繚向惠施請教；但依《國策》，則他們曾經爲天地萬物的形成觀念產生過爭論，爭論的原因自然是由於各執一詞。把兩說加起來，我們可以這樣解釋：「惠施到了楚國，黃繚問他，天地是怎麼構建的？何以不墜又不陷？爲什麼有風、雨、雷霆？惠施很快的都答復了，並且告訴他萬物創始的原理。黃繚不滿意惠施的說法，於是爭吵起來」。爭吵的主要點可能就是兩方傳說的各不相同，也許惠施代表北方，而黃繚代表南方❶。

　　不過，這種開天闢地以及萬物創生的神話，由於言之者太簡略，現已無從知道。〈天問〉曰：「遂古之初，誰傳道之？上下未形，何由考之？冥昭瞢闇，誰能極之？馮翼惟像，何以識之？明明闇闇，惟時何爲？陰陽之合，何本何化？圜則九重，孰營度之？惟茲何功，孰初作之？斡維焉繫，天極焉加？八柱何當，東南何虧？九天之際，安放安屬？隅隈多有，誰知其數？天何所沓，十二分焉？日月安屬，列星安陳？」這些問題與黃繚所以問惠施者幾乎完全一致，也沒有問到萬物何以創生。這可能是南北神話的一種差異，在別的地方，楚也沒有「徧爲萬物說」的理論，他們只是對天、地等自然現象發出疑問，而不追求答案，這是一種超特的想法。《老子》說：「道生一，一生二，二生三，三生萬物」，已經是哲理上的宇宙構成論，不屬於神話的範疇。《淮南子》也許繼承了〈天問〉派思想的一部份，不但內容，連口氣也有些像，如〈天文訓〉：「天地未形，馮馮翼翼，洞洞灟灟……（氣之）清陽者薄靡而爲天，重濁者凝滯而爲地」；〈精神

---

❶　按當時的習慣語以北代中國，南卽楚，如《孟子·滕文公》，陳良北學於中國；〈九章·涉江〉，哀南夷之莫吾知兮。

訓〉：「古未有天地之時，唯象無形，窈窈冥冥……剛柔相成，萬物乃形」⑮。無論如何，這個想法還沒有發展到有故事的階段，算不得真正的創世神話。

　　另外一個有關天地的神話是《周書》「乃命重黎，絕地天通」，也就是重黎斷絕民神交通的故事。這個故事出現在《周書》裏，一向都認為是周穆王⑯時代的誥命；傅斯年先生始疑為《周書》中之外國書⑰；馬伯樂（Maspero）說它與泰族（Tai）一個傳說很相像，而否認〈楚語〉中解釋的真實性⑱。我以為〈楚語〉與〈呂刑〉的確有若干關聯：第一、兩者均是以重黎為主角；第二、同是與苗民發生政治及種族上的糾葛；第三、故事的主要線索是一致的；第四、〈楚語〉詳於〈呂刑〉，乃屬於地區性的發展，也許還雜有觀射父個人的意見；第五、楚昭王明言《周書》，可見〈楚語〉中的神話後出，但意境已有很大改變，說不定全然是楚人的另一種想法。《國語‧楚語下》這段話很長，此處只鈔錄與神話主題有密切關係的若干點：

　　　昭王問於觀射父曰：「《周書》所謂，重黎實使天地不通者，何也？若然，民將能登天乎？」對曰：「非此之謂也，古者民神不雜，民之精爽不携貳者……則明神降之，在男曰覡，在女曰巫……於是乎有天地神民類物之官，是謂五官，各司其序，不相亂也。民是以能有忠信，神是以能有明德，民神異業，敬而不瀆，故神降之嘉生。民以物享，禍災不至，求用不匱。及

---

⑮　《淮南子》之思想甚雜，但更接近於南方精神。

⑯　屈萬里先生在其《尚書釋義》中（民45：136-137）亦認為係周穆王命。

⑰　見傅斯年　民17：71-72.

⑱　見 Maspero 1936：49-52。其實他所引用 Tai 族二神話與〈呂刑〉或〈楚語〉所說相差甚遠，不能並論。

少皞之衰也，九黎亂德，民神雜糅，不可方物，夫人作享，家爲巫史，無有要質。民匱于祀，而不知其福，烝享無度，民神同位……顓頊受之，乃命南正重司天以屬神，命火正黎司地以屬民，使復舊常，無相侵瀆，是謂絕天地通。其後，三苗復九黎之德，堯復育重黎之後不忘舊者，使復典之，以至于夏商。故重黎氏世敍天地，而別其分主者也……」。

所以說，故事的主題顯然與《周書》爲一系，但觀射父的解釋卻脫離了《周書》的範圍，它已經成爲南方（或說楚）的一個創世神話，也許還與種族的分合有某些關係，我在〈楚民族的形成〉一節中認爲這是楚民族二部族組織的表現。故事說明：在古代某個時候，民與神是兩個不通的世界，溝通這兩個世界的就是巫，由於有巫覡作橋樑，雖是民神異業，日子倒過得很太平；但不幸，當少皞氏末年，九黎起來作亂，使得民神雜糅，不可方物，而家爲巫史，民神同位，把原來各司職守的兩個世界混淆在一起；等到顓頊卽位，以重司天，黎司地，又把天地隔絕，恢復古來的秩序；但三苗又把秩序帶回到九黎時代的樣子；接著是帝堯採取一種折中辦法，便沒有再出過亂子了。畫成表就是：

表26　重黎絕地天通故事

表中顯示兩個不同部族，少皞與重黎爲一組，九黎與三苗爲另一組，對於宗教或政治上的不同態度，因而引發了一次相當激烈的宗教戰

爭，後來大概妥協由兩部族輪流執政，而各採用自己喜歡的制度。但整個神話是由天地創生神話派衍出來的，加上楚人的社會組織與宗教信仰。比如觀射父也談到「知山川之號」，「上下之神，氏姓之出」，也談到「於是乎有天地神民類物之官」，「故神降之嘉生」（均見〈楚語〉下）等等，這與創世說又有什麼差別呢？

當時，楚人的天堂地獄觀念似乎還十分幼稚，在他們的想像中，天上和地下是一樣的可怕，如〈招魂〉說：「魂兮歸來，君無上天些。虎豹九關，啄害下人些……魂兮歸來，君無下此幽都些。土伯九約，其角觺觺些……」。把天堂和地獄形容得同樣險惡，並且同樣是一個吃人的世界，這個想法真是很奇特，中原地區像是還找不到類似的觀念⑲。不過，楚人並未把這件事創造一個動人的故事；至於有關土伯等的神話，將在下節神怪神話中討論之。

〈天問〉曾經提到「八柱」，說天是由八柱撐著。這自然是一個古老的傳說，但這個傳說是怎麼來的呢？〈天問〉已經不大清楚，它說：「斡維焉繫，天極焉加？八柱何當，東南何虧」？又說：「康回馮怒，墜何故以東南傾」？綜合起來，表明對天地形成的某些現象又發生了疑問：天究竟有多高？是什麼把它維持住？撐天的八根柱子是怎麼安排的？何以東南會低些？難道與共工有關係嗎？一連串的問題，不是當時沒有答案，便是〈天問〉的作者，對當時的答案不滿。洪興祖《補注》引〈河圖〉曰：「崑崙者，地之中也。地下有八柱，柱廣十萬里，有三千六百軸，互相牽制」；《淮南·天文訓》：「昔共工怒觸不周山，天柱折，地維絕。天傾西北，故日月星辰移焉。地不

---

⑲ 《尚書·堯典》：「申命和叔，宅朔方，曰幽都」；《淮南子·墜形》：「西北方曰不周之山，曰幽都之門」；〈海內經〉：「北海之內有山名曰幽都之山」。這些幽都和楚人所相信者均不同。

滿東南，故水潦塵埃歸焉」⑳。兩說加起來，剛好給〈天問〉一個滿意的答復。但〈河圖〉、《淮南》之說均後起，如非另有所本，則可能因〈天問〉而故創此說，以解其疑。

　　這裏牽涉到的是女媧補天的故事，〈天問〉只說：「女媧有體，孰制匠之」？意思是：「女媧這個善變的神，又是誰製造出來的呢」？祇是一個疑問，而《淮南・覽冥訓》說：「往古之時，四極廢，九州裂，天不兼覆，地不周載……於是女媧鍊五色石以補蒼天，斷鼈足以立四極」。於是天地大致恢復了原狀。合起來，這個故事就是：天與地，本來是用八根柱子支著，好好兒的。可是有一次共工發了脾氣，把柱子折了，天上就有許多窟窿，地也是西北高東南低，顯得極不尋常。於是女媧用五色石補天，立四極，總算沒有讓天地繼續毀滅下去。

　　這故事的補充說明雖得力於《淮南子》，但大致仍是南方的，還極可能就是楚人原來的神話。但也有人說女媧神話是北方的，並且不曾傳到南方。

（二）自然神話

　　楚民族的自然神話，以〈九歌〉中那八個，即：東君、雲中君、河伯、山鬼、湘君、湘夫人、大司命、少司命，最為重要。《楚辭》也經常提到羲和、望舒、飛廉、豐隆、崑崙、縣圃等故事，然而，由各方面顯示，這些故事與中原似為同一系統。至於前述八個神話的原委，我在〈九歌中的上帝與自然神〉一文㉑中已有所論述，今僅在神話方面再作若干補充說明。

㉑　《列子》之說與此完全相同，但把《淮南・覽冥訓》一段話放在前面。
㉑　文崇一　民53：59-69。

1. 東君

　　東君是一個日神，但這個日神與羲和有別，是中國境內不同地區兩個有關太陽神的神話❷。《楚辭》有兩次說到羲和：一次是〈天問〉「羲和之未揚，若華何光」？一次是〈離騷〉「吾令羲和弭節兮，望崦嵫而勿迫」。王逸兩處皆注爲「日御」，實未詳所本。按〈天問〉的話，是說「太陽神都沒有出來，若花❸還有什麼光彩」？〈離騷〉應該是「我吩咐太陽之神──羲和，你慢慢地走喲！縱使望見你的老家──崦嵫山，也別勿促地沉落」❷。屈原所引，當爲太陽神話的片段，指的是太陽本身，實不必強說爲日御，〈大荒南經〉說：「東南海之外，甘水之間，有女子名曰羲和……羲和者，帝俊之妻，生十日」。顯然是羲和神話傳到另一地方而變了形，乃至與十日神話又發生了關聯，與原來的羲和神話有了距離，與東君神話更不相似。在楚人的想像中：「東君穿著青雲衣、白霓裳，駕著龍車，手舉長矢射天狼。拿著弓往西邊下降，用北斗滿斟一杯桂漿。抓著轡向高空飛馳，暗地裏又跑向東方」❺。這種高潔、清逸飄然的態度，實遠非羲和神話中的太陽神所能比擬。他們唯一的共同點，就是都是指的太陽本身。

---

❷　茅盾首倡此說，鍾敬文從之。見鍾敬文　民18：145。

❸　自王逸以下均以「若」爲若木，沈雁冰說（民14：127）：「似乎若木是日所出處的神木，相當於日出處的扶桑」。極是。

❷　此從文懷沙《屈原離騷今譯》（1960：27），但郭沫若仍譯羲和爲日御，見所著《屈原賦今譯》（1961：62, 106）。容肇祖認爲：〈堯典〉、《世本》、《呂覽》中的「羲和占日」是士大夫階級間的故事；日御爲民間故事（民18：4-5）。而崔述說，「古者日官謂之日御，故天子有日官，諸侯有日御」（《考信錄・釋例》）。

❺　此處從上述郭本及文懷沙《屈原九歌今譯》（1959：43）之譯筆，並參酌己意。

2. 雲中君

一般注家都把雲中君解作豐隆，即雲神或雲師。其實除了一個雲字可作聯想以外，證據是很薄弱的。屈原自己在他的作品裏曾兩次提到豐隆：〈離騷〉，「吾令豐隆乘雲兮，求宓妃之所在」；〈九章・思美人〉，「願寄言於浮雲兮，遇豐隆而不將」。可以看出，他的確說豐隆就是雲神，但並不意謂與雲中君就是一體。有些書上更把豐隆與屏翳合看，爲雲師，或爲雷師，或爲雨師，或爲風伯，頗不一定。

雲中君也許是楚境內另一個被人民所相信的雲神，神話的意義實在很簡單：「雲中君穿著彩服，駕龍，到處周遊；有時飛翔在遙遠的雲層，看過中國，又去過四海」。話雖簡單，仍不失爲一個優美的神話。儘管異說甚多，照這個形式與內容看，它必然是楚人的神話。

3. 湘君和湘夫人

關於這個問題，我在〈九歌中的水神與華南的龍舟賽神〉及〈九歌中的上帝與自然神〉二文中已有詳細論究。我們應該把它們當作兩個美麗的神話，而不必強說爲舜死蒼梧和娥皇女英的故事，因爲照神話的內容推斷，它們間的關聯實在太少，要有，也是出於後來的附會❷。

顯然，這是由民間傳說轉變而來的兩個神話，早期，也許有那麼一個或兩個故事在民間流傳，他們爲了償付某一段感情的債務，把自己的生命結束了，或者竟投進了湘河，說著說著，傳流越廣，相信的人也越多，他們就成了湘水水神。時間久了，這些故事就變成神話，這不是一個單獨的例子，許多自然神話都是這樣轉變過來的。

---

❷　如文懷沙（1959：9）在〈湘君〉中及林庚在〈湘君湘夫人〉（1962：93-98）中所說，也仍然沒有脫離這個觀點。又參閱文崇一　民50：63-66；民53：62-65。

4. 大司命和少司命

這個故事的本身實在缺乏強烈的個性，也就是說，它的內容很空泛。就神話而論，這是不十分好的，所以我覺得這個神話並未得著完全的發展，除非我們把它與灶神的故事連在一塊❷。

5. 河伯

河伯神話的神性是相當完善的，看他住在水中十足像一個霸王。這種空靈的思想，只有南方的楚人才能完成，這個神話在北方便全然歷史化了，〈天問〉所提到的亦復如此。這是兩個極端，也是河伯故事發展的兩條不同的道路❷。

6. 山鬼

本篇描寫一個女子的淒迷的故事，神話的意味很濃厚，有人把它和巫山神女故事放在一起❷，看起來也彷彿有點像，只是我覺得終難並論，神話發展的方向本難預料，如要探究它們間的關係，則至少要找出某些相關事件間的必然性，否則，難免不為附會。王逸注云：「莊子曰，『山有夔』；《淮南》曰，『山出鳴陽』。楚人所祠，豈此類乎？」沈雁冰說：「自然不是的。我以為這所謂『山鬼』大概相當於希臘神話中的 Nymphe（新婦），是山林水泉的女神」❸。

另外還有幾個神話，如女歧、伯強、豕首縱目、長人千仞、封豨等，都是上好的主題，可惜資料太少，無法整理出一個有系統的故事。目前所知的只有非常簡略的幾句話：

女歧　〈天問〉：「女歧無合，夫焉取九子」？「女歧縫裳，而館

---

❷　請參閱文崇一　民53：65-68。

❷　參閱文崇一　民49；民53。

❷　參閱孫作雲　民25：978-1005；聞一多 1956：81-116。

❸　沈雁冰　民14：27。

同爰止」。王逸注前者謂，「女歧，神女。無夫而生九子也」；注後者云，「女歧，澆嫂也……言女歧與澆淫佚，爲之縫裳，於是共舍而宿止也」。顯然是望文生義，於說無據。聞一多說：「女歧即九子母，本星名也。余友游國恩引《史記・天官書》『尾爲九子』以釋此文，最爲特識」。於是他又說，因九子星而衍爲九子母的神話，九子母即女歧，也叫歧母❸。這個解釋是通的，但卻無補於對上述〈天問〉中的故事作進一步的了解。日人小川琢治認爲即嫦娥神話的原始形態❷。亦難以盡信。〈荊楚歲時記〉說：「四月八日，長沙寺閣下九子母神。是日，無子者供養薄餅以乞子，往往有驗」。這倒與〈天問〉的話有些淵源可尋。

　　伯強　〈天問〉：「伯強何處，惠氣安在」？王逸注云：「伯強，大厲疫鬼也，所至傷人」。歷來說者均以爲是禺強。聞一多證之說，禺強爲風伯；伯強爲箕星，箕星即風伯，是伯強亦風伯也❸。風伯自然就是風神。王逸之說，可能因西北屬風主殺生一概念而來❹。

　　其他如長人千仞、豕首縱目等神話資料尤少而難究。

（三）神怪神話

　　《楚辭》，尤其是〈招魂〉和〈天問〉中的神、怪神話很多，不過有的沒有故事內容，有的故事已經失傳，不能全部拿來討論，這裏

---

❸　聞一多（1960：333-334）。據《漢書・成帝記》師古注引應劭曰：「畫堂畫九子母，或云即女歧也」。《呂覽・諭大篇》有「歧母」，丁晏謂即女歧。

❷　鍾敬文（民19：106）轉載茅盾〈致大江編者論中國神話〉所引。

❸　聞一多　民49：335。

❹　《呂氏春秋・有始》：「西北曰厲風」；《史記・律書》：「不周風居西北，主殺生」。

只能選擇幾個有具體故事的神話來說，限於資料，也許仍無法作澈底的探討。

1. 幽都神話

〈招魂〉說：「魂兮歸來，君無下此幽都些：土伯九約，其角鬠鬠些；敦脄血拇，逐人駓駓些；參目虎首，其身若牛些」。神話本身是說，幽都那個可怕的地方，是由九個地神掌管，地神手裏都拿了一把繩子，頭上長著非常銳利的角；虎首而有三隻眼睛。身子肥得像條牛；背脊隆起，手指是血淋淋的；走得飛快，抓到人便拿來喫。這個神話的原始性是很顯著的，如果我們把它看作楚人自己的地獄神話，則一點也不爲過。這個神話，自王逸以來，都沒有弄清楚，直到郭沫若才把它糾正過來，他說：「我推想土伯是九個人，因爲古人言天有九重，地亦有九層……大約每一層地有一位土伯掌管，故稱九約。約，我認爲是繩索的意思」❸❺。這樣就導出陳子展的一個推論：「土伯九約，就是說土伯九個人掌管地下九層，猶之世俗根據佛說，稱十殿閻羅十人共同掌管地獄一樣，前者是中國原始神話，後者是中國化了的古印度神話」❸❻。我想這個神話不但是中國的，同時也是楚的，因爲像《尙書·堯典》，《淮南·地形》及《山海經·海內經》等所說幽都與此全不相同。

2. 天堂神話

近代人的天堂是理想中的靈魂避難所，楚人所想像的天堂卻不是這樣，簡直與地獄無別。〈招魂〉說：「魂兮歸來，君無上天些：虎豹九關，啄害下人些；一夫九首，拔木九千些；豺狼從目，往來侁侁些；懸人以娭，投之深淵些；致命於帝，然後得瞑些」。如果改用現

---

❸❺　郭沫若　1961: 211。
❸❻　陳子展　1962: 156。

在的語言，就是：你不要到天上去呀，九重天門都有虎豹守住，並且喜歡吃人；豺狼豎著眼睛到處跑；那裏的人有九個頭，每天要拔九千根木材；捉到人就倒掛起來玩弄，又投到深淵裏去；要死得瞑目，還必需報告上帝。爲什麼楚人會把天堂想像成這個樣子呢？似乎頗難理解。

3. 委蛇神話

〈天問〉曰：「雄虺九首，儵忽焉在……一蛇吞象，厥大如何」？〈招魂〉曰：「蝮蛇蓁蓁，封狐千里些；雄虺九首，往來儵忽，吞人以益其心些」；〈大招〉曰：「南有炎火里， 蝮蛇蜒只……鯷鰽短狐，王虺騫只」。綜合起來，三個蛇故事的性質大致一樣，地點都在南方。當初的傳說也許是這樣：「在那個炎熱而又荒涼的南方，有一種蛇大得可以吞象❸，它長了九個頭，行動又快捷，人碰到了它就會被吃掉」。南方由於天熱地濕，蛇易於繁殖，且爲害甚大，故南方民族對蛇類有一種特殊的情感，藝術紋樣尤多取材於蛇，大抵亦畏亦敬的緣故。《淮南・本經訓》云：「堯之時，封豨修蛇皆爲民害，乃使羿斷修蛇於洞庭」❸。顯然這是因蛇而產生的民族英雄，蛇爲害太大，能伏蛇的人也就成爲社會上最受尊敬的人❸。〈海內經〉說：「有人

---

❸　〈海內南經〉云：「巴蛇食象，三歲而出其骨」，這故事與〈天問〉是一系的，郭璞注謂「今南方蚒蛇吞鹿，鹿已爛，自紋於樹，腹中骨皆穿鱗甲間出，此其類也」。郝懿行《箋》引〈水經〉，謂髳虵長十丈，圍七、八尺（見《山海經》第十，〈海內南經〉，頁 5b）。〈海內經〉說：「又有朱卷之國，有黑蛇，青首，食象」。是〈海經〉均作「食」象，而〈天問〉作「吞」，於義稍有別。

❸　《寰宇記》曰：「羿屠巴蛇于洞庭，其骨若陵谷，名曰巴縣」。我想這是附會。

❸　有關夷羿的傳說甚多，下節當分別討論之。我以爲他是南方民族或楚民族的一個文化英雄，後來他的故事也流傳到北方去了。

曰苗民，有神焉，人首蛇身，長如轅，左右有首，衣紫衣，冠旃冠，名曰延維，人主得而食之，伯天下」。郭璞注曰：「延維，委蛇」。陳夢家因而認為「修蛇變為巴蛇，再變為委蛇之神」⑩。變化之迹倒未必一定如是，但此說與〈招魂〉之說特相近，不過由獸性或怪性演變而為神性，〈海內經〉的故事乃蛻變於〈招魂〉。《莊子・達生篇》所說，則與〈海內經〉略同而更人為化，可以說又脫胎於〈海內〉者也，故事是這樣的：「桓公田於澤，見鬼焉……齊士有皇子告敖者曰：『公則自傷，鬼惡能傷公』？桓公曰：『然則有鬼乎』？曰：『有……野有彷徨，澤有委蛇』。公曰：『請問委蛇之狀如何』？皇子曰：『委蛇紫衣而朱冠，其為物也，惡聞雷車之聲，則捧其首而立，見之者殆乎霸』」。很明顯的，委蛇故事是從〈招魂〉的雄虺九首（包括〈天問〉的雄虺和〈大招〉的王虺）變而為〈海內經〉人首蛇身的延維，再變而為《莊子・達生篇》中的蛇鬼即委蛇⑪。至於巴蛇，當是雄虺的分歧故事。其變化之迹大約如下：

表 27　委蛇變化

（四）英雄神話

英雄神話是每個民族都有的，不過到後來，有的轉變為某個民族的祖先，有的便是文化上的創造者，或是政治領袖、宗教家等等。變

---

⑩　陳夢家（民25：513-5）認為蚩尤也是由委蛇變過去的。
⑪　〈東君〉：「載雲旗兮逶迤」，一本作委蛇。今從王泗原說（1954：59-60），委蛇乃誤，故不取。

化的規則通常是沒有的，人物的好壞全靠運氣，有的一直維持著好運，如契、后稷、堯、舜；有的從來就是壞傢伙，如鯀、瞽叟；有的由壞變好，如女媧，從一頭野獸而爲補天的神；也有的由好變壞了，如羿，當初是爲天下民除害的英雄，後來卻是一個淫佚之徒。許多英雄神話都是在人們的口頭上傳來傳去，發展是無法預料和控制的，完全得看它當時所接觸的社會環境和民族性而定。

沒有例外，楚人的英雄故事也相當多，但太多都失掉了故事的主題，或者明顯地是來自中原地區，這些不提，只說幾個比較普遍而又屬楚人自己的。

1. 祝融

祝融是楚人的祖先神，也是一個傳說中的英雄。這個神話經過好幾次，也許還是好幾個地方的演變，最後才成爲楚人的祖先神，我在〈楚民族的形成〉一節中曾把祝融神話演化的情形歸納成如下一個表：

獸祝融──→神祝融──→人祝融──→祝融八姓

第一階段是神話的雛形，見於〈海外南經〉：「南方祝融，獸身人面，乘兩龍」，這個時候祝融還是獸[42]；第二階段已演化爲神，如戰國〈繒書〉：「炎帝乃命祝融，以四神格奠三天」，《淮南天文》：「南方火也，其帝炎帝，其佐朱明（高誘注：舊說云祝融）」，《管子・五行》：「黃帝得祝融而辨於南方」，均承此說；第三階段就是人了，如〈邾公釸鐘〉：「陸𩁈（終）之孫邾公釸」，陸螽即祝融，無異說；最後，就成了羋姓的始祖，〈鄭語〉：「夫黎爲高辛氏火正……故命之曰祝融……其後八姓」，荊楚即是這八姓的老么，而大

---

[42] 獸類自然是神話的原始階段，也可能是最早的形態，如果它不是由同時代的文化較落後地區或民族傳播過去的話。

半個中國的人民幾乎均是祝融的後裔。同時，他的分歧神話也很多：
他曾幫過夏王朝打天下，見〈周語〉及〈竹書記年〉；他也是高辛氏
的火官，見〈鄭語〉、《史記‧鄭世家》及《左》昭 29 年；他又曾
單獨統治過南方，見〈越絕書〉。一個明顯的特徵是，祝融的活動地
區總是在南方，或者與南方有關，這自然不能說是偶然。

　　但是，祝融神話也不是那麼固定。依照〈楚世家〉，它只是一個
火正的官稱，重黎作過祝融，他的弟弟吳回也作過祝融❸。〈楚世家〉
還說「吳回生陸終」，顯是一個錯誤的演繹，現在我們從〈繒書〉以
及其他古器物可以證明，陸終就是祝融，同時我疑心鬻熊也是祝融。
有人說，歷史上出現的丹朱、驩頭、闕伯、朱明、昭明、燭龍等全屬
於這一個神話系統❹，那樣就顯得更龐雜了。

　　2. 羿

　　羿的異名很多，夷羿、仁羿、后羿、帝羿都是他。羿究竟是什麼
地方人呢？北方，東方，還是南方？自來無定說。據我的意思，他為
南方人，或者說楚人的可能性甚大。原因是有關於他的故事發展地
區，早期均在南方，甚至是楚國。也有人說，他是夏人，而夏在南方。
這樣，牽涉自然更大些。事實上，我們現在對夏的歷史仍很渺茫，只
能從神話與傳說中去了解，而且它的地望也不很確定。林庚說：「〈
天問〉中歷史的發問實以夏為中心，因為夏是古代南方民族的代表，
而楚直承夏之後的……然而以夏為中心的這個南方民族，其內部自然
又還有許多部落，其中能與啟抗衡的一個便是羿……啟這一支衰亡之
後，化而為越；而羿也分為兩支，一支是楚，一支是吳」❺。這個想

---

❸　〈鄭語〉說與此同，〈楚語〉則謂重為南正司天；黎為火正，司地。

❹　楊寬　民30：302-316。

❺　林庚　1962：159-160。

法未免把傳說的歷史想得太整齊了些，不過，羿爲南方或楚人的神話
是可能的。其原因有三：(1)〈海內南經〉與〈大荒南經〉均把羿爲
民除害事擺在南方；(2)《淮南‧本經訓》所說與〈海經〉〈荒經〉
爲一事，且舉出洞庭，桑林之名，其地屬楚、屬南方甚明；(3)〈天
問〉及〈本經訓〉言羿射日，事當與救南方或楚之旱災有關，考古上
顯示，西周至春秋戰國時期，楚已經是一個農業民族，文化較爲發
達，同時正在經營江淮流域及洞庭湖一帶，因此，我推測羿不僅是楚
民族的神話，而且是一個英雄。

　　這個神話的時間性很不穩定，從堯舜以至夏周，都有他的踪跡，
現在自無必要再來討論這種問題，卻也不能不顧到它。依據神話演化
的一般規則，我們將可以看出這個神話是怎麼開始，怎麼分裂，然後
又怎麼結束。也可以這麼說，從分析的過程中，我們將會了解它是如
何由一個神話而變成多個。顧頡剛、童書業在〈羿的故事〉中把這個
神話分成三組：「第一組是神話家所傳說的，第二組是詩歌家所傳
說的，第三組是儒墨等學派所傳說的」❹❻。這種橫切面的分類法看似
有點道理，實際卻無法說明神話演變的眞相。

　　首先，我們應該從《山海經》的幾個故事說起——其實還說不上
故事，只能說是幾句畫讚。讀下去就會明白，第一個故事是：

　　　昆侖虛在其東。虛，四方。一曰在岐舌東，爲虛，四方。羿與
　　　鑿齒戰於壽華之野，羿射殺之在昆侖虛東。羿持弓矢，鑿齒持
　　　盾（一作持盾戟），一曰戈（〈海外南經〉）。

　　　大荒之中……有人曰鑿齒，羿殺之（〈大荒南經〉）。

❹❻　顧頡剛、童書業　民30：220-233。又姜寅清把它分爲：堯時諸侯，舜
　　時諸侯及帝嚳時射官三類，所輯旣不全，似亦未窺出該神話發展之線
　　索（1961：313）。

顯然是兩幅簡單的畫面，畫的是：在壽華那個曠野裏，羿與鑿齒正在一個土丘上大戰[47]，一個用弓箭，一個用盾與戟[48]，結果鑿齒戰敗被殺。注此經者意見不一[49]，據我看，畫的當是兩匹擬人或者擬神的野獸在野地裏搏鬥（其實郭璞的〈圖讚〉[50]也在人獸之間）。也許傳說中的羿是一匹益獸，鑿齒為害獸。次一步的轉變是〈海內經〉的說法：

> 少皥生般，般是始為弓矢。帝俊賜羿彤弓、素矰，以扶下國。
> 羿是始去恤下地之百艱。

這個故事要完整得多，但是還停留在傳說時代，雖然獸已經演化為神。大約就在同時，〈天問〉、〈離騷〉的說法出現了：

> 帝降夷羿，革孽夏民，胡躲夫河伯而妻彼雒嬪？馮珧利決，封豨是躲，何獻蒸肉之膏而后帝不若？浞娶純狐，眩妻爰謀，何羿之躲革而交吞揆之？阻窮西征，巖何越焉？化為黃熊，巫何活焉？……白蜺嬰茀，胡為此堂？安得夫良藥，不能固藏〈天問〉？羿淫遊以佚畋兮，又好射夫封狐；固亂流其鮮終兮，浞又貪夫厥家（〈離騷〉）。

把兩個故事合起來，就是，上帝要他為下民除害，何以後來落得一個那樣的下場？這又是一個轉變，從神轉變到半人半神。為下民除害、

---

[47] 郝懿行《箋疏》引《爾雅》云，「三成為昆命丘」，他說，是昆命者高山皆得名之。據我的意思，三成亦未必便是高山，說它高岡也就夠了。

[48] 《太平御覽》卷 357 引〈海外南經〉作「持盾戟」，按此較合理，世未有徒持盾以與弓矢戰者。

[49] 按《淮南・本經訓》，以鑿齒為獸，高誘註亦以為獸名；但〈墜形訓〉及此經郭注以之為人。

[50] 鑿齒：「鑿齒人類，實有傑牙；猛越九嬰，害過長蛇。堯乃命羿，斃之壽華」。

射封豨、封狐❺是他的神性，仍是繼續〈海經〉一派的意見；加上了與河伯，與洰的糾葛以及好淫遊等❺，乃是他的人性，是新意。這個新意再變，便變成了《左傳》的兩個故事，就更人性化了：

　　《左》昭28年：「昔有仍氏生女黰黑而甚美，光可以鑑，名曰玄妻。樂正后夔取之，生伯封，實有豕心❺——貪惏無饜，忿類無期——謂之封豕。有窮后羿滅之，夔是以不祀」。

　　《左》襄4年：「昔有夏之方衰也，后羿自鉏遷於窮石❺，因夏民以代夏政，恃其射也，不脩民事而淫於原獸；棄武羅伯困熊髡龍圉而用寒洰。寒洰，伯明氏之讒子弟也。伯明后寒棄之，夷羿收之，信而使之，以為己相。洰行媚於內，而施賂於外；愚弄其民，而虞羿於田……將歸自田，家眾殺而亨之，以食其子。其子不忍食諸，死於窮門……」。

這兩個故事乃竊取了《楚辭》的後半部，也就是關於人性的那一部分加以發展，並且與夏王朝與寒洰作著緊密的聯繫，甚至殘忍地加上一個「食其子」的尾巴。但是，在西漢初年，所傳羿的故事是這樣的：

　　逮至堯之時，十日竝出，焦禾稼，殺草木，而民無所食；猰

---

❺　聞一多在《楚辭校補》中謂「封狐」當為「封豬」之誤（1960：364）。余謂不必考改，射鬿齒、封豬或封狐，實為一事異言耳。

❺　顧頡剛、童書業（民30：223-224）曾分析其異同，而斷為兩派之說。

❺　此處我原來的斷句是：「實有豕——心貪惏無饜」。今依胡佛兄意見，仍作傳統的句讀形式。

❺　自鉏遷於窮石，一般均與下列二事聯在一起，即：〈天問〉「阻窮西征，岩何越焉」？及〈海內西經〉「海內昆侖之虛……帝之下都……獸守之，為神之所在。在八隅之岩，赤水之際，非仁羿莫能上岡、之岩」。看起來是差不多的，其發展次序應該是先有〈海內經〉，而後有〈天問〉之懷疑，而後有《左傳》之擬人化。

貐、鑿齒、九嬰、大風、封豨、脩蛇皆爲民害。堯乃使羿誅鑿
齒於疇華之野，殺九嬰於凶水之上，繳大風於青邱之澤，上射
十日而下殺猰貐，斷脩蛇於洞庭，禽封豨於桑林。萬民皆喜，
置堯以爲天子。於是天下廣狹險易遠近始有道里（《淮南・本
經訓》）。

不必作過多的考慮，我們可以指出，這是綜合〈海經〉和〈天問〉前
半段，有關神性的羿而予以系統化，同時，把它的背景放在「羿焉彃
日」（〈天問〉）、「十日代出」❺❺以及〈大荒經〉和〈海外經〉的許
多十日神話上，構成一個有故事主題的、十分動人的神話。所以，我
們可以說，〈本經訓〉截取了羿神話中神性的一部份❺❻，《左傳》則
截取了人性的一部份❺❼，於是成爲兩個不相同的神話（廣西僮族有一
個射太陽的故事，倒與〈本經訓〉前數句的說法非常接近，不同的是
十二個太陽❺❽）。

羿神話的另一個分野是他的善射，善射是否因〈海外南經〉之說
演變而成？未可必。這個說法首見於《論語・憲問》：「羿善射，奡

---

❺❺ 《莊子・齊物論》作「十日並出」；《呂氏春秋・求人》謂「十日出而
焦火不息」。

❺❻ 《淮南・氾論訓》說：「羿除天下之害，死而爲宗布」，也是這一系神
話發展的結果。

❺❼ 《淮南・覽冥訓》說：「羿請不死之藥於西王母，姮娥竊以奔月，悵然
有喪，無以續之」。此說頗突兀，是否因玄妻或雒嬪之關係演變而來，
尚無法確定。

❺❽ 如其中之一「特康射太陽」的故事說：當時有十二個太陽把禾苗、魚蝦
和外出的人都晒死了；於是特康射去十一個，留下一個太陽（歐陽若修
等 1961: 33-36）。

盪舟，俱不得其死」❺，這裏當然是持一種批判的態度，甚至有非難武力的意思，可是沒有故事，《孟子》就進步了些，〈離婁〉說：

　　逢蒙學射於羿，盡羿之道，思天下惟羿爲愈己，於是殺羿。

顯然這是繼承《論語》「羿善射」的說法演變而來。其後，《荀子》、《莊子》、《韓非子》、《呂覽》、《管子》、《淮南子》等都引證過羿善射的語言，但都缺乏一個有系統的故事，祇《韓非子·說林下》有這麼一點新內容：

　　羿執鞅持杆，操弓關機，越人爭爲持的；弱子杆弓，慈母入室閉
　　戶。故曰：「可必，則越人不疑羿；不可必，則慈母逃弱子」。

這個故事自然還是說羿善射，但涉及另一事，即羿與越似乎站在一個敵對的立場。首先，我們要相信這句諺語的普遍性和它的整體性。越人如果一致仇外，他的敵人必然是下列兩個：早期爲吳，因爲吳曾滅越，造成越人生命、財產的損失甚大；後期爲楚，因爲楚威王七年（333 B.C.）敗越，使「越以此散」（〈越世家〉）。《韓非子》爲戰國晚期作品，它的「故曰」很可能就是當時楚越關係的一個傳說。如此，則羿之爲楚人，其神話爲楚神話，又得一佐證。究其演變，可列表如下：

表 28　羿神話演變

殺鑿齒的羿（獸性）──→爲下民除害的羿（神性）─

→文化英雄的羿｛射封豨、封孤、修蛇／射日／射河伯、竊不死藥｝（人神之間）──→善射的羿（人性）

　　　　　　　　　　　　　　　　　　　　　　　　──→淫佚的羿（人性）

---

❺　《鹽鐵論·論菑》的話，「羿敖以巧力，不得其死」，實本於此。

三 宗教信仰與宗教儀式

宗教信仰與宗教儀式本來是一件事的兩面，許多宗教信仰是由儀式來表達，從儀式中也可以看出某些宗教信仰。在這裏我不打算討論它們的分界，或是定義的內涵，這些，前人已經說得夠多了。我只是想從楚人的言論與行爲的具體事實來分析他們的宗教信仰和儀式。

談到宗教，我們便不能不先了解一下巫。巫，在楚人的宗教領域裏確乎扮演了一個重要的角色。所謂「楚之衰也，作爲巫音」，所謂「夫人作享，家爲巫史」，都表示巫在當時社會上之重要與普遍。《楚辭》自〈招魂〉以上❻，幾乎無一不提到巫（有時候也叫靈或靈保）。巫覡是溝通民、神間的主要橋樑，人病了找巫，出了別的亂子也找巫。巫代表人民向神請求，也爲神下達命令。我們可以推想，如沒有巫，楚人的精神生活將會顯得枯燥而無聊。所以我對 Erkes, Waley, Hawkes 等人把楚巫當作 Shaman 看待❻，雖不能提出積極的反對意見，但其間仍有許多差異，如 Shaman 由選拔產生，楚巫乃「家爲巫史」；Shaman 只是爲人民提供宗教上或是巫術上的服務，楚巫的主要目的在於溝通民與神之間的思想；Shaman 只是爲人民治病、趕鬼；楚巫則兼有祝、卜、醫、占夢和舞雩五種職權❻。《說文》謂「巫，祝也。女能事無形以舞降神」。此種解釋，對楚巫

---

❻ 這裏說的《楚辭》不包括有問題的〈遠游〉、〈卜居〉、〈漁父〉那幾篇。

❻ 參閱 Erkes 1939: 196-7; Waley 1955: 14; Hawkes 1959: 35.

❻ 參閱陳夢家 民25: 534。不過，我以爲楚巫有時候確也扮演巫師的角色。

而言，僅得其半，因為她也以人事上達於神。巫，當然不限於南方，北方也有的，並且都起源甚早，只是南方，如楚國，巫風更盛而已❻。孔注《周禮·夏官巫馬》，謂巫，「疾則以藥治之，祟則辨而祈之，二者相須，故巫助醫也」。這個解釋雖是後起，卻頗貼切，所謂祝、卜、占、舞，實際還是屬於祈之類。歸結起來，巫的主要任務不過是醫與卜，發展下去，就成為「國之大事，在祀與戎」。這一邏輯觀念，支配中國的統治階級許久許久。在統治者是要求延續生命和保持政權，一般人民則盼望安居樂業。不過，這也只能證明楚人對宗教的狂熱，宗教思想並不能從「巫」的概念中全部理解出來。比如說，楚人的上帝（至上神）、自然神（包括社、稷等）、祖先崇拜、以及深刻的靈魂觀念等。我們必需進一步去討論。

　　楚人是一個信神鬼而重淫祀的民族，把神鬼對於人民的壓力似乎完全予以肯定，如楚共王 15 年（576 B.C.）在鄢陵被晉擊敗時說：「天敗楚也夫？余不可以待」（《左》成 16 年）。他把人謀不臧而歸咎於天，十足表示一種無可奈何的神情。又如共王立嗣時曰：「神所立也，誰敢違之」（《左》昭 13 年）。在這個命題之下，不僅表示神的權威，而且表示有高於國王的權威。國王的命令或許還可以違抗，對於神則不能。所以當夔羋的後裔覺得「鬼神弗赦」（《左》僖26年）時，他們便毫不反抗地放棄了楚政權的繼承權。這樣，我們就很容易了解〈九歌〉與〈招魂〉那種誇張性的祭祀的描寫了。〈繒書〉上有

---

❻ 應劭《風俗通義》卷下：「會稽俗多淫祀，好卜筮，民一以牛祭，巫祝賦劍受謝，民畏其口，懼被祟，不敢拒絕。是以財盡於鬼神，產匱於祭祀」。李調元〈南越筆記〉卷一：「永安俗尚師巫，人有病，輒以八字問巫……輕則酒饌禳之，重則畫神像於堂。巫作姣好女子，吹牛角，鳴鑼而舞，以花竿荷一鷄而歌」。

一段話，帝曰：「繇，（戒）之哉，毋或弗敬，惟天作福，神（則）格之；惟天作災，（神）則擊之」❻。表示一切均聽天由命，違反神的意旨，等於自找麻煩，甚至自取滅亡。為什麼要表現得如此虔誠呢？觀射父的話可以作代表，有一天，楚昭王問他：「祀不可以已乎」？他說：「祀，所以昭孝息民，撫國家，定百姓也，不可以已」（《國語・楚語下》），這是一；又一次，也是觀射父答復昭王的詢問說：「民以物享，禍災不至，求用不匱」（同上），這是二。總合兩次的話，就是：

(1) 站在統治階級的立場言，祭祀不但可以安撫國家，也可以消除貴族內部的矛盾和一般平民的不滿。

(2) 被統治者的平民如果注重祭祀，則可以避免災禍，增加收入，甚至不虞匱乏。

(3) 祭祀還是一種倫理的要求。

有那麼多好處，因而觀射父結論說：「其誰敢不戰戰兢兢以事百神」（〈楚語下〉）。由於對鬼神的堅信，許多無法解釋的事便都借助於它們。我可以舉兩個例子：

(1) 初共王有寵子五人，無適立。乃望祭羣神，請決之，使主社稷。而陰與巴姬埋璧於室內，召五公子，齋而入。康王跨之……故康王以長立（〈楚世家〉）❻

(2) 是歲也，有雲如眾赤鳥夾日以飛三日。楚子使問諸周大史，周大史曰：「其當王身乎？若禜之，可移於令尹、司馬」。王曰：「除腹心之痛而寘諸股肱，何益？不穀不若

---

❻ 〈繒書〉的釋法有許多種，各人意見多不一致，此處依董作賓氏之說（民44）。

❻ 《左》昭13年所記，大體相似。

　　　　大過，天其夭諸？有罪受罰，又焉移之？遂弗榮」（《左》
　　　　哀6年）❻❻。

兩件事，一個是選擇國家的繼承人，一個是國王有點小毛病，均向神
求助，其他可想而知了。因此，楚人每遇有疑難事，便求神問卜❻❼。
爲了挑選一位政治領袖，或是將軍，要卜；出戰，也要卜。如「王與
葉公枚卜子良以爲令尹」（《左》哀 17 年），「巴人伐楚……巴師
至，將卜帥」（《左》哀 18 年），「吳伐楚，陽匄爲令尹。卜戰，
不吉」（《左》昭 17 年）。實際上，這些事都是人力可以解決，他
們卻偏要卜，不卜似乎就不能堅定他們實踐的意志。王室還設有專門
官吏，卜尹，來管理此事。〈楚世家〉說，觀從助平王復國後，平王
對他曰：「恣爾所欲」。觀從不說別的，卻曰：「欲爲卜尹」。這可
有兩種解釋：一是觀從對卜尹很有興趣，所以挑了它；其次便是卜尹
的地位和權力都很高，如殷之太卜，卜正等。

　　不過，這種態度也不是絕對的，因爲還有其否定的一面，或者
說，懷疑的一面存在。比如楚成王 39 年（633 B.C.）城濮之戰，楚
敗於晉，當時有人認爲是子玉（令尹）得罪了河神❻❽，榮黃（季）卻
說：「非神敗令尹，令尹其不勤民，實自敗也」（《左》僖 28 年）。
像這樣的宗教理論，與當時楚國的環境似不大合，然而卻是事實。但
許多中原國家，如它的鄰國隨，也有類似的觀念，季梁說：「夫民，
神之主也，是以聖王先成民，而後致力於神」（《左》桓 6 年）。可
能這是一種普遍的傾向，春秋戰國時代，由於人文主義的擡頭，平民

---

❻❻　《史記・楚世家》所載亦大致如此，唯稍有出入。

❻❼　此種情形，我們也可以從殷周人民的宗教信仰中得其大略。

❻❽　《左傳》說，戰前子玉做了一個夢，夢見河神要他那套新衣，子玉不
　　　肯，於是打了敗仗。事見《左》僖28年。

的地位逐漸提高，神的觀念也就有些轉變。季梁是春秋初期人，比孔子早，比孟子早得更多。榮黃的非神力論說不定還受了中原，甚至隨國的影響。又譬如《左》哀18年，「巴師至楚，將卜帥。王曰：『寧如志，何卜焉』？……志曰，聖人不煩卜筮，惠王其有焉」。把人的決定放在卜筮之上，這不只是一個態度問題，根本就是反宗教，反神的，換句話說，就是理性戰勝感性。這種思想的淵源，我們從莫敖與鬥廉的對話也可以得到明證。公元前703年（楚武王38年），楚與鄭戰於蒲騷，「莫敖曰，卜之。（鬥廉）對曰，『卜以決疑，不疑何卜』」（《左》桓11年）？照一般的看法，卜是問神的意旨，是解決人力所不能解決的問題，而鬥廉把它看作只是「決疑的一種技巧」，無疑已經否定了神的無上權威。當時居然沒有引起爭論，可見這觀念怕是一個普遍的存在。

　　一般地說，楚是一個信巫而好鬼的民族，但從上列事實可以知道，至少在東周時期，楚民族的宗教態度出現了否定的一面，這也許是一個時代性。我們看，春秋初年，隨季子所代表的宗教思想已經趨向於理性的一端；末年，孔子的宗教觀也不是絕對的；戰國間孟子的民本主義抬頭，宗教態度就更混亂了；老莊荀等又是另外幾個極端。楚民族在這個激盪的潮流下，自然無法不受影響，因而當時人民對宗教的看法就表現了相信與懷疑兩種相反的意見。這兩種意見是同時並存，在時間上沒有先後之分，下表可以表示這一事實的傾向。

表 29　春秋戰國時楚人宗教信仰

肯　定　宗　教　信　仰		否　定　宗　教　信　仰	
時　　間 (公元前)	事　　　　實	時　　間 (公元前)	事　　　　實
635	夔羋失楚，相信是神的意旨	703	鬥廉認爲卜只是決疑而已
576	共王失敗，歸之于天意	633	榮黃說，子玉不是敗於不祀河神
530	追記共王立嗣事，以爲乃神所立	515—489	昭王病，不肯以令尹爲禱，不肯祭河
526	平王卜戰	478	惠王否定巫卜的價值
515—489	觀射父答昭王問，強調祀神的功用	戰　　國	天問中的天命是被懷疑的
479	惠王卜令尹		
478	惠王卜帥		
戰　　國	繪書中的神力是肯定的		

從上表看，有四點必需提出來討論：第一是鬥廉不相信卜一事。這事發生在 703 B.C.，亦卽楚武王 38 年，楚國勢力才開始在江淮流域成長，充分顯示楚人對宗教懷疑的態度似乎一開始就存在著，與我們一向所了解的「巫風」適成一對比。因此使我們對楚人的宗教信仰，不得不重新加以估計。第二，昭王不肯以令尹身禱及禱河，可能是對宗教持懷疑的態度，所以觀射父曾經找機會向他說教，解釋祭祀的功用，認爲只要祀神，對國家、對人民均有好處，雖然一直到死，昭王並未完全接受觀射父的勸告。這事一方面許是昭王的獨特個性使然，另方面還受了社會風氣的影響。第三，惠王像是很相信卜，看他卜令尹、卜帥、卜戰，但同時他又否定了卜的價值，並且得到讚美，就宗教而言，這實在是一個嚴重的問題。第四，戰國〈繪書〉中帝與神的

力量幾乎是無限的，如「帝曰……母弗或敬」，「神則惠之」等等；可是，在差不多同時代的〈天問〉中，對於天與神卻充滿了懷疑的思想[69]，一則說「天命反側，何罰何佑」？再則說「何親就上帝，罰殷之命以不救」？兩種思想豈不完全站在對立的地步嗎？好了，我們不必去找更多的例子，上列事實已足以說明這種現象決非出於偶然，而必有其社會背景爲基礎，這個社會背景，除楚以外，還必需與當時的中原，尤其是齊魯社會連接起來看。就是說，到春秋時候，由於西周宗法社會的解體，宗教也跟著起了變化，變化之一是人格神的上帝「萬能」觀念首先受到懷疑。我們雖不能肯定楚人這種懷疑的傾向係完全受了中原的影響，但這個變遷在南北總是一致的。由於上帝神格的解體，整個宗教思想無疑無法避免這一對傳統具有極大破壞力的挑戰。

上帝觀念在楚人的心目中早就有些改變，這個問題，我在〈九歌中的上帝與自然神〉一文中已詳論之，在那裏，我指出楚人自己的上帝是東皇太一。現在，我還是這樣相信，但要加以補充說明。從文獻資料來看，春秋戰國期間，楚人對最高神的想法似乎有三種方式：

第一種是天，或稱皇天。這只是一種泛稱，似尙未構成一個特定的人格神。天是存在的，有神格，但也祇此而已。如〈離騷〉，「所非忠而言之兮，指蒼天以爲正」；《左》成 16 年，「天敗楚也夫」？〈天問〉，「天命反側，何罰何佑」？〈哀郢〉，「皇天之不純命兮，何百姓之震愆」？〈天問〉，「皇天集命，惟何戒之」？〈離騷〉，「皇天無私阿兮，覽民德焉錯輔」。像這樣的天，蒼天或是皇天，可能出現得很早，但極爲空泛，遠不如西周以及當時中原民族的

---

[69] 王治心在他的《中國宗教思想史大綱》中也提到了這一點，但他再牽涉到〈卜居〉去，似乎就遠了些（民22: 66）。

「天」來得肯定而**有**價值。這個「天」究竟是楚人自己的，還是受了周殷文化的影響所致，是很難說的。因爲類似的宗教觀念，任何一個極小的地區都可能發生。

　　第二種是東皇❼，或稱東皇太一，有時也稱皇或上皇。如〈九歌〉中有東皇太一；又說，「穆將愉兮上皇」；〈九章・橘頌〉，「后皇嘉樹，橘徠服兮」；〈離騷〉，「陟陞皇之赫戲兮，忽臨睨夫舊鄉」；「皇剡剡其揚靈兮，告余以吉故」。這裏有兩個概念，一個是以皇，或東皇，或上皇作爲上帝的別稱；另一個是以太一專稱上帝。太一爲至上神，西漢表現得最爲澈底，然而這是徇楚故事❼。東皇的觀念是由於楚人把當時的神的世界分爲兩個，另外一個是西皇，如〈離騷〉說「詔西皇使涉予」。這並非難於理解的事，卜辭中已有東母，西母的紀載❼；〈九歌〉又有東君，照我想，也許還有西君；其後，漢鏡中復出現東王公，西王母的說法。所以這個信仰或許不起於楚，但後來楚人已把它當作自己的至高神，上帝。

　　第三種是帝，或稱上帝。〈離騷〉起句便說「帝高陽之苗裔兮」，已經把他的祖先和神話聯在一塊。這個帝指的就是高陽，高陽即高唐，亦卽三戶❼，爲楚人的聖地 (holy place) ❼，傳說中從地名轉變爲神名，然後又轉變爲祖先名。《楚辭》提到帝或上帝的地方還有

---

❼　孫作雲根本就否認有東皇太一存在，他認爲那只是迎神曲，上皇是指楚懷王 (1961: 24)。

❼　參閱文崇一　民53: 49-59。

❼　如「袞于東母豕三犬三」(〈鐵〉142.2)，「壬申卜貞出于東母西母若」(上28.5)。

❼　陳夢家　民26: 453-55。

❼　Granet 認爲雲夢是楚的 holy place (1957: 177)。

好幾處，如〈離騷〉，「吾令帝閽開關兮，倚閶闔而望予」；〈九歌・大司命〉，「導帝之兮九坑」；〈天問〉，「何獻蒸肉之膏而后帝不若」？「帝降夷羿，革孽夏民」；「稷維元子，帝何竺之」？「何親就上帝，罰殷之命以不救」？〈招魂〉，「帝告巫陽……巫陽對曰，掌瀳，上帝其命難從」。這些個帝或上帝，無疑都是指的至上神。〈繪書〉中的許多「帝」也多半是如此。也有人懷疑〈天問〉中有些帝並非指上帝，而是指傳說中的政治領袖，如說「登立為帝」，指的是舜；「后帝是饗」，「帝乃降觀」，指的是成湯等等。這是不對的。不過如〈惜誦〉所說，「令五帝以折中兮」，倒眞的是五方神。由此可見當時人對於帝的解釋或使用已有例外，並不專稱上帝。

上述三種上帝的說法，其資料幾乎全部來自《楚辭》。這就是說，在時間上它們的距離不遠，也許根本就是同時代。比如〈離騷〉，同時使用了皇天，蒼天，皇，帝等幾種名詞來稱呼上帝。唯一的解釋，就是這些名稱本來都有其各別的時間性和地域性，但慢慢地一個一個都傳到了楚國，於是楚人便雜亂地使用它們。楚人自己固有的上帝仍然是東皇太一，至少戰國時是如此。我們讀了下表，就會更清楚些。

表 30　楚人上帝觀念

	天	蒼天	皇天	皇	上皇	東皇太一	帝	后帝	上帝
左傳(成16年)	天								
九　　歌					上皇	東皇太一	帝(大司命)		
天　　問			皇天				帝	后帝	上帝
招　　魂							帝		上帝
離　　騷		蒼天	皇天	皇			帝		
九　　章			皇天(哀郢)					后皇(橘頌)	
九　　辨			皇天						
高　唐　賦						太一			
繪　　書							帝		

　　自然也有人反對這種說法，如顧頡剛楊向奎在〈三皇考〉中認爲皇字早期均用作形容詞，以後才轉變爲名詞，且用以代表上帝，這種轉變開始於楚。又說，《楚辭・天問》尙稱帝或后帝，到〈九歌〉、〈離騷〉才稱皇。東皇、西皇是東帝、西帝的反映❼⑤。關於這點，我有兩個解釋：第一，帝、天之說，已經有過許多辯論❼⑥，此處不贅。我的意思是，抽象的天大抵比具體的帝出現得較早（也有人說是同時出現的，如胡適❼⑦），至於以皇稱上帝，可能較遲，最少是卜辭有天、帝，而無皇。所以它們雖是同指上帝，次序卻有先後，即是由天而帝或上帝而皇。不過，這情形在〈楚辭〉中有些特殊，〈九歌〉是上皇與帝並用，〈天問〉是皇天、上帝、后帝與帝並用，〈離騷〉就更多，有蒼天、皇天、皇與帝(事實上早期的史籍，如〈周書・召誥〉「皇天上帝，改厥元子茲大國殷之命」，也多並用)。對於楚，我們沒有更早的資料可資說明，可能的解釋是，當時中原的上帝觀念已經輸入，於是與皇或東皇並存。但也無法說明皇是由帝轉變而來，因爲它可能同時發生於兩個不同地區。第二，秦昭王（19年）與齊湣王（36年）於288 B.C. 稱西帝、東帝，事當楚頃襄王 11 年，屈原〈離騷〉約成於懷王時代（328–299 B.C.），〈九歌〉更早於〈離騷〉，是東皇、西皇在時間上早於東帝、西帝而出現，受影響之說，不能成立。郭沫若在〈周易之制作時代〉中有一段話說：「然而以天地相對立的這種觀念，在春秋以前是沒有的。單就金文來說……都是只有至上神的天，或者稱爲皇天，稱爲皇天王，不稱爲帝，稱爲上帝……但決不曾看過

---

⑦⑤　顧頡剛、楊向奎　民30: 61–62。
⑦⑥　參閱劉復 民19；魏建功 民19。俱見《古史辨》第 2 册上編: 20–32；並閱郭沫若 民34: 15。
⑦⑦　胡適 民15: 199–200。

有天地對立的表現，甚至連地字也沒有。便是在典籍中，凡是確實可靠的春秋以前的文獻也沒有天地對立的觀念，並且也沒有地字」⑱。那就是說，有了地字，必然是較晚的作品；今〈天問〉、〈招魂〉等都出現了所謂較晚的地字，又使用了較早的上帝，卻不是皇。這表示什麼呢？我的意思是，楚人對天、帝、皇這些用以代表上帝的字眼，並不如我們所想像的那樣，有著嚴格的時間上的區別。

　　上帝（包括皇、天）為楚人的至上神，理論上是如此。但楚人的宗教信仰實際仍然是泛神論，這一點與中原民族幾乎一致。他們並不是每一件困難事都只求上帝幫忙，而是找那有關的神，主要還是羣神。比如昭王病了，「卜而河為祟，大夫請禱河」（〈楚世家〉）；共王要選擇國家的繼承人，拿不定主意（實際是陰謀）「乃望祭羣神，請決之」（〈楚世家〉）；頃襄王從秦國逃回來做了皇帝，說「賴社稷神靈，國有王矣」（〈楚世家〉）；虁子得不到楚王室的繼承權，誰也不責備，只認為是「鬼神弗赦」（《左》僖 26 年）。由於這種泛神觀念的影響，所以「天子徧祀羣神品物」，以期「能上下說於鬼神」，從而導至所有人民的普遍傾向是「其誰敢不戰戰兢兢以事百神」？可見儘管他們經常叫著上帝、皇天，實際祭祀的還多半是百神。百神就是包括上帝在內的一切自然現象，如天地日月風雲雷雨山川命運之神以及各種鬼魅等等⑲。不單是楚，許多民族，尤其是原始民族，都有這種習慣。

---

⑱　郭沫若（民 32b：247-248）。所謂春秋以前沒有天地對立的觀念，恐怕得重新加以檢討，比如《書‧呂刑》說：「乃命重黎絕地天通」，難道不是對立的觀念嗎？

⑲　張光直（Chang，民 52：272）對這點也有詳細的解釋；又如蒙古人「以為天地日月星辰，高山大川雷鳴電光等，皆神之所裝也，不祭必遭災刼」（胡樸安《中華全國風俗志》下篇卷九：26）。

泛神靈觀念在楚民族中有一個特點，就是每一種神，甚至有些鬼，都被美化了，比如九歌，所有的神，從東皇太一到山鬼、國殤，全是那麼可愛而善良。山鬼與死靈，大多數人民均把它們描寫成一批專作壞事的傢伙，楚則不然，國殤可變爲具有神靈的鬼雄，山鬼竟是那麼窈窕幽雅，而難得的美人。別的地方也一樣，屈原雖懷疑天道，有時甚至埋怨天命反側，如何的不可靠，或是失去了它應有的公正，但是，祇此而已，他並不覺得有什麼可怕。有人說，這是因爲楚人的經濟生活較好，過得舒服，對神鬼也就寬厚了。然而他們並不是設想整個世界都是美好的，也有它壞的一面，只是不在楚國境內。〈招魂〉與〈大招〉把這個思想表現得最爲透澈，它勸告那些失去的靈魂不要去東方、南方、西方、北方。甚至也不要上天入地（幽都），因爲那裏頭盡是些害人或者喫人的怪物。不過這些地方離楚國都很遙遠。

由於相信靈魂之說，楚人也喜歡祭祖先；不但祀死靈而且爲病人招魂。招魂是一個聚訟紛紜的問題，至今尚無一定的界說。據我的看法，它是從死靈觀念蛻變而來。楚人相信人死了有靈魂存在，病了是靈魂的偶然走失。偶然走失，當然可以設法找回來，這便有了「招魂」。它的意義及方式將在下面詳細討論，這裏先談祭祖。

祭祖，卽所謂祖先崇拜，是一個古老的信仰，自殷周以來不廢。殷人把祖先和上帝連在一起，「故爾他們的至上神，帝，同時又是他們的宗祖」[80]；周人雖也崇天尊祖，態度已經有些改變，並且兩者是分開的。楚人的想法又有若干改變，他們主要是祀羣神，然後才及於帝與祖。不過，他們相信人死了還是有知的，如楚武王伐隨，覺得

---

[80] 郭沫若 民34: 16。

「心蕩」，他的夫人鄧曼說：「王祿盡矣。盈而蕩，天之道也。先君其知之矣」（《左》莊4年）。又如〈楚語〉提到過兩次：其一是，「屈到嗜芰。有疾，召其宗老而屬之曰：『祭我必以芰』」（〈楚語〉上）；其二是，「子期祀平王，祭以牛俎於（昭）王」（〈楚語〉下）。在同一處，觀射父還說到那些分等級的祭祀是「以昭祀其先祖，肅肅濟濟，如或臨之」（同上）。可見他們祭祀時，態度甚爲誠摯。其用意則與祭天地或自然神一般無二，目的在於「上所以教民虔也，下所以昭事上也」，並且還有和好鄉黨、親戚、朋友以及消災、止讒的用處（均見〈楚語〉下）。所以祭祀不僅是宗教的，還含有社會的功能在內。戰國時候楚人祀祖的觀念，可能更深厚些，這由長沙和信陽二地出土的戰國墓可以看得出來，不但殉葬器物特別多，而且墓室特別大。比如信陽長臺關第二號墓，有「前室、主室、南北側室、后中、后北、后南室」❽，共計七室；僅南北側室器物就有122件之多。厚葬固與死者的經濟能力有關，怕也是一個觀念問題。

總結起來，楚人的宗教信仰可得二重要點：

一是泛神觀念（pantheism）。楚人雖也祀上帝、祖先，但其主要的崇拜對象是百神，所謂神的力量，不在於某一個特定的神，比如上帝，而是任何一個，或任何幾個。這點，在觀念上與殷與周都有某種程度的差別。表現在卜的方法上，他們只問卜本身的吉，或凶，而不是某單一神的指示。

另一是懷疑的態度（scepticism）。在楚國境內，一方面是巫風熾盛，表現對宗教的狂熱，另一方面又表現對神的不信任。鬭廉不相信卜，這事發生在 703 B.C.，比《論語》大約早了兩個世紀❽，其後

---

❽ 賀官保等 1958：80。

❽ 《論語》、《左傳》都是後人追記，但鬭廉早於孔子約二百年。

懷疑的論調一直不曾中斷過。到戰國時代，〈天問〉所代表的這種傾向就更爲明顯而澈底。

下面我們再來討論宗教儀式的問題。

我們可以相信，楚人無論祀百神，祭祖先，或是爲病人招魂，必均有一定的儀式，否則，皇室就不會有卜尹、祝、宗那一類的宗教官，不會有祭典，民間也不必要巫史了。只是大多數都已失傳，現在只能從文獻上找到一點點，這一點點資料可分爲四項加以說明：（一）占卜（包括筮），（二）招魂，（三）祭祀（包括祀神與祀祖），（四）喪葬。主持這四種儀式的爲卜尹、祝、宗及巫覡，大抵卜尹爲皇室的卜官，祝宗則爲皇室及貴族們的宗教官，巫覡是平民的巫史。就其職掌言：卜尹掌皇室占卜之事；祝掌祈福祥，宗掌祭祀鬼神❸；巫覡❹在平民，什麼都管。巫又是一般的稱呼，替平民卜者固稱巫，替貴族甚至皇帝卜者亦稱巫。〈楚語〉說男人叫覡，女人才叫巫。其實不盡然，男人同樣可以叫作巫（《周禮》明白說過，男亦曰巫）。也許早期有分別，到後來就混了。

表 31　巫的發展

```
卜尹（皇室占卜）─┬─祝（祈福祥）┐
                └─宗（祀鬼神）┘……貴族宗教官 ┐
                                            ├ 巫（統稱）
巫覡（巫與醫）…………………………………平民宗教師 ┘
```

---

❸　《國語·楚語下》「能知山川之號，高祖之主，宗廟之事，昭穆之世，禮節之宜，威儀之則，容貌之崇，忠信之質，禋絜之服，而敬恭明神者，以爲之祝；使名姓之後，能知四時之生，犧牲之物，玉帛之類，采服之儀，彝器之量，次主之度，屏攝之位，壇場之所，上下之神，氏姓之出，而心率舊典者，爲之宗」。

❹　同上云：「在男曰覡，在女曰巫」。韋注：「覡，見鬼者也」。《說文》巫部「祝也，女能事無形以舞降神者也」。藤野（1951: 32）認爲巫最尊，祝次之，宗最下。

（一）占卜

談起占卜，似乎就不得不向殷代的卜辭去找根源，因爲現有的資料以殷代的龜卜爲最早，也最可靠。據羅振玉說：「卜以龜，亦以獸骨……其卜法，則削治甲骨甚平滑，於此或鑿焉，或鑽焉，或旣鑽更鑿焉❽」。西周以至於戰國時代，卜具和卜法大約承襲殷制，沒有多少改變❻。不過春秋時候多了一種筮卜❼，工具是蓍草，比龜卜要簡便得多。從那裏來的，不知道，容肇祖認爲它是戎狄的東西❽，但並無積極的證據。我們從「筮短龜長」的話，可以看出當時人還是比較相信龜卜。

前面曾經提過，楚人卜風很盛，王室有卜尹，平民是家爲巫史。但占卜的工具似稍異於中原，惟以此項材料不多，我們只能窺其大略。〈離騷〉說：「索藑茅以筳篿兮，命靈氛爲余占之」。這裏牽涉到兩個問題：一是占卜時所用的工具，二是卜者。先說卜者，注《楚辭》的人，自王逸以下，多把靈釋作巫，靈巫乃至變成一詞而不可分割（王逸注〈九歌〉：「靈，巫也。楚人名巫爲靈子」）。此處所說「靈氛」，王逸注謂「古明占吉凶者」；聞一多認爲：「靈巫義同，氛盼音同，靈氛殆卽巫盼歟」❾？意思是假藉一古巫之名以爲之占。同樣的說法〈離騷〉中出現過三次，另兩處是：「欲從靈氛之吉占

---

❽　羅振玉　民16: 107。

❻　容肇祖　民20: 258。

❼　如《詩・衞風・氓》云：「爾卜爾筮，體無咎言」；《左》哀8年：「聖人不煩卜筮」。

❽　容肇祖　民20: 258。

❾　聞一多 1960: 310。按楚人有屈巫字子靈，可證靈巫同義。王泗原（1954: 171）認爲靈氛是卜而非巫。

兮，心猶豫而孤疑」；「靈氛既告余以吉占兮，歷吉日乎吾將行」。
不管靈氛是假託之名，抑真有其人，其為巫則一，可見占是由巫來執
行❾。不過，在別些地方，如卜戰、卜官、卜疾病等，看來亦是假巫
以執行，惟名卜而不名占，其法是否有若干差異，史未明言，實難以
推知，周官有占人，復有卜人，業務也不盡相同，顯然是有分別的。

　　再說占卜的方法與工具。從上例可知楚人占時用蔓茅，王逸說：
「蔓茅，靈草也；筵，小折竹也。楚人名結草折竹以卜曰筵❶篿」。
五臣云：「筵，竹算也」。據聞一多氏考證的結果，認為筵篿可作
莛蓴，王逸注中結草二字實誤衍所致❷。劉永濟反對此說，以王逸
注中省「乃取神草竹筵結而折之，以卜去留」之語，而「以」可訓
「與」，斷為「似茅與筵兩物合用」❸。說極是。事實上這些話都是
後人的解釋，當時應該是結草或折竹全可以占卜，也許那樣方便就用
那樣。宋時南人有茅卜❹，不知與此有無關聯？《左傳》經常提到卜
戰、卜城等，但無詳細內容，畢竟如何卜，由誰卜，用什麼東西卜？
均不知。只有一次說到龜，《左》昭 17 年：「吳伐楚，陽匄為令
尹，卜戰不吉……且楚故司馬令龜，我改請卜」。兩者的技術似乎有
些不同，或者迷信的程度也不一樣。

（二）招魂

❾ 王泗原（1954: 172）認為古代巫、卜、祝所事各不同。我以為巫、卜
　二事固有別，但巫可以卜筵，也可以以舞降神。所以巫陽（〈招魂〉）
　筵，靈氛（〈離騷〉）占，而巫咸（〈離騷〉）則舞，同是巫也。
❶ 聞一多（1960: 366）認為「原脫筳字從兩《漢書》注補」。
❷ 同上: 367–8。
❸ 劉永濟 1961: 239–240。
❹ 周去非《嶺外代荅》卷 10 第 1 條。

這個小問題已經討論了許多年，迄無定論。問題發生在三個地方：一是〈招魂〉的作者，有屈原作❾❺、宋玉作❾❻、及民間形式❾❼三說；二是招那種魂，有招生人魂❾❽及招死人魂❾❾二說；三是招誰的魂，有屈原自招❿⓿，宋玉招屈原❿❶，及屈原招懷王❿❷三說。這些問題，在〈大招〉裏也產生了同樣的困惑❿❸。其實，以現在的眼光來看，問題比較簡單。第一、無論〈招魂〉或〈大招〉，全是民間作品。現存的兩篇，〈大招〉較樸實，可能更接近於原始形態；〈招魂〉必然經過文人修飾，修飾者是屈原抑或他人，未可知❿❹。由「些」和「只」兩個不同語尾詞來推斷，顯然爲適應兩個不同地區的方言羣。它的原作者是大眾。第二、究係招生魂還是死魂？因爲各人所得資料不一樣，故解釋亦各異。朱熹認爲古時只是爲死人招魂，但也有施之

---

❾❺ 郭沫若（民 32a：43，但他在《今昔集》中有別說，見後）、林庚（1962：177）、游國恩（1957：69）、司馬遷（〈屈原列傳〉）、黃文煥（《楚辭聽直》）、林雲銘（《楚辭燈》）、陳子展（民 51）等主之。

❾❻ 王逸、洪興祖、朱熹等主之，清儒多從此說。

❾❼ 鄭振鐸（1959：38）、劉大杰（民 45：19）等主之。

❾❽ 朱熹以爲中原對死人招魂，荊楚施於生人；陳子展主招生魂（1962）；藤野（1951）、中島（1963：250）之鎮魂說可入此類。

❾❾ 林庚（1962：180）主招死魂；郭銀田（民 33：81）主招懷王死魂。

❿⓿ 黃文煥（《楚辭聽直》）、林雲銘（《楚辭燈》）、蔣驥（《山常閣楚辭注》、陳鐵民（1961：3）、游國恩（1958）等主之。

❿❶ 王逸等主之。

❿❷ 吳汝綸（〈古文辭類纂校勘記〉）、郭沫若（民 32a：43）、陳子展（民 51：）、郭銀田（民 33：81）等主之。

❿❸ 傳統的說法是屈原作，郭氏（民 32a：28）認係秦人僞作。

❿❹ 鄭振鐸在 1959：38 主張是民間的招魂曲；郭沫若（民 32b：130）認爲係屈原「沿依舊俗，別鑄偉詞，似較巫覡任意歌唱之說更爲圓滿也」。

於生人者[105]，他迷惑了。其實，本來就可以兩用。第三、所謂誰招誰，是難以斷定的，宋玉可以招屈原，別人也可以，同時可以用來招任何人，全無限制。

林庚在〈招魂解〉[106]中花了許多篇幅來解釋〈招魂〉是一個春天的祭典，恐怕也是多餘，因爲二〈招〉實在都只是楚人的招魂曲而已。平民可以用，貴族也可以用，不過現存二曲，多半經過修改而爲楚國貴族們所採用者，倒是事實。這從文章本身具有濃厚的文學氣息以及對宮庭描寫二事（〈招魂〉尤甚）可以看得出來，但二者在本質上一無分別。我把它們的特徵作過一些比較，如下表。

表 32　招魂與大招比較

類　　　別		招　　　　魂	大　　　　招
魂 魄 離	序　　曲	魂兮歸來,何爲乎四方些?	魂乎歸來，無東無西無南無北只!
	向東招魂	魂兮歸來，東方不可以託些：長人千仞，十日代出，歸來歸來，不可以託些。	魂乎無東：東有大海，螭龍並游。魂乎無東，湯谷宋寥只。
	向南招魂	魂兮歸來，南方不可以止些：雕題黑齒，蝮蛇蓁蓁，封狐千里些；雄虺九首，吞人以益其心些。歸來歸來，不可以久淫些。	魂乎無南:南有炎火千里，蝮蛇蜒只；山陵虎豹，鯪鯑短，狐王虺騫只。魂乎無南，蜮傷躬只。
	向西招魂	魂兮歸來，西方之害流沙千里些：赤蟻若象，玄蠭若壺，五谷不生，其土爛人。歸來歸來，恐自遺賊些。	魂乎無西：西有流沙漭洋洋只；豕首縱目、被髮、長爪、踞牙、狂笑。魂乎無西，多害傷只。

---

[105]　見《楚辭集注》卷七。

[106]　林庚　1962: 177-186。如青木 (1957: 275) 所說，它是記載楚國風俗的重要資料。

散	向北招魂	魂兮歸來，北方不可以止些：增冰峩峩，飛雪千里。歸來歸來，不可以久些。	魂乎無北：北有寒山，天白顥顥，代水深不可則，魂乎無往，盈北極只。
之	向天招魂	魂兮歸來，君無上天些：虎豹九關，豺害下人；一夫九首，拔木九千；豺狼從目，懸人以娭。歸來歸來，往恐危身些。	無
苦	向幽都招魂	魂兮歸來，君無下此幽都些：土伯九約，其角觺觺，參目虎首，其身若牛。歸來歸來，恐自遺災些。	無
魂魄歸來之樂	住之樂	高堂邃宇，檻層軒些；翡翠珠被，爛齊光些。	夏屋廣大，沙堂秀只；騰駕步游，獵春囿只。
	飲食之樂	稻粢穱麥，挐黃梁些；瑤漿蜜勺，實羽觴些。	鮮蠵甘雞，和楚酪只；炙鴰烝鳧，煔鶉敶只。
	娛樂	九侯淑女，實滿宮些；二八齊容，起鄭舞些。	代秦鄭衞，鳴竽張只；二八接接舞，投詩賦只。

上表表明兩者所記四方怪物大致相同，「返故居」以後的快樂情景也多相同（次序略異），唯〈招魂〉所敍稍涉舖張。這些都足以證明兩文的形態是一致的。

我們不必把這件事的地域性看得太嚴重，到現在為止，還只能說楚國也有招魂的風俗，卻未必由楚人所創設，理由很簡單，人類學家證明，全世界許多地方均有招魂 (recalling truant souls) 的風俗，如澳洲西南的土著，緬甸的卡倫人 (Karens)，砂勞越的肯雅 (Kenyahs)，中國的倮倮 (Lolos)，魯祖 (Luzon) 的依洛肯人 (Ilocanes)，蒙古人，非洲的剛果人 (Congo tribes)，美洲登勒 (Déné) 和亭勒 (Tineh) 的印第安人，蘇門答納的巴塔克人 (Bataks)，婆羅洲的喀洋 (Kayans) 和泰雅客人 (Dyaks)，以及西利伯斯的托奔庫人 (Toboongkoos of Central Celebes) 等。這種招魂，除澳洲

外⑩， 全是爲病人而招⑱。 就是說， 他們相信， 人病了是由於魂魄 (soul) 離散的緣故， 而卡倫人 (Karens) 的招魂曲則幾與〈招魂〉或〈大招〉爲同一形式，其叫法如下⑲：

> prrrroo! 魂呵， 回來吧，不要在外面遊蕩？下雨了，你會淋濕；出太陽，你會晒熱。蚊子會叮你，水蛭會咬你，老虎會吃掉你，雷會打你。

> prrrroo! 魂呵， 回來吧！這裏多好，你什麼都有，而且遠避暴風雨的襲擊。

這首招魂曲自然不如二〈招〉那麼富麗堂皇，但結構極相似，先說外面的壞，後敍故地的好；意思也很相似，盼望把病人的魂招回來，病就會很快的痊愈。

中國人招魂本來也是爲病人的，後來由於道士們替死人超度亡魂時使用招魂幡，於是生魂、死魂之說便糾纏不清，朱熹對這件事已經不敢亂下斷語，他說：「後世招魂之禮，有不專爲死人者，如杜子美《彭衙行》云：『煖湯濯我足，剪紙招我魂』。蓋當時關陝間風俗，道路勞苦之餘，則皆爲此禮以祓除而慰安之也。近世高抑崇作《送終禮》云：『越俗有暴死者，則亟使人徧於衢路以其姓名呼之，往往而甦』。 以此言之， 又見古人於此誠有望其復生， 非徒爲是文具而已也」⑩。這與他在《集注》的解釋差不多⑪。關於這段話，我有幾點

---

⑩　Howitt 1903: 387. 他們相信，人死了，如果能把魂招回來，死人就會復生。

⑱　Frazer 1955: 43-48.

⑲　Ibid.: 43.

⑩　朱熹《楚辭辨正》（下）：17。

⑪　他說：「古者人死則使人以其上服升屋履危，北面而號曰：皋其復。遂以其衣三招之，乃下以覆尸。此禮所謂復而說者，以爲招魂復魂，又以爲盡愛之道，而有禱祠之心者，蓋猶冀其復者也，此制禮者之意也，而荊楚之俗，乃或以是施之生人」。

解釋：第一、所謂「後世招魂之禮，有不專爲死人者」，應作「有不專爲生人者」，因爲從二《招》的內容來看，它是爲生人招魂❷；從王逸的解釋來看，也是爲生人招魂❸。第二、依朱熹說，中原地區也盛行爲生人招魂，非徒楚人如此。第三、高所說，越俗爲暴死者（實際應該說爲「新死者」）招魂之俗正與澳洲土人相同❹，中原舊俗（如〈禮運〉所說）也許亦相同，只是後來被廢除不用。第四、招生魂或招死魂實在是兩回事，兩種不同的意義，可以同時並存，也可以各行其是。實際上，這種招生、死魂的方法，後世在許多地方確乎是並存的，比如我的故鄉（江西宜春），就是旣爲病人招魂（包括小孩受驚一類的小事），也爲死人招魂。招魂者皆爲專業，爲病人招魂的是巫師（小孩受驚則不用），爲死人招魂的是道士。祭儀雖各不相同，但均設法場，念符咒。唯兩者目的不一樣，前者是把病人的游離魂招回來，後者乃是把死人魂趕到極樂世界去。一種信仰，不論宗教的，或是別的，經過若干時間與空間的轉移，總會發生變化的，所以我們無須驚異於招魂的多樣性，因爲變化是必然的。不信，可以再舉幾個例子。李調元《南越筆記》卷四載：「南越人好巫……廣州婦女患病者，使一嫗左持雄鷄，右持米及箸，於閭巷間嘑曰：『某歸』，其一嫗應之曰：『某歸矣』。其病旋愈。此亦招魂之禮，是名鷄招」❺。鄺露云：「峒堝遠歸，則止三十里外，遣瑤氓持籃往迎之，脫婦

---

❷ 看那些語氣與陳設等，全是爲生魂着想，死人是用不着的。也有人提出「像設君室」與祭儀二事，認爲非死人安用之？我以爲不然，今南方人招魂（爲病人）仍用祭儀，而用像可能係楚之特殊作風。

❸ 王逸序〈招魂〉有云：「欲以復其精神，延其年壽」。若死人安用延壽？可能漢時還如此招魂，否則，王逸便無法了解而作此解釋。

❹ Howitt, 1903.

❺ 見該書〈南越人好巫〉條。

人中袑貯籃中，曰收魂。瑤眊者，巫也❶❶❻」。凌純聲先生言江南地方「叫」小孩魂故事一則❶❶❼：

　　寶寶寶寶，你遠遠近近歸來呀！歸來哩！

　　寶寶寶寶，你逢山過山歸來呀！歸來哩！

　　寶寶寶寶，你隔江過海歸來呀！歸來哩！

　　寶寶寶寶，你逢橋過橋歸來呀！歸來哩！

　　寶寶寶寶，你逢渡擺渡歸來呀！歸來哩！

　　寶寶寶寶，你遠遠近近歸來呀！歸來哩！

方法雖有不同，三個例子卻全是爲病人招魂。當然也有爲死人招魂的，如「白獚獚……喪無棺，縛以火廠，裹氈异於竹椅……焚之于山。旣焚，鳴金執旗招其魂，以竹簽裹絮少許置小篾籠，懸死者牀間……誦夷經羅拜爲敬」❶❶❽。獚獚的想法顯然與上述澳洲土人或中國古代的「冀其復生」者不同，卻與近代南方人相近，招魂只是表示一番敬意。

　　這樣，我們就不必固執於招生魂或招死魂的看法，實在是兩者均有。但二〈招〉爲招生魂而寫的可能性卻較大❶❶❾。

　　招魂時，下列幾件事也可能是被規定了的：

　　第一是用專人，巫師。這從〈招魂〉本文也可以看得出來：「帝

---

❶❶❻　見鄺露《赤雅》卷上，〈收魂〉條。但《文獻通考》卷330引《桂海虞衡志》（今本桂志無）與此略異：「家人遠而歸者，止於三十里外。家遣巫提竹籃迓；脫歸人貼身衣貯之籃，以前導還家，言爲行人收魂歸也」。

❶❶❼　凌著〈招魂大招與羅羅經典的比較研究〉，未刊稿。

❶❶❽　師範，《滇繫》卷十之二屬夷，頁3b。

❶❶❾　其實鄭振鐸早說過這樣的話，只是人們不信，仍然爭論，他說：「我們看〈招魂〉的語氣，確是招生魂之作……」（1959：38）。

告巫陽曰，有人在下，我欲輔之。魂魄離散，汝筮予之」。可見這個
任務是由巫來執行；前述《赤雅》以及宜春的招魂也是用巫；《南越
筆記》所述，雖明言爲嫗，但觀辭意，這個嫗實卽女巫的變象。只有
小孩生小病時的招魂可以隨便些，不用巫也行。所以嚴格的說，這種
招魂不完全屬於宗教的範疇，而帶有幾份巫術（magic）作用。

第二是有特別的儀式和用特殊的工具。如〈招魂〉中所言，「工
❿（工、巫本一字，此處應作巫）祝招君，背行先些。秦篝齊縷，鄭綿
絡些。招具該備，永嘯呼些……像設君室，靜閒安些」。這些工具和
儀式都是楚人在招魂時必備的，但何以必需用秦篝、齊縷、鄭綿絡一
類的外國貨？就不大了解。游國恩認爲前二者是「樓鬼之具」，後者
爲「招魂之衣」❿。證以《赤雅》用竹籃收魂，其說或是。但仍不明
何以要用秦、鄭之物。各地招魂的儀式也不完全一樣，緬甸的卡倫人
是由家長拿一碗米在臺階上層敲三次，然後開始叫魂，叫完了，全家
在一起吃飯，吃飯是儀式的一部份，必需有公雞、母雞和香蕉等❿。
在宜春等地❿，招魂儀式像祭祀一樣，擺了許多犧牲，還有呑火、下
油鍋、把米撒在病人身上等法事，然後大夥人（內有巫師及病者一親
人）外出到預定地點，在那兒唸咒，然後由親人將病者的衣服就地包
一塊石頭或瓦片什麼的，敲鑼打鼓的跑回來，一路叫囂：「某某回來
呀」！然後直接進入病人房裏，把衣物放在他身邊，然後大夥兒晚
餐，將祭品全部吃光，而且必需吃光（任何看熱鬧的都可去吃），收

---

❿　星川（1961：250-255）謂工祝卽「善良之祝」，非巫。

❿　游國恩　1962：109-110。又據蔣驥《山帶閣楚辭注》云：「篝，竹籠，
　　以樓魂者……綿絡，靈幡也」。

❿　Frazer 1955：43.

❿　其實不止宜春，贛西一帶均如此。

魂的儀式就算結束。爲死人招魂叫做「作道場」，由道士主持，雖也用招魂幡，目的是超度亡魂。儀式尤爲繁瑣。

　　第三是唱招魂曲。鄭振鐸在《中國俗文學史》中把〈招魂〉、〈大招〉理解爲民間的招魂曲❿，我曾對這個「曲」字持不同的意見，但當我重讀〈招魂〉至「招具該備，永嘯呼些；魂兮歸來，反故居些」時，我同意了他的看法。我覺得這種長音的呼叫，的確帶有某種特殊的音調和韻律，幾乎接近於唱了，同時該文內所謂「詠」（永）自也帶有唱的意思。上述卡倫人招魂詞也像是唱的，至少接近於唱。蘇門答納巴塔人（Battas）的招魂詞同樣有些類似於唱：「魂呵，回來吧！您是遊蕩在樹林裏，山上，還是深谷中呢」⓫？

　　陳子展說：「〈招魂〉一篇的形式來自宗教藝術，即是來自楚國的巫音，招魂巫歌的一種形式，而由作者（按他指的是屈原）加以變化、再創……招魂巫歌的原始形式已不可知，幸賴〈大招〉一篇可資比較，可供推測⓬」。這些話大致是可以同意的。

（三）祭祀

　　楚人對祭祀的看法，以及它的功能等，前面已經談過，這裏只談儀式。依照觀射父對楚昭王的問答，當時楚國祭祀幾乎和中原一樣，是有階級性的，並且規定很嚴格。《國語‧楚語下》說：

　　　王問於觀射父曰：「祀牲何及」？對曰：「祀加於舉，天子舉以太牢，祀以會；諸侯舉以特牛，祀以太牢；卿舉以少牢，祀

---

❿　鄭振鐸　1959：38。

⓫　Frazer 1955: 45.

⓬　陳子展（1962: 153–169）認爲〈招魂〉作者是屈原，爲招懷王生魂，而〈大招〉爲招死魂之用。我不能同意。

以特牛；大夫舉以特牲，祀以少牢；士食魚炙，祀以特牲；庶人食菜，祀以魚。上下有序，民則不慢」。王曰：「其小大何如」？對曰：「郊禘不過繭栗，烝嘗不過把握」。王曰：「何其小也」？對曰：「夫神，以精明臨民者也，故求備物，不求豐大……是以古者先王日祭月享，時類歲祀，諸侯舍日，卿大夫舍月，士庶人舍時。天子徧祀羣神品物，諸侯祀天地三辰及其土之山川，卿大夫祀其禮，士庶人不過其祖」。

這段話至少說明了幾個現象：第一、祭祀的階級性非常嚴格，嚴格到祭什麼神，用什麼犧牲都有一定的區分；第二、這種上下有序的階級性的祭祀，其目的在於增加貴族階級的尊嚴，以達到愚民的統治；第三、祭祀時但求備物，不問大小，確乎是一種進步的象徵式的設想；第四、無論祭祀的對象，用牲的多寡，或是它的階級性，似均與中原各族如出一轍[127]，也許這些方法竟是從中原輸入的。畫成一個表就更清楚。

表33 楚人祭祀[128]

祭祀別＼祀者	天子	諸侯	卿	大夫	士	庶人
祭祀對象	日、月、歲、時及羣神品物	月、歲、時天、地三辰及山川	歲、時及五祀與祖	同左	歲及祖	同左
祭祀種類　祀	會	太牢	特牛	少牢	特牲	魚
祭祀種類　舉	太牢	特牛	少牢	特牲	魚	菜

---

[127] 〈曲禮〉云：「天子祭天地，祭四方，祭山川，祭五祀，歲徧；諸侯方祀，祭山川，祭五祀，歲徧；大夫祭禮，歲徧；士祭其先……天子以犧牛，諸侯以肥牛，大夫以索牛，士以羊豕」。

[128] 表中有幾個名詞需加解釋：特牲，即豕；少牢，羊豕；特牛，一牛；太牢，牛、羊、豕；會，三太牢也。

從上表用牲的情形看，誠如觀射父所說：「祀加于舉」，加多少呢？大約是一級，約二與一或三與一之比。例如天子舉以太牢，而諸侯祀以太牢。據韋昭注云：「舉，人君朔望之盛饌」。這個解釋不確，因為舉祭不限於人君，士庶也有。依我看乃是一種較小規模的祭祀，故用牲較少。其實，這種分別也是徒具形式，他們祭祀時根本就不殺三條牛，或是宰一隻豬，而是「郊禘不過繭栗，烝嘗不過把握」，連祀上帝也只是弄一釘點兒東西意思意思，其他就更可想而知了。甚至連肉都不預備，但「毛以示物，血以告殺」（〈楚語下〉）。就是說，拔一把豬毛貼在祖宗或天神那裏，表示宰了豬；洒幾滴血，表示屠了牛等等。這豈不太草率了嗎？楚人說，祭祀並非用豐厚的物質來表達誠意，而需「明德以昭之，和聲以聽之，以告徧至，則無不受休」（〈楚語下〉）。只要心地誠懇，不偏袒那一個神鬼，不偏用某一種祭品，那就好了。

　　但是，見於楚國〈祭典〉的祭祀規章似乎與上述辦法略異。《國語‧楚語上》有一個故事，說屈到死了，請以芰祭，他的兒子屈建卻堅決反對，反對的理由是根據〈祭典〉。他說：「〈祭典〉有之曰：『國君有牛享，大夫有羊饋，士有豚犬之奠，庶人有魚炙之薦，籩豆脯醢，則上下共之』。不羞珍異，不陳庶侈。夫子不以其私欲干國之典」。列表如後。

表 34　楚祭典用牲

類別＼祀者	國　君	大　夫	士	庶　人
個　別　享　物	牛	羊	豚　犬	魚　炙
共　同　享　物	籩	豆	脯	醢

有幾點值得注意的是：第一、祭典的規定祇限於祭祖先，祀神不在其內，而前表包括祀神與祀祖而言，兩者的階級性是不變的，並且不得任意更改，卽使改得更薄也不行；第二、祭典有共通祭祀物，這是祀神所沒有的，也許是基於同一族羣的原因；第三、祀祖與祀神一致遵守一個簡樸的原則，不准奢侈；第四、士用犬祭祖，似與殷周同，唯周人不但以之祭祖，且以祀神，二者或有關聯❷？因此，我們覺得楚人祀祖先與祀神，在儀式上有若干不同之處：祭祖用牲較少，儀式比較簡單，是其一；祭祖無大、小（卽祀與舉）之分，是其二。可惜現在已讀不到〈祭典〉，不然，情形就會清楚得多。

祭祀時還要用些什麼東西或儀式，現在也不太知道。據王逸〈九歌序〉說：「昔楚國南郢之邑，沅湘之間，其俗信鬼而好祠，其祠必作歌樂鼓舞以樂諸神」，則是祭祀必有歌與樂伴奏，並且跳舞。這一點可以從〈東皇太一〉得到證明，〈東皇太一〉所表現的祭儀，不但有音樂、歌唱、舞蹈，而且要奠酒、獻肴、進玉鎮以事神，〈雲中君〉中有壽宮，又使我們聯想到當時的諸神都是擺在廟堂裏，不再是那種具有原始型態的露天祭祀。壽宮❸在漢代還是許多重要神殿之一，漢武帝最崇敬的太一神❸便是其中的主角。

楚也有以人為犧牲的遺跡，最顯著的例子是《左》昭 11 年說：「楚子滅蔡，用隱太子于岡山。申無宇曰：『不祥，五牲不相為用，

---

❷ 《周禮・大司寇》：「大祭祀，奉犬牲」；〈小司寇〉：「小祭祀，奉犬牲」，是大小祭祀均用犬，較楚普遍。卜辭顯示，殷人犬祭亦比楚為廣泛，兩者或均是指統治階級而言。凌純聲先生說犬祭是海洋文化特徵之一，可能起源於古代中國或東亞，但環太平洋區域全有分佈（民 46：1–31）。

❸ 王逸注謂「供神之處也」；《史記・封禪書》祀太一神宮。

❸ 文崇一 民 53：56–58。

況用諸侯乎？王必悔之』」。昭公 11 年當楚靈王 10 年 (531 B.C.)。
也就是說這事是靈王做的，雖遭到反對，畢竟還是做了。奇怪的是，
後來靈王被迫下臺 流亡而死在申亥家裏，申亥卻以二女殉葬❶。
申亥就是申無宇的兒子，真是一個不幸的巧合。我們至少可以這樣
說，西元前六世紀初，楚還有過用人祀神（社神或土地神）與祭鬼的
事❸。也許靈王比別人都迷信些，許多年代以來不曾有的事便全發生
了。桓譚《新論》說：「楚靈王信巫祝……吳人來攻其國……靈王
曰：『寡人方祭上帝、樂明神，當蒙福佑焉』」。此事的真假很難斷
定，但以前列二事衡之，可能性甚大。事實上楚昭王之令尹、司馬請
以身禱❹一事與人身犧牲也不無若干關係。殺人祭神與以人殉葬，在
宗教意義上也許有某種程度的差別，但在以人身爲犧牲的個別事件上
卻是並無二致。前者相信神力，或敬之，或畏之；後者則基於靈魂
不滅的理念。都是迷信，然而，都很重要。〈招魂〉說南方人「雕題
黑齒，得人肉以祀，以其骨爲醢些」。朱注謂「今湖南北有殺人祭鬼
者，卽其遺俗也」。「今湖南北」卽春秋戰國楚之中心地，時間雖相
差甚遠，仍不能謂全無歷史淵源；因爲許多當日之楚俗，今日還可在
南方找到。

（四）喪葬

　　人死了，所需要遵行的俗規一定不在少數。這從現存的《禮記》可
以看得出來。《禮記》雖不是一本先秦古書，其中保有不少古禮卻是可

⓲　事見《史記·楚世家》。關於殉葬的事，在下面喪葬中還要詳爲討論。

⓳　《國策·楚策一》還記有楚宣王時，江乙請安陵君以身殉宣王的故事。

⓴　此事見於《左》哀 6 年，《史記·楚世家》及《說苑》卷一，內容大致
　　相似，惟語氣稍異。

以相信的。楚人的喪禮是否與中原一致呢？從現今長沙、信陽等地楚墓　發掘，以及間或可見的文獻材料而言，有些許同，多數是不同。

《禮記》及《儀禮》對於喪禮的各種儀節，從小斂、大斂、棺槨、墓葬的形制，到送殯、喪服、服孝等均有詳細的描寫。楚卻沒有留下這樣珍貴的文件，因此很難推知。今天我們來討論這個問題，只有從兩方面著手：一是用文獻上所發現的一鱗半爪，審慎地去作某些適當的推論；二是利用已經發掘出來的墓葬的資料去作若干細心的分析。兩個工作都不容易做得恰到好處，只有試試看。

楚人自死後到埋葬前，也可以說是治喪這一階段，目前所知道的只有下列數事：

其一、他們希望死在家裏，即所謂「善終」。例子有兩個，一個是楚共王有疾，告大夫曰，「不穀不德……若以大夫之靈，獲保首領以歿於地」（《左》襄 13 年）；另一個是楚昭王將死時曰，「今乃得以天壽終，孤之幸也」（〈楚世家〉《左傳》同）。實際上這種想法與某些中原民族差不多，我們很難說誰抄襲誰，可能是農業民族對壽命一種共通的思想。

其二、有為死人加衣的禮節。楚康王死，魯公適在，「楚人使公親襚。公患之。穆叔曰：『祓殯而襚，則布幣也』。乃使巫以桃茢先祓殯，楚人弗禁，旣而悔之」（《左》襄 29 年）。這事《禮記・檀弓》也有記載，惟「親襚」作「請襲」，其實一也。親襚就是為死人加衣之禮，中原各國均有這種儀式，皆係遣派使節參加，今楚強魯公親自為之，故有難色。以巫祓殯一俗，楚國可能沒有，因而允許他們做，事後卻又覺得不妥。不過在長沙發現的屍體「全身用薄層的絲帛包裹著，沒有明顯的衣服痕跡，看來可能是裸體葬」[135]。也許這才是

---

[135]　吳銘生等　1957：93。

楚俗（說詳後）？

　　其三、送葬有等級之分。《左傳》襄公 29 年云：「夏四月葬楚
康王，（魯）公及陳侯、鄭伯、許男送葬于西門之外，諸侯之大夫皆
至于墓」。官式的送葬似乎全以階級之大小為定，官小就得送遠些。
這也與中原地區同。

　　其四、盛屍用木棺。長沙、信陽等地出土戰國楚墓甚多，皆為漆
木棺，結構甚佳，有的還分內棺和外棺。

　　其五、埋葬有墓穴。照出土墓葬來看，穴之大小相差很遠。楚共
王曾說過：「唯是春秋窀穸之事，所以從先君於禰廟者。」（《左》
襄 13 年）窀穸當然指的是墳墓，其情形一如中原。

　　其六、出殯時喪儀前可能有導車。信陽楚墓發現了一架車蓋子，
據推測，「很可能是當時走在喪儀前列一輛導車的蓋子」⑬。這個車
蓋雕刻得非常豪華。

　　現在再來討論埋葬。

　　由於戰國楚墓的大批出土，我們對它已有較多的了解，茲分為三
項說明之：1.棺槨形制，2.墓葬形制，3.殉葬物。在說明這幾項時，
主要的資料是根據商承祚的〈長沙古物聞見記〉，夏鼐等的〈長沙發
掘報告〉，文道義的〈長沙楚墓〉，吳銘生等的〈長沙出土的三座大
型木槨墓〉，裴明相等的〈信陽長臺關發掘一座戰國大墓〉，賀官保
等的〈信陽長臺關第二號楚墓的發掘〉等幾種。如非必要，文中將不
另注明資料來源，以省筆墨。

1. 棺槨形制

---

⑬　陳大章等　1958：24-25。

木槨 一般長度爲 2.18—2.69 米，寬爲 0.98—1.31 米，高約 1 米。墓多爲一槨，有時也有兩槨，即外槨、內槨，槨均用木材建構。建構的方法不完全一樣，有的複雜，有的簡陋，如信陽墓，大的共有七室，「整個槨室爲三百七十多條長方形木材所構成，結構非常複雜。在主室內另有內槨兩層，外層亦爲長方型木條所構成……內層木材較薄」。內槨還分兩層，等於三重槨了。這是屬於龐大的一種，普通的木槨不過比棺稍大而已。

木棺 木棺置於槨內。有的有內、外兩棺，則內棺置於外棺內。木棺一般的長度爲 1.56-2.06 米，寬 0.35-0.74 米，高約 0.6 米。大多是外塗黑漆，內塗朱漆，有時也加以彩繪。如有內外兩棺，則外棺較厚大。棺兩端大小相等，蓋及左右墻面有的成弧形❼，有的平直（插圖三）❽，即前後墻及底板均平直。棺的蓋板、底板、板壁和擋

插圖三　長沙出土戰國木棺

---

❼ 此爲信陽出土者，參閱裴明相等 1957：21。

❽ 吳銘生 1957:59。1936 年長沙發現一漆棺，「棺四隅方，黍黑黃色……棺無蓋，以四木板掩之」（頁 154-6）。此棺也可能係長方形，計棺長 1.955 米，寬 0.508 米，高 0.403 米，但何以不用蓋（見商承祚 民 2a, 15；夏鼐等 1957）。

板均各用一塊木板構成。

在已經發現的楚墓中以一棺一槨爲最多，較大者則有二棺或二槨。棺槨之間通常隔成許多小室，以盛置隨葬品。棺的底板上往往墊有襯托死者屍體用的透雕或半透雕的雕花木板，這就是文獻上所說的「笭床」❿。笭床的雕花極爲精巧，是上好的藝術品。花板上有時舖著一床人字紋的質地細薄的篾蓆，用來包裹死者的屍體。棺槨大多採用楠木或柏木製作，其結構係用木榫，有套榫、邊刀榫、槽榫及掛榫，但也有少數用公母榫，並且有排水的水道❿，相信這是一種進步的技術。長沙出土的內棺有的用絲帛（或繩子）纏三道，每道或纏七重，或纏三重不等❿；有的緘以葛布，橫三周，縱二周，葛布外復塗漆❿；在信陽發現的則是用繩子捆縛棺的兩端❿。這可能是一種必要的儀式，但它的意義已無法了解。

我們有理由相信，有槨的墓都可能屬於貴族階級，平民因無槨，棺早已腐朽不可得。這種棺槨之制，似乎也可以在中原地區找到一點痕跡，不完全同，卻有些像。如《禮記・檀弓》上說：「天子之棺四重，水兕革被之。其厚三寸，杝棺一，梓棺二，四者皆周。棺束，縮二衡三；衽，每束一」；《禮記・喪服大記》說：「君裏棺用朱綠，用雜金鐕（釘也）；大夫裏棺用玄綠，用牛骨鐕；士不綠。君蓋用漆，三衽三束；大夫蓋用漆，二衽二束；士蓋不用漆，二衽二束」；《墨

---

❿　《左》昭 25 年：「唯是楄柎所以籍幹者」。杜注：「楄柎，棺中笭床也；幹，骸骨也」。這是宋國的習俗。

❿　據說這還是第一次發見，參閱〈湖南長沙紫檀舖戰國墓清理簡報〉，見《考古通訊》1957年第 1 期：20。

❿　吳銘生等　1957：66, 100。

❿　夏鼐等　1957 18。

❿　裴明相等　1957：21。

子·節葬》：「禹葬會稽，桐棺三寸，葛以緘之」。照這樣看，捆棺材縮二橫三，用葛布，用漆，似乎都可在文獻上找到一些證據；但也有許多不同的地方，如〈表記〉用釘，楚墓卻用榫，槨棺材也用絲帛或繩子❹，棺最多只兩重或三重（包括內棺兩層而言）。

2. 墓葬形制

就長沙楚墓的形制而論，大體上可分爲三類：長方形窄坑，有墓道的長方形坑，及長方形坑。三種全是豎穴墓，長與寬的比例約爲三與一之比，按墓底計算，一般長度爲1.90-2.62米，寬爲0.53-0.98米。墓室的寬窄和墓道的有無，大約係依死者的經濟能力（也許還有僻好在內）而定；有的墓有木槨，有的只是挖穴築牆，大約也係基於經濟的原因。墓葬的方向並不固定，不但東、西、南、北向全有，還有略爲偏向的，大致是以當時的地理形勢爲轉移，未必有其他因素。墓有的很大，如信陽出土的戰國墓，大至七室，即：第一排，前室；第二排，中間爲主室，兩旁爲左、右室；第三排，中間爲後中室，兩旁爲左、右後室。墓室之一，東西長 8.44 米，南北寬 7.58 米，高 2.50 米，幾成正方形。另一個則稍大，呈長方形，它的墓底長 10.00 米，寬 8.35 米，高 10.1 米。

墓中多用蜃灰（也叫白膏泥），這點與中原相同。《左》成 2 年：「宋文公卒，始厚葬，用蜃灰」。文公死於 589 B.C.，春秋中期，當楚共王 2 年，而長沙楚墓爲戰國時期，最早亦不過春秋末年，看《左傳》文意，宋可能最先使用此物，且屬於厚葬之列。但《周禮·地官》有「掌蜃」，如非更早使用，則可反證該書之晚出。用蜃灰糊

---

❹ 〈釋名·釋喪制〉：「棺束曰緘」，是束與緘的意義相同。

墓，最少有兩種好處：第一、墓室與外面空氣隔絕，防止氧化；第二、可防止地下水侵入槨內。目前發掘出來的墓葬，其棺木及隨葬品保存較爲良好者，大多由於蜃灰的保護；無蜃灰的墓葬，往往腐爛得一無所有。就它的功效來說，眞是一大發明。

從楚墓中頭骨和腿骨的放置情形來推斷，絕大多數是仰身直肢葬，沒有北方式的「屈肢葬」[145]。不過，長沙戰國楚墓有如下一個特例：「人骨架保存得很完整……全身用薄層的絲帛包裹著，沒有明顯的衣服痕跡，看來可能是裸體葬……死者的葬式是頭向南，仰身平臥，上肢平放在恥骨，左腿架在右腿上，形成一種『交腿葬式』」[146]。這裏牽涉到兩個問題：一個是裸體葬；另一個是交腿葬。兩種葬式，別處均未見過，是否爲楚所獨有？《後漢書‧趙咨傳》：「王孫裸葬，墨夷露骸」，是否與此有些關聯？《呂氏春秋‧貴因》說：「禹入裸國，裸入，衣出，因也」[147]。顯係指當時南方某一亞熱帶地區，或今東南亞某地，雖與裸葬之俗未必有什麼關係。因此，這兩個問題一時尙無法解決。

長沙楚墓中也發現「一槨兩棺的結構」[148]，似乎是「合葬」。合葬之俗在中原社會並不稀奇，《禮記‧檀弓上》說：「季武子成寢，杜氏之葬在西階之下，請合葬焉……武子曰：『合葬，非古也』」；又曰：「孔子旣得合葬於防……」。〈檀弓〉的話雖是晚出，卻與新石器時代的龍山文化和齊家文化暗合[149]。目前，我們很難斷定這些合

---

[145]　屈肢葬起源甚早，盛行於戰國北方，如魏齊燕韓秦等國。于傑認爲係由北而南漸，且未傳入楚國（1957：96）。

[146]　吳銘生等 1957：94。

[147]　《淮南‧更道》，《國策‧趙策》都記有此事，《史記‧南越尉佗傳》及《後漢書‧東夷傳》也提到裸國。

[148]　于傑 1957：96。

[149]　如此，則季武子的話，「非古也」一語爲沒有根據。

葬風俗究有什麼關聯，也許各自發展而成，也許是傳播，都有可能，
卻不是必然。就出現的時間而論，龍山和齊家自然較早，而龍山「葬
式以單人仰身、直肢葬為主，也有少數的男女合葬」**⑯**，這點，與楚
人的墓葬習慣多少有些相近。

3. 殉葬品

我們在前面說過，楚墓有兩類：一類是有槨的墓葬；一類沒有，
僅掘一墳坑，把棺埋下去。現在發掘所得，大致均屬於前者的墓葬，
而這種墓葬又多半為貴族或是富人所有，故我們討論隨葬品的問題，
也大致屬於這個階層。

隨葬品總是放置於棺槨之間，凡設有頭龕的墓葬，則放在頭龕
內，沒有頭龕，則置於頭部或兩側。依殉葬品的性質，約可分為三
類：一是以人殉葬，二是以器物殉葬，三是守護神。隨葬品名稱和數
量多半載明在竹簡上。如插圖四，1為「幾一」，即弓弩一張；2為
「□杯十會」，即10個；3為「鼎八」隻。有人說，這就是《儀禮·
既夕禮》的「書賵」或「遣策」**⑯**。看來可能是的。〈既夕禮〉說：
「書賵于方，若九、若七、若五」；又曰：「書遣于策」。鄭注：
「方，板也。書賵奠賻贈之人名與其物于版，若九行、若七行、若五
行」；又：「策，簡也。遣，猶送也」。今以楚地出土竹簡證之，這
個解釋是對的。

以人殉葬的事，文獻所見僅二次：一次是申亥以其二女殉靈王
（見〈楚世家〉）；另一次是江乙請安陵君以身殉宣王（事見〈楚
策〉）。但楚墓中發現許多木俑：有男有女，有樂俑，有侍俑，有舞

---

⑯ 夏鼐等 1962：15。
⑯ 參閱夏鼐等 1957：55-57。

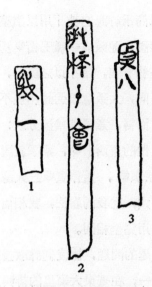

插圖四　殉葬品：遣策

俑，亦有武士俑和炊事俑等。這些俑，一般被認為是替代生人而為墓主人殉葬者。此事自然不一定創始於楚，但楚墓中此風特盛。

　　以器物殉葬是非常普遍而又多樣的，在幾百個戰國楚墓中，從陶器到金屬器、玉器，從裝飾品到生產工具，舉凡生人之日常用物，均有發現。這一點，我們可以看出，楚人是把死者當作生人一般看待的，也就是說，他們可能相信，人死後的生活一如其未死時，否則墓內便不會放置木床、毛筆、樂器、武器、生產工具，以及銅鏡、梳子等一類的東西，甚至還有金幣──郢爰。

　　最後，我們要談一談鎮墓獸，或說守護神這一類的東西。長沙和信陽的楚墓中經常發現龍、虎、蛇、鳳、鹿角、或是吐舌像等，有的是木刻，有的是漆彩繪，無疑是用以殉葬的。不過，這種殉葬的意義與前述之以人，以器物者容或有些許不同，可能它還含有一點巫術作

用，用來壓邪的，所以商承祚說它被「用以鎮墓」⑱；而伊藤清司認爲吐舌像或是某種守護神，並兼有一種呪術⑲功能；安志敏等更以爲與長沙〈繪書〉中的怪物有關，謂「以之隨葬，是用以呵護死者的靈魂」⑭。說詞雖各有不同，大致意義還是相差不遠。

不過，就〈繪書〉而言，意見卻稍涉分歧：上述安志敏等認爲是「用來保護死者的巫術性的東西」⑮，蔡季襄說是當時用以告神的東西⑯；李學勤⑰，饒宗頤⑱，董作賓⑲三人認爲是楚巫占驗時所用的。三種意見出入確甚大，就我的看法，我相信第一說，即爲保護死靈之用，與鎮墓獸的作用完全相同。

吐舌像是另一個有趣的問題，據凌純聲教授的搜集與研究，認爲是環太平洋文化特徵之一，在臺東大麻里的排灣族，紐西蘭的毛里人(Maori)，北美印第安人(Indians)，北婆羅洲的泰雅克人(Dayaks)，以及蘇門答臘的尼亞人 (Nias) 中都有發現⑳。它們在「吐舌」這一點上確乎具有不可否認的一致性，但是各種吐舌像的臉譜並不一樣，舌和人像的紋樣也不完全相同，這是否表示地區上的差異，還是文化的差異？抑或兩者均有？

---

⑫　商承祚　民28: 30b。
⑬　伊藤淸司　1964: 71。
⑭⑮　安志敏等　1963: 58-9。
⑯　蔡季襄　民33: 1-2。
⑰　李學勤　1960: 68。
⑱　饒宗頤　1954: 69。
⑲　董作賓　民44。
⑳　凌純聲　民45: 142-148，及圖版 VII-XVIII。

本章參考書目

于　傑

　　民46　〈戰國時代的墓葬形制〉，見《考古通訊》1957年第 4 期。

文崇一

　　民49　〈九歌中河伯之研究〉，見《中研院民族所集刊》第 9 期。

　　民50　〈九歌中的水神與華南的龍舟賽神〉，見《中研院民族所集刊》第11
　　　　　期。

　　民53　〈九歌中的上帝與自然神〉，見《中研院民族所集刊》第17期。

文懷沙

　　1959　《屈原九歌今譯》。新月，香港。

　　1960　《屈原離騷今譯》。新月，香港。

文道義等

　　1959　〈長沙楚墓〉，見《考古學報》1959年第 1 期。

王泗原

　　1954　《離騷語文疏解》。

中島千秋

　　1963　《賦の成立と展開》。大阪。

安志敏等

　　1963　〈長沙戰國繒書及其有關問題〉，見《文參》1963年第 9 期。

伊藤清司

　　1964　〈吐舌像に關する若干の考察〉，見《民族學研究》29卷第 1 期。

朱　熹

　　宋　　《楚辭集注》。商務，臺北。

吳銘生

　　1957　〈長沙廣濟橋第五號戰國木槨墓清理簡報〉，見《文參》1957年第 2

期。

吳銘生等

1957 〈長沙出土的三座大型木槨墓〉，見《考古學報》1957年第 1 期。

沈雁冰

民14 《中國神話研究》。

李學勤

1960 〈補論戰國題銘的一些問題〉，見《文物》1960年第 7 期。

屈萬里

民45 〈尙書釋義〉。中華文化，臺北。

林 庚

1962 《楚辭集釋》。香港。

林雲銘

淸 《楚辭燈》。廣文（民52），臺北。

林惠祥

民23 《神話論》。商務（民57），臺北。

周去非

宋 《嶺外代若》，「叢書集成」本。

青木正兒

1957 《新譯楚辭》。春秋社，東京。

胡 適

民15 〈論帝天及九鼎書〉，見《古史辨》第一冊下編。太平，香港。

民46 《白話文學史》。啟明，臺北。

姜寅淸

民50 《屈原賦校注》。世界，臺北。

洪興祖

宋 《楚辭補注》，「叢書集成」本。

星川清孝

　　民50　　《楚辭の研究》。京都。

凌純聲

　　民45　　〈臺東的吐舌人像及其在太平洋區的類緣〉，《中研院民族所集刊》第
　　　　　　2 期。

　　民46　　〈古代中國及太平洋區的犬祭〉，《中研院民族所集刊》第 3 期。

　　未刊　　〈招魂大招與羅羅經典的比較研究〉。

夏鼐等

　　1957　　〈長沙發掘報告〉，《考古學專刊》丁種第二號。

　　1962　　《中國的考古收穫》。

師　範

　　清　　　《滇繫》卷十之二〈屬夷〉。

容肇祖

　　民18　　〈楚辭中的神話和傳說序〉，見《楚辭中的神話和傳說》。廣州。

　　民20　　〈占卜的源流〉，見《古史辨》第三册上編。太平，香港。

孫作雲

　　民25　　〈九歌山鬼考〉，見《清華學報》第11期。

　　1961　　〈楚辭九歌之結構及其祀神時神巫之配置方式〉，見《文學遺產》
　　　　　　增刊第10輯。

郝懿行

　　清　　　《山海經箋疏》。藝文，臺北。

陳子展

　　民51　　《招魂試辭》，見《中華文史論叢》第一輯。

陳大章等

　　1958　　〈復製信陽墓出土木漆器模型的體會〉，見《文參》1958年第 1 期。

陳夢家

　　民25　　〈商代的神話與巫術〉，見《燕京學報》第20期。

民26　〈高禖郊社祖廟通考〉，見《清華學報》第12卷 3 期。

陳鐵民

1961　〈說招魂〉，見《文學遺產》增刊第10輯。

黃文煥

清　　《楚辭聽直》。

張光直

民48　〈中國創世神話之分析與古史研究〉，見《中研院民族所集刊》第 8
　　　期。

商承祚

民28　《長沙古物聞見記》。金陵大學，成都。

傅斯年

民17　〈中國古代文學史講義〉，《傅孟眞先生集》（二）·臺北。

郭沫若

民32a　《屈原研究》。羣益，重慶。

民32b　〈周易之制作時代〉，見《今昔集》。重慶。

民34　〈先秦道觀的進展〉，見《青銅時代》。文治，重慶。

1961　《屈原賦今譯》。上海，香港。

郭銀田

民33　《屈原思想及其藝術》。獨立，重慶。

歐陽若修等

1961　《廣西僮族文學》。

賀官保等

1958　〈信陽長臺關第 2 號楚墓的發掘〉，見《考古通訊》1958年第11期。

游國恩

1957　《屈原》。學林，香港。

1958　《楚辭論文集》。

1962　〈楚辭隨筆三則〉，見《楚辭集釋》。文苑，香港。

聞一多

　　1956　《神話與詩》。中華，北京。

　　1960　《古典新義》。中華，北京。

楊　寬

　　民30　〈中國上古史導論〉，見《古史辨》第7冊上編。太平，香港。

董作賓

　　民44　〈論長沙出土之繒書〉，見《大陸雜誌》10卷6期。

裴明相等

　　1957　〈信陽長臺關發掘第一座戰國大墓〉，見《文參》1957年第9期。

劉大杰

　　民45　《中國文學發展史》。中華，臺北。

劉永濟

　　1961　《屈原通箋》。人民文學，北京。

劉　復

　　民19　〈帝與天〉，見《古史辨》第2冊上編。太平，香港。

蔣　驥

　　淸　　《山帶閣注楚辭》。廣文，臺北。

鄭振鐸

　　1959　《中國俗文學史》。文學古籍社，北京。

蔡季襄

　　民33　《晚周繒書考證》（石印本）。

錢　穆

　　民24　《先秦諸子繫年》。香港大學，香港。

魯　迅

　　1959　《中國小說史略》。香港。

鍾敬文

　　民18　〈答茅盾先生關於楚辭神話的討論〉，見《民俗》第86-89期合刊。

民19　《楚辭中的神話和傳說》。福祿（民58），臺北。

應 劭

　　漢　　《風俗通義》。商務，臺北。

鄺 露

　　明　　《赤雅》，「叢書集成」本。

魏建功

　　民19　〈讀帝與天〉，見《古史辨》第2冊上編。

羅振玉

　　民16　《殷虛書契考釋》。藝文，臺北。

藤野岩友

　　1951　《巫系文學論》。大學書房，東京。

饒宗頤

　　1954　〈長沙楚墓時占神物圖卷考釋〉，見《東方文化》。香港。

顧頡剛、楊向奎

　　民30　〈三皇考〉，見《古史辨》第7冊中編。

顧頡剛、童書業

　　民30　〈夏史三論〉，見《古史辨》第7冊下編。

Benedict, R.

　　1954　Myth, *Encyclopidia of Social Science*, vol. 11–12.

Berry, G. L.

　　1955　*Religions of the World*. Barnes & Noble, N. Y. .

Bidney, D.

　　1953　*Theoretical Anthropology*. Columbia, N. Y. .

Chang, Kwang-chih

　　1963　*The Archaeology of Ancient China*. Yale University, New
　　　　　Haven.

Chase, R.

　1949　*Quast for Myth*. Louisiana State, Baton Rouge.

Erkes, E.

　1939　The God of Death in Ancient China, *Tung Pao*, vol. 35.
　　　　Paris.

Frazer, J. G.

　1955　*The Golden Baugh*, 3. Macmillan, London.

Gardner, E. A.

　1955　Mythology, *Encyclopidia of Religion and Ethics*.

Granet, M.

　1957　*Chinese Civilization*. Routledge & Kegan Paul, N. Y..

Hamilton, E.

　1956　*Mythology*. N. Y..

Hawkes, D.

　1959　*Ch'u Tz'u: The Songs of the South*. Clarendon, London.

Hooke, S. H.

　1933　The Myth and Ritual Pattern of the Ancient East, *Myth
　　　　and Ritual*. Oxford, London.

Howitt, A. W.

　1903　*Native Tribes of South-East Australia*. N. Y..

Lévi-Strauss, Claude

　1963　*Structural Anthropology* (tr. by C. Jacobson and B. G.
　　　　Schopf). Pengun, N. Y..

Malinowski, B.

　1955　*Magic, Science, and Religion and Other Essays*. Beacon, Boston.
　　　　N. Y..

Maspero, H.

1936   *Legendes Mythologiques Dans le Chou King* (《書經中的神話》,
         馮沅君譯).

Raglan, L.

1955   Myth and Ritual, *Jaurnal of American Folklore*, no. 68.

Spence, L.

1949   *The Outline of Mythology.* Watts, London.

Spencer, K.

1957   *Mythology and Values: An Analysis of Navaho Chantway
         Myths.* American Folklore Society, Philadelphia.

Trask, W. R.

1954   *The Myth of the Eternal Return* (tr. by M. Elide). Kingsport.

Waley, A.

1955   *The Nine Songs: A Study of Shamanism in Ancient China.*
         George Allen & Unwin. London.

滄海叢刊已刊行書目 (八)

書　名	作　者	類　別
文 學 欣 賞 的 靈 魂	劉 述 先	西 洋 文 學
西 洋 兒 童 文 學 史	葉 詠 琍	西 洋 文 學
現 代 藝 術 哲 學	孫 旗 譯	藝 術
音 樂 人 生	黃 友 棣	音 樂
音 樂 與 我	趙 琴	音 樂
音 樂 伴 我 遊	趙 琴	音 樂
爐 邊 閒 話	李 抱 忱	音 樂
琴 臺 碎 語	黃 友 棣	音 樂
音 樂 隨 筆	趙 琴	音 樂
樂 林 蓽 露	黃 友 棣	音 樂
樂 谷 鳴 泉	黃 友 棣	音 樂
樂 韻 飄 香	黃 友 棣	音 樂
樂 圃 長 春	黃 友 棣	音 樂
色 彩 基 礎	何 耀 宗	美 術
水 彩 技 巧 與 創 作	劉 其 偉	美 術
繪 畫 隨 筆	陳 景 容	美 術
素 描 的 技 法	陳 景 容	美 術
人 體 工 學 與 安 全	劉 其 偉	美 術
立 體 造 形 基 本 設 計	張 長 傑	美 術
工 藝 材 料	李 鈞 棫	美 術
石 膏 工 藝	李 鈞 棫	美 術
裝 飾 工 藝	張 長 傑	美 術
都 市 計 劃 概 論	王 紀 鯤	建 築
建 築 設 計 方 法	陳 政 雄	建 築
建 築 基 本 畫	陳 榮 美 楊 麗 黛	建 築
建 築 鋼 屋 架 結 構 設 計	王 萬 雄	建 築
中 國 的 建 築 藝 術	張 紹 載	建 築
室 內 環 境 設 計	李 琬 琬	建 築
現 代 工 藝 概 論	張 長 傑	雕 刻
藤 竹 工	張 長 傑	雕 刻
戲 劇 藝 術 之 發 展 及 其 原 理	趙 如 琳 譯	戲 劇
戲 劇 編 寫 法	方 寸	戲 劇
時 代 的 經 驗	汪 琪 彭 家 發	新 聞
大 眾 傳 播 的 挑 戰	石 永 貴	新 聞
書 法 與 心 理	高 尚 仁	心 理

書　　　名	作　者	類　　別
印度文學歷代名著選 (上)(下)	糜文開編譯	文　　　學
寒　山　子　研　究	陳　慧　劍	文　　　學
魯　迅　這　個　人	劉　心　皇	文　　　學
孟　學　的　現　代　意　義	王　支　洪	文　　　學
比　　較　　詩　　學	葉　維　廉	比　較　文　學
結構主義與中國文學	周　英　雄	比　較　文　學
主　題　學　研　究　論　文　集	陳鵬翔主編	比　較　文　學
中　國　小　說　比　較　研　究	侯　　健	比　較　文　學
現　象　學　與　文　學　批　評	鄭樹森編	比　較　文　學
記　　號　　詩　　學	古　添　洪	比　較　文　學
中　英　文　學　因　緣	鄭樹森編	比　較　文　學
文　　學　　因　　緣	鄭　樹　森	比　較　文　學
比　較　文　學　理　論　與　實　踐	張　漢　良	比　較　文　學
韓　非　子　析　論	謝　雲　飛	中　國　文　學
陶　淵　明　評　論	李　辰　冬	中　國　文　學
中　國　文　學　論　叢	錢　　穆	中　國　文　學
文　　學　　新　　論	李　辰　冬	中　國　文　學
離騷九歌九章淺釋	繆　天　華	中　國　文　學
苕華詞與人間詞話述評	王　宗　樂	中　國　文　學
杜　甫　作　品　繫　年	李　辰　冬	中　國　文　學
元　曲　六　大　家	應　裕　康 王　忠　林	中　國　文　學
詩　經　研　讀　指　導	裴　普　賢	中　國　文　學
迦　陵　談　詩　二　集	葉　嘉　瑩	中　國　文　學
莊　子　及　其　文　學	黃　錦　鋐	中　國　文　學
歐　陽　修　詩　本　義　研　究	裴　普　賢	中　國　文　學
清　真　詞　研　究	王　支　洪	中　國　文　學
宋　儒　風　範	董　金　裕	中　國　文　學
紅　樓　夢　的　文　學　價　值	羅　　盤	中　國　文　學
四　　說　　論　　叢	羅　　盤	中　國　文　學
中　國　文　學　鑑　賞　舉　隅	黃　慶　萱 許　家　鸞	中　國　文　學
牛李黨爭與唐代文學	傅　錫　壬	中　國　文　學
增　訂　江　皋　集	吳　俊　升	中　國　文　學
浮　士　德　研　究	李辰冬譯	西　洋　文　學
蘇　忍　尼　辛　選　集	劉安雲譯	西　洋　文　學

書 名	作 者	類	別
卡薩爾斯之琴	葉 石 濤	文	學
青 囊 夜 燈	許 振 江	文	學
我 永 遠 年 輕	唐 文 標	文	學
分 析 文 學	陳 啓 佑	文	學
思 想 起	陌 上 塵 喬	文	學
心 酸 記	李 喬	文	學
離 訣	林 蒼 鬱	文	學
孤 獨 園	林 蒼 鬱	文	學
托 塔 少 年	林文欽 編	文	學
北 美 情 逅	卜 貴 美	文	學
女 兵 自 傳	謝 冰 瑩	文	學
抗 戰 日 記	謝 冰 瑩	文	學
我 在 日 本	謝 冰 瑩	文	學
給青年朋友的信 (上)(下)	謝 冰 瑩	文	學
冰 瑩 書 東	謝 冰 瑩	文	學
孤 寂 中 的 廻 響	洛 夫	文	學
火 天 使	趙 衛 民	文	學
無 塵 的 鏡 子	張 默	文	學
大 漢 心 聲	張 起 鈞	文	學
回首叫雲飛起	羊 令 野	文	學
康 莊 有 待	向 陽	文	學
情 愛 與 文 學	周 伯 乃	文	學
湍 流 偶 拾	繆 天 華	文	學
文 學 之 旅	蕭 傳 文	文	學
鼓 瑟 集	幼 柏	文	學
種 子 落 地	葉 海 煙	文	學
文 學 邊 緣	周 玉 山	文	學
大陸文藝新探	周 玉 山	文	學
累 廬 聲 氣 集	姜 超 嶽	文	學
實 用 文 纂	姜 超 嶽	文	學
林 下 生 涯	姜 超 嶽	文	學
材與不材之間	王 邦 雄	文	學
人、生 小 語 (一)(二)	何 秀 煌	文	學
兒 童 文 學	葉 詠 琍	文	學

滄海叢刊已刊行書目 (五)

書　　　　名	作　　者	類	別
中西文學關係研究	王　潤　華	文	學
文　開　隨　筆	糜　文　開	文	學
知　識　之　劍	陳　鼎　環	文	學
野　　草　　詞	韋　瀚　章	文	學
李　韶　歌　詞　集	李　　韶	文	學
石　頭　的　研　究	戴　　天	文	學
留　不　住　的　航　渡	葉　維　廉	文	學
三　　十　　年　　詩	葉　維　廉	文	學
現　代　散　文　欣　賞	鄭　明　娳	文	學
現　代　文　學　評　論	亞　　菁	文	學
三　十　年　代　作　家　論	姜　　穆	文	學
當　代　臺　灣　作　家　論	何　　欣	文	學
藍　天　白　雲　集	梁　容　若	文	學
見　　賢　　集	鄭　彥　棻	文	學
思　　齊　　集	鄭　彥　棻	文	學
寫　作　是　藝　術	張　秀　亞	文	學
孟　武　自　選　文　集	薩　孟　武	文	學
小　說　創　作　論	羅　　盤	文	學
細　讀　現　代　小　說	張　素　貞	文	學
往　日　旋　律	幼　　柏	文	學
城　市　筆　記	巴　　斯	文	學
歐　羅　巴　的　蘆　笛	葉　維　廉	文	學
一　個　中　國　的　海	葉　維　廉	文	學
山　外　有　山	李　英　豪	文	學
現　實　的　探　索	陳　銘　磻編	文	學
金　　　排　　　附	鍾　延　豪	文	學
放　　　　　鷹	吳　錦　發	文	學
黃　巢　殺　人　八　百　萬	宋　澤　萊	文	學
燈　　　下　　　燈	蕭　　蕭	文	學
陽　關　千　唱	陳　　煌	文	學
種　　　　　籽	向　　陽	文	學
泥　土　的　香　味	彭　瑞　金	文	學
無　　緣　　廟	陳　艷　秋	文	學
鄉　　　　　事	林　清　玄	文	學
余　忠　雄　的　春　天	鍾　鐵　民	文	學
吳　煦　斌　小　說　集	吳　煦　斌	文	學

滄海叢刊已刊行書目 (四)

書　　　　　名	作　者	類	別
歷　史　圈　外	朱　桂	歷	史
中　國　人　的　故　事	夏　雨　人	歷	史
老　　臺　　灣	陳　冠　學	歷	史
古　史　地　理　論　叢	錢　穆	歷	史
秦　　漢　　史	錢　穆	歷	史
秦　漢　史　論　稿	刑　義　田	歷	史
我　這　半　生	毛　振　翔	歷	史
三　生　有　幸	吳　相　湘	傳	記
弘　一　大　師　傳	陳　慧　劍	傳	記
蘇　曼　殊　大　師　新　傳	劉　心　皇	傳	記
當　代　佛　門　人　物	陳　慧　劍	傳	記
孤　兒　心　影　錄	張　國　柱	傳	記
精　忠　岳　飛　傳	李　安	傳	記
八十憶雙親 師友雜憶 合刊	錢　穆	傳	記
困　勉　強　狷　八　十　年	陶　百　川	傳	記
中　國　歷　史　精　神	錢　穆	史	學
國　史　新　論	錢　穆	史	學
與西方史家論中國史學	杜　維　運	史	學
清　代　史　學　與　史　家	杜　維　運	史	學
中　國　文　字　學	潘　重　規	語	言
中　國　聲　韻　學	潘　重　規 陳　紹　棠	語	言
文　學　與　音　律	謝　雲　飛	語	言
還　鄉　夢　的　幻　滅	賴　景　瑚	文	學
葫　蘆　‧　再　見	鄭　明　娳	文	學
大　地　之　歌	大　地　詩　社	文	學
青　　春	葉　蟬　貞	文	學
比　較　文　學　的　墾　拓　在　臺　灣	古添洪 陳慧樺 主編	文	學
從　比　較　神　話　到　文　學	古添洪 陳慧樺	文	學
解　構　批　評　論　集	廖　炳　惠	文	學
牧　場　的　情　思	張　媛　媛	文	學
萍　踪　憶　語	賴　景　瑚	文	學
讀　書　與　生　活	琦　君	文	學

滄海叢刊已刊行書目 (一)

書　　名	作　者	類　別
國父道德言論類輯	陳立夫	國父遺教
中國學術思想史論叢 (一)(二)(三)(四)(五)(六)(七)(八)	錢　穆	國　學
現代中國學術論衡	錢　穆	國　學
兩漢經學今古文平議	錢　穆	國　學
朱子學提綱	錢　穆	國　學
先秦諸子繫年	錢　穆	國　學
先秦諸子論叢	唐端正	國　學
先秦諸子論叢(續篇)	唐端正	國　學
儒學傳統與文化創新	黃俊傑	國　學
宋代理學三書隨劄	錢　穆	國　學
莊子纂箋	錢　穆	國　學
湖上閒思錄	錢　穆	哲　學
人生十論	錢　穆	哲　學
晚學盲言	錢　穆	哲　學
中國百位哲學家	黎建球	哲　學
西洋百位哲學家	鄔昆如	哲　學
現代存在思想家	項退結	哲　學
比較哲學與文化(一)(二)	吳　森	哲　學
文化哲學講錄(一)(二)(三)(四)	鄔昆如	哲　學
哲學淺論	張康譯	哲　學
哲學十大問題	鄔昆如	哲　學
哲學智慧的尋求	何秀煌	哲　學
哲學的智慧與歷史的聰明	何秀煌	哲　學
內心悅樂之源泉	吳經熊	哲　學
從西方哲學到禪佛教 ——「哲學與宗教」一集——	傅偉勳	哲　學
批判的繼承與創造的發展 ——「哲學與宗教」二集——	傅偉勳	哲　學
愛的哲學	蘇昌美	哲　學
是與非	張身華譯	哲　學